ANTJE VANHOEFEN

THÜRINGEN

mitteldeutscher verlag

ÜBERSICHTSKARTE THÜRINGEN

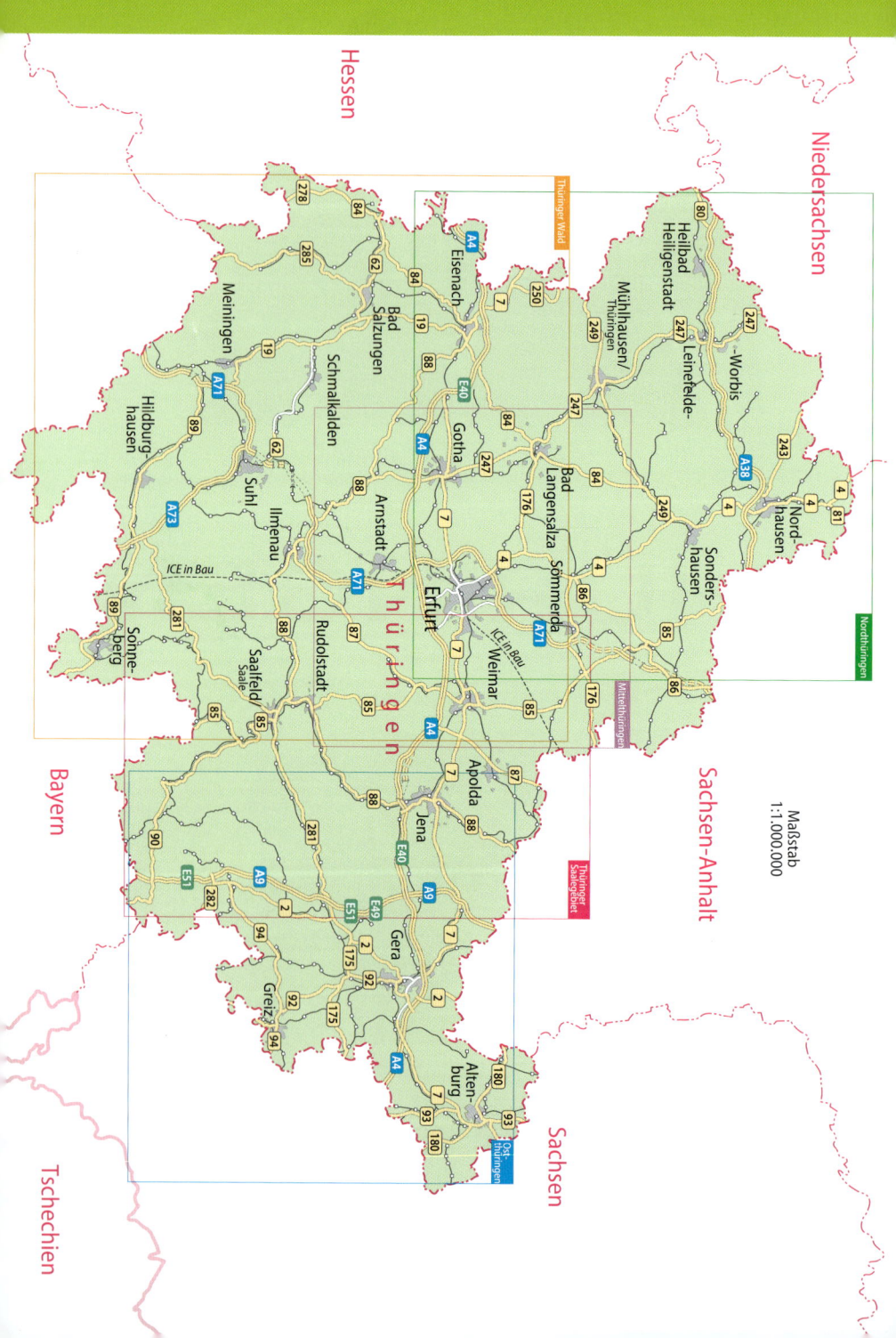

Maßstab 1:1.000.000

INHALT

HERZLICH WILLKOMMEN

Neben der Natur, die dem Freistaat den Zweitnamen des „Grünen Herzens von Deutschland" einbrachte, locken Jahr für Jahr Kultur und Geschichte Millionen Besucher nach Thüringen.

Die Geschichte dieser Region begann vor etwa 400.000 Jahren. In der Gegend des heutigen Bilzingsleben siedelte der erste „Thüringer". Heute verbinden sich im Freistaat Tradition und Moderne: Jena, Erfurt, Weimar und Ilmenau als Universitätsstandorte, Schmalkalden, Nordhausen mit ihren Fachhochschulen und Eisenach und Gera mit ihren Berufsakademien sind nur einige der vielen Bildungs- und Wissenschaftsstandorte in Thüringen.

Dem Erholung Suchenden, dem Aktivurlauber oder Bildungstouristen hat

Thüringen viel zu bieten – abwechslungsreiche Landschaften, ein ausgebautes Wanderwegenetz und natürlich ein Land voll gelebter Kultur.

Eine Reise lohnt sich schon allein, um die Thüringer Lebensart – insbesondere die regionaltypischen, kulinarischen Genüsse – zu erfahren. Jeder kennt die Thüringer Rostbratwurst – aber was ist der Eichsfelder Feldgieker oder ein Mutzbraten? Ganz besonders stolz ist man auf die lange Tradition des Bierbrauens und das kleine, aber feine Weinanbaugebiet um Bad Sulza.

Neben dem viel besungenen Rennsteig sollten Wanderfreunde wenigstens einen weiteren der mittlerweile 22 zertifizierten Wanderwege unter „die Sohlen nehmen": Hochrhöner, Vogtland-

Panorama-Weg oder Goetheweg sind nur drei von vielen Wegen, die Natur- oder Themenwanderungen durch abwechslungsreiche Landschaften führen. Thüringen lässt sich jedoch ebenso gut mit dem Rad erkunden – 1.700 Kilometer Radfernwege ermöglichen es. Mit dem Rad geht es entweder durch den Hainich oder das Thüringer Schiefergebirge, auch die Flusstäler der Ilm, Unstrut, Werra, Elster usw. bieten wunderbare Radwege, auf denen man durch Thüringen radeln kann. Für jeden Anspruch bzw. Trainingsgrad ist etwas dabei. Auch auf dem Wasser lässt sich Thüringen erleben: Auf Saale, Unstrut und Werra kann man flussabwärts paddeln oder mit dem Boot die einmalige Landschaft der Stauseen der Saalekaskade erkunden.

Thüringen – das bedeutet auch immer Kultur und Geschichte. Jeder kennt die „Leuchttürme": das klassische Weimar, das mittelalterliche Erfurt und die Wartburg in Eisenach. Doch bietet der Freistaat seinen Besuchern viel mehr: abseits der Ost-West-Achse – wunderbare Jugendstil-Straßenzüge in Greiz, einem Ort mit drei Schlössern und einem großartigen englischen Landschaftspark oder ein beeindruckendes Villenviertel in Schillers „heimlicher Geliebter" Rudolstadt, romanische Klosterruinen wie die von Paulinzella und Thalbürgel, das „barocke Universum" in Gotha oder das beeindruckende Renaissance-Schloss Wilhelmsburg in Schmalkalden.

Die Romanik ist einer der vielen Höhepunkte kulturhistorischer Entwicklung und ihrer Zeugnisse in Thüringen – hierher kamen Bauleute, die den ersten europäischen Kunststil (nach Ende des Römischen Reiches) eindrucksvoll mit Bauten wie Klöstern, Kirchen und Burgen in die heutige Mitte Deutschlands brachten. Touristisch erschlossen wurden die romanischen Zeugnisse z. B. durch die Bemühungen des „Transromanica e. V." Sein Ziel ist die Öffnung und Vermittlung romanischer Kunst und Kultur für ein breites Publikum über Ländergrenzen hinweg. Zu den im Verein organisierten Regionen gehören u. a. das Piemont (Frankreich), Kärnten (Österreich), Modena, Parma und Ferrara (Italien) sowie natürlich Thüringen. Zu einigen ausgewählten Bauwerken in Thüringen sind Audioguides verfügbar, die man kostenlos auf der Seite www.transromanica.de herunterladen kann. Hierzu gehören neben dem Kloster Paulinzella (S. 78), auch die Creuzburg (S. 209), die Stadtpfarrkirche St. Nicolai in Eisenach (S. 198) und der mittelalterliche Wohnturm in Wandersleben (S. 177). Weitere Informationen zum Verein finden sich auf S. 252.

Weitere thematische Touristikstraßen erschließen das Land – ob Bier- und Burgenstraße, Alleenstraße, Spielzeugstraße, Thüringisch-fränkische Schieferstraße, Klassikerstraße, Porzellanstraße, Glasstraße, Reußische Fürstenstraße, Fachwerkstraße – es gibt sehr viele Möglichkeiten, den Freistaat Thüringen zu bereisen und kennenzulernen.

Überzeugen Sie sich – Sie sind herzlich eingeladen zu einer Reise nach Thüringen!

In Thüringen wird das ganze Jahr gefeiert, getreu dem Motto: „Feste feiern, wie sie fallen!" Die hier zusammengestellte Liste erhebt nicht den Anspruch der Vollständigkeit und dient dem Reisenden für eine erste Orientierung und Anregung.

JANUAR/FEBRUAR

Wasunger Karneval: Berühmt ist Wasungen für seinen Karneval. Spätestens seit 1524 wird er in Wasungen gefeiert. Der Hauptumzug mit vielen Themenwagen findet traditionell am Sonnabend vor Rosenmontag statt und steht jedes Jahr unter einem anderen Motto. Wer den Schlachtruf der Wasunger „Woesinge Ahoi!" einmal im Original hören und die vielen Themenwagen bestaunen möchte, der sollte zur Karnevalszeit nach Wasungen kommen. Apolda ist mit vier Karnevalsvereinen eine Hochburg des närrischen Treibens. Legendär ist nicht nur Thüringens größter Faschingsumzug, sondern auch der **Apoldaer Bluesfasching**.

MÄRZ/APRIL

Immer zu Ostern wird eine große **Osterausstellung** entlang des Thürin-

Skurriles und Praktisches kann man am 1. Mai auf dem großen Weimarer Flohmarkt finden

gisch-sächsischen Osterpfades, beginnend in Berga/Elster, veranstaltet. Jung und Alt können hier historischen und zeitgenössischen Osterschmuck bewundern.

Immer drei Wochen vor Ostern wird in Eisenach der **Sommergewinn** durchgeführt. Frau Sunna besiegt bei einem der größten Frühlingsfeste in Deutschland den Winter. Höhepunkt ist jedes Jahr der Festumzug durch die Eisenacher Altstadt.

Im März beginnen die thüringenweit veranstalteten **Bachwochen**. Dieses Musikfestival ist auf Barockmusik spezialisiert und übt seinen besonderen Reiz dadurch aus, das es an Lebensstationen von Johann Sebastian Bach stattfindet.

MAI

Legendär ist der 1. Mai in Weimar. Früh beginnt der Festtag mit dem **Weimarer Flohmarkt**, am Nachmittag wird das bei Groß und Klein beliebte **Seifenkistenrennen** durchgeführt. Jedes Jahr treten mehr „Rennverrückte" mit ihren phantasievollen Fahrzeugen zum Vergnügen eines großen Publikums an.

Am ersten Maiwochenende wird in Altenburg das **Skat- und Spielefest** durchgeführt, und in Weißensee findet jährlich zu Pfingsten das **Bierfest** statt. Es wird zu Ehren des deutschen Reinheitsgebotes veranstaltet, denn im Stadtbuch von 1434 wurde in der „statuta thaberna" festgelegt, dass Bier nur mit Hopfen, Malz und Wasser gebraut werden solle. Ebenfalls zu Pfingsten begeistern Schlossenthusiasten die **„Thüringer Schlössertage"** – ein Jahres-

höhepunkt der Vereinigung Schatzkammer Thüringen.

Bei der Wallfahrtskirche Klüschen Hagis findet zu Christi Himmelfahrt die **Männerwallfahrt** statt. Ein Muss für Sportenthusiasten ist der **GutsMuths-Rennsteiglauf**, der seit 1972 durchgeführt wird. Europas größter Crosslauf führt über den Rennsteig und lockt jährlich Zehntausende zur Teilnahme.

JUNI

Ein besonderer Höhepunkt ist der seit Anfang der siebziger Jahre jährlich im Juni stattfindende Bürgeler **Töpfermarkt** – nicht nur Zuschauer und Käufer kommen von nah und fern, auch für viele Töpfer ist dieser Markt ein besonderes Ereignis. Seit Anfang der neunziger Jahre wird der Walter-Gebauer-Keramikpreis verliehen.

In Weimar finden das **Köstritzer Spiegelzelt** statt, in Stelzen bei Reuth die **Stelzenfestspiele**. Wer Ende Juni im Eichsfeld ist und zu den motorsportbegeisterten Zeitgenossen gehört, der sollte sich das **Ibergrennen** ansehen. Hier werden Rennen für Touren- und Sportwagen ausgetragen. Das Ibergrennen ist mit einer Streckenlänge von etwa zwei Kilometern eine der kürzesten Bergrennstrecken Deutschlands. Die ersten Rennen fanden zwischen 1925 und 1929 für Motorräder statt.

Jedes Jahr am dritten Wochenende im Juni findet das größte Altstadtfest Thüringens statt – das **Krämerbrückenfest** in Erfurt. Im Juni beginnt auch das **Ekhof-Festival** in Gotha – die originale historische Bühnenmaschinerie wird bei der Aufführung historischer Inszenierungen genutzt. Kulissen und Kostüme des 18. Jahrhunderts sorgen für das besondere Flair dieses Festivals, das bis in den August dauert.

JULI

In Lunzig findet alljährlich Ende Juli der traditionelle **Lunziger Bauern- und Trödelmarkt** statt. Der Markt kann auf eine sehr lange Tradition, die bis ins 16. Jahrhundert reicht, zurückblicken. Mit wenigen Unterbrechungen wird er seit 1960 wieder jährlich gefeiert. Hier findet jeder etwas, von dem er noch nicht wusste, dass er es braucht oder zumindest haben wollte.

Am ersten Wochenende im Juli strömen Tausende zum **Rudolstädter Tanz- und Folkfest (TFF)**, der **Thalbürgeler Konzertsommer** beginnt (und dauert bis August), ebenfalls die **Jenaer Kulturarena**, die mit einem mehrtägigen Theaterevent beginnt und ihrem begeisterten Publikum jedes Jahr eine Vielzahl von Konzerten, Filmaufführungen und Kinderveranstaltungen bietet. In Erfurt finden im Juli die **DomStufen-Festspiele**, eine Produktion des ansässigen Theaters, statt.

AUGUST

Jedes Jahr am zweiten Augustwochenende findet eines der größten Open-Air-Festivals der elektronischen Tanzmusik am Ufer des Thüringer Meeres bei Saalburg statt – Tausende besuchen Jahr für Jahr begeistert das **Sonne-MondSterne-Festival**. Mitte August wird in Bad Sulza das **Thüringer Wein-**

Beim Schlossfest in Arnstadt

fest gefeiert, bei dem u. a. die Weinkönigin gekürt wird. Etwa um die gleiche Zeit feiern die Saalfelder und ihre Gäste das **Saalfelder Detscherfest**. Ende August eröffnet das **Kunstfest Weimar**, das bis September andauert und eine Reihe hochkarätiger Veranstaltungen mit Internationalem Tanz, Theater, Literatur und Talk, Ausstellungen, Installationen und Kino bietet. Seit 1877 wird Ende August in Mühlhausen die **Kirmes** gefeiert – die größte Stadtkirmes in Deutschland.

SEPTEMBER

Am ersten September sollte man einmal den **Weidschen Kuchenmarkt** erlebt haben. Hier wird die beste Bäckerin auf der „Weidschen Kuchenweide" gekürt. Im Freilichtmuseum Hohenfelden wird der **Thüringer Käsemarkt** durchgeführt, und in Weimar lädt die Thüringer Töpferinnung zum **Weimarer Töpfermarkt**.

OKTOBER

Im Oktober feiert man in Gera das **Höhlerfest**. In Weimar wird seit mehr als 350 Jahren immer am zweiten Oktoberwochenende der **Weimarer Zwiebelmarkt** abgehalten. Fast die ganze Innenstadt steht an diesem Wochenende im Zeichen der Zwiebel.

NOVEMBER/DEZEMBER

Besinnlich klingt in Thüringen die „Festsaison" aus – mit einer Reihe Advents- und Weihnachtsmärkten Besonders hervorgehoben sei der **Lauschaer Glaskugelmarkt**, denn in Lauscha wurde der gläserne Christbaumschmuck erfunden und dort werden noch heute in aufwendiger Handarbeit Glaskugeln geblasen und dekoriert. Fast noch ein Geheimtipp ist der **Arnstädter Bachadvent** am ersten Adventswochenende.

In Thüringen locken im Dezember viele Weihnachtsmärkte – wie der in Erfurt

EINMALIG IN THÜRINGEN

Niederdorla – Mittelpunkt Deutschlands

Auf die verschiedensten Arten wurde Deutschlands Mittelpunkt errechnet – fast jedes Mal mit einem anderen Ergebnis. Zweimal wurde Niederdorla ermittelt. Statistisch betrachtet hat dieser Ort die Nase vorn – eine Reise nach Niederdorla lohnt sich nicht nur, um einmal im Mittelpunkt zu stehen, sondern auch wegen des Freilichtmuseums „Opfermoor". An seiner Stelle grub man verschiedenste Gegenstände wie Werkzeuge für Kulthandlungen, landwirtschaftliche Geräte und viele Knochen von Opfertieren aus. Die Fundstücke stammen aus der Zeit zwischen 600 vor bis etwa ins 11. Jahrhundert nach Christi Geburt. ▶ S. 141

Die „Iwein-Fresken" – ein romanischer Schatz in Schmalkalden

Der Hessenhof beherbergt die ältesten, profanen Wandmalereien nördlich der Alpen. Im Original sind sie heute aus konservatorischen Gründen – ähnlich wie die Höhle von Lascaux – dem Besucher nicht mehr zugänglich. Doch auf der Wilhelmsburg im Kellergewölbe unter der Schlosskirche befindet sich eine sehenswerte Kopie. Sie wurde in mühevoller Kleinstarbeit und mit der ständigen Beratung der Thüringer Denkmalpflege von Restauratoren erarbeitet.

Wer Schmalkalden besucht, darf dieses einmalige Stück Thüringer Kulturgeschichte nicht verpassen. ▶ S. 223

Thüringer Saurier – auf der Bertholdsburg in Schleusingen

Ja es gibt sie – Dinosaurier in Thüringen! Bei Grabungen von 1989 bis 1991 wurde der bislang größte, etwa zwei Meter lange Saurier gefunden. Das krokodilähnliche Saurierskelett lag in den fast 300 Millionen alten Sandsteinen bei Manebach. Heute können ihn Besucher im Museum auf der Bertholdsburg in Schleusingen bestaunen. Die Ausstellung zeigt 300 Millionen Jahre Thüringer Geschichte! ▶ S. 229

Arnstadt – „Mon plaisir", ein weltweit wohl einzigartiges Vergnügen

Das Neue Palais in Arnstadt beherbergt die Puppenstadt „Mon plaisir". Die Miniaturstadt entstand für die Fürstin Augusta Dorothea. Diese Puppenleidenschaft entdeckte die Dame, nachdem sie 1716 verwitwete – und stürzte sich in immense Unkosten, nur, um ihren Puppenstaat verwirklichen zu lassen. Ob Morgentoilette oder Kloster, Kinderstube oder Abendgesellschaft, das ganze Leben in einer Residenzstadt wurde abgebildet und ist heute in seiner Vielfalt und Erhaltung einmalig – nicht nur in Thüringen. ▶ S. 180

Die Vielfalt des Lebens in einer Residenzstadt lässt sich in Arnstadt „en miniature" erleben

Sondershausen – großer Staatswagen in kleiner Residenzstadt

In Sondershausen befindet sich die in Deutschland wohl älteste und in ihrer Art einmalige Staatskutsche, eine barocke „Grand Carosse" die 1710 in Paris gebaut wurde und in der ersten Hälfte des 18. Jahrhunderts von den Fürsten von Schwarzburg-Sondershausen erworben wurde. Dass hier ein solches Prachtstück erhalten geblieben ist, ist umso großartiger, da nur noch in Stockholm, Lissabon und St. Petersburg derartige Prunk-Kutschen zu bewundern sind. ▸ S. 101

Hainich – Weltnaturerbe in Thüringen

Das größte zusammenhängende Laubwaldgebiet, die ausgedehnteste nutzungsfreie Waldfläche in Deutschland und Thüringens einziger Nationalpark – das ist der Hainich. Seit 2011 gehören Teile des Hainichs zum UNESCO-Weltkulturerbe. Über neunzig Prozent des Hainichgebietes werden nach dem Motto „Natur Natur sein lassen" nicht bewirtschaftet. Touristisch ist diese Landschaft durch ein Wanderwegenetz erschlossen. Wer den Baumkronenpfad betritt, um den Hainich zu erleben, sollte jedoch höhentauglich sein. ▸ S. 140

KULINARISCHE BESONDERHEITEN

Jeder kennt die **Thüringer Rostbratwurst** und hat sicher schon einmal **Thüringer Klöße** gegessen. In Thüringen verläuft mit dem Rennsteig übrigens auch der „Bratwurstäquator" – nördlich davon kommt in die Wurstmasse Kümmel, südlich davon nicht. Der Bratwurst und dem Kloß sind sogar Ausstellungen gewidmet: das Bratwurstmuseum und die Kloß-Welt (s. u.)

1. Deutsches Bratwurstmuseum • Bratwurstweg 1 • 99334 Amt Wachsenburg OT Holzhausen • Tel. (03628) 604412 • www.brat wurstmuseum.net • April–Okt. Di.–So. 11– 18 Uhr

Thüringer Kloß-Welt Heichelheim • Hauptstraße 3 • 99439 Heichelheim • www.thue ringer-kloss-welt.de • Mo.–Fr. 9–17 Uhr, Sa. 9–16 Uhr, So. 11–16 Uhr

Man wird der kulinarischen Welt Thüringens jedoch nicht gerecht, wenn man sie auf diese beiden Gerichte reduziert.

Als Spezialität gilt der **Altenburger Ziegenkäse**. (▶ S. 18) Seine Name ist in der Europäischen Union als geschützte Ursprungsbezeichnung eingetragen. Allerdings besteht dieser Käse nicht, wie sein Name vermuten lässt, zu hundert Prozent aus Ziegenmilch – sondern der Kuhmilch wird fünfzehn Prozent Ziegenmilch zugesetzt. Zudem gehört in einen richtigen Altenburger Ziegenkäse eine Portion Kümmelkörner. Wer Appetit auf eine deftige Mahlzeit hat, der sollte **Mutzbraten** mit Brot und Sauerkraut probieren. Der Mutzbraten ist ein Stück Schweinefleisch aus der Schulter oder dem Kamm), das über Birkenholzrauch zubereitet wird. (▶ S. 244, Restaurant „Bellevue" Schmölln)

Die **Gersche Fettbemme** besteht aus Brot und Schmalz. (▶ S. 26) Das Thüringer (Speck-)Fett wird mit Zwiebeln und Apfelstückchen hergestellt – wer möchte, kann zum Würzen in das ausgelassene Griebenschmalz auch ein Lorbeerblatt, Pimentkörner oder schwarze Pfefferkörner geben. Auf frischem Brot (meist knusprigem „Graubrot") wird das Fett mit einer Prise Salz serviert.

Berühmt sind die **Kuchenweiden Weidas**. (▶ S. 35) Jahr für Jahr wird der Gewinnerin (bis dato gab es noch keinen Gewinner) die weiße Schürze umgebunden – als Zeichen des Sieges im „Wettbacken". Aussehen, Geruch und Geschmack sind die Kriterien. Klingt einfach, ist aber bei der hervorragenden Konkurrenz in Weida ein „hartes Brot".

Der **Schleizer Polz** (▶ S. 48) besteht aus zerdrückten gekochten (Pell-)Kartoffeln. Abgeschmeckt wird er mit Salz, Pfeffer und Muskat. In einer Pfanne werden Speckwürfel glasig gedünstet, anschließend wird ein Teil der Kartoffelmasse in die Pfanne gegeben und auf beiden Seiten knusprig gebraten. Es ist ein einfaches, schnelles und preiswertes Essen, das sich großer Beliebtheit erfreut.

Filinchen ist gerade im Osten Deutschlands legendär. (▶ S. 19) Seit 1956 ist es auf dem Markt. Hergestellt wird es in Apolda – vertrieben natürlich deutschlandweit. Wer es noch nicht kennt, der sollte es vielleicht anlässlich eines Thüringenbesuches einmal probieren. Aber Vorsicht: nur mit weicher Butter bestreichen, denn ein Fillinichen bricht unglaublich schnell und krümelt gnadenlos; oder man spart sich die Butter und streicht eine weitere Thüringer Spezialität drauf – **Mühlhäuser Pflaumenmus.** (▶ S. 134)

Die **Eichsfelder Feldgieker** (▶ S. 126) wird nach alten und geheimen Rezepten gefertigt. Bekannt ist jedoch, dass das schlachtwarme Schweinehack in eine handgenähte, blasenähnliche Hülle aus der Fetthaut des Bauchschmers gefüllt wird und anschließend bis zu zwölf Monate reifen muss.

Der **Neudietendorfer Aromatique** (▶ S. 177), ein Magenbitter, wurde ursprünglich von Apotheker Daniel Thraen als Medizin zusammengemixt. Der heutige „Aro" geht auf die 1876 von Reinhold Schmidt als Branntwein- und Likörfabrik gegründete, 1897 von Theodor Kramer übernommenen und ab 1932 als Th. Kramer & Co. KG weiter geführten Firma zurück. Der Neudietendorfer Aromatique ist wohl der bekannteste unter den vielen Thüringer Kräuterschnäpsen.

Die „Gersche Fettbemme" in bester Gesellschaft

OSTTHÜRINGEN

Ganz im Osten Thüringens an den Grenzen zu Sachsen-Anhalt und Sachsen liegt Altenburg mit seinem oft leider ein wenig übersehenen Altenburger Land und dem Norden des Osterlandes. Wer durch das Altenburger Land fährt, der bewegt sich in einer durch Landwirtschaft geprägten Region. Fast drei Viertel der Gesamtfläche der Region sind landwirtschaftliche Nutzfläche. Die Gegend ist zumeist flach, nur im Süden im sogenannten Osterland wird es hügelig – ein Vorbote des Erzgebirges. Im Altenburger Umland gibt es Flüsse und Flüsschen – Pleiße, Sprotte, Weiße Elster, Wiera und Schnauder. Im Norden ist das Gesicht der Landschaft geprägt vom Braunkohlebergbau, im Südwesten vom Uranabbau der Wismut (eigentlich bis 1990 Sowjetisch-Deutsche Aktiengesellschaft Wismut).

Ostthüringen war schon früh besiedelt, nach dem Zerfall des Thüringer Reiches im Jahre 531 siedelten sich hier Slawen an. Im 10. Jahrhundert wurde die Gegend in das Heilige Römische Reich Deutscher Nation integriert. Entscheidend für die folgenden Jahrhunderte war die Schlacht bei Lucka: 1307 siegte Friedrich der Freidige (auch „der Gebissene" genannt) gegen Albrecht I. von Habsburg und sicherte so die Herrschaft des Hauses Wettin in Mitteldeutschland.

In drei Abschnitten wird die Region Ostthüringens vorgestellt: Altenburg und Umgebung, Gera und Umgebung und *last but not least* Greiz und Umgebung.

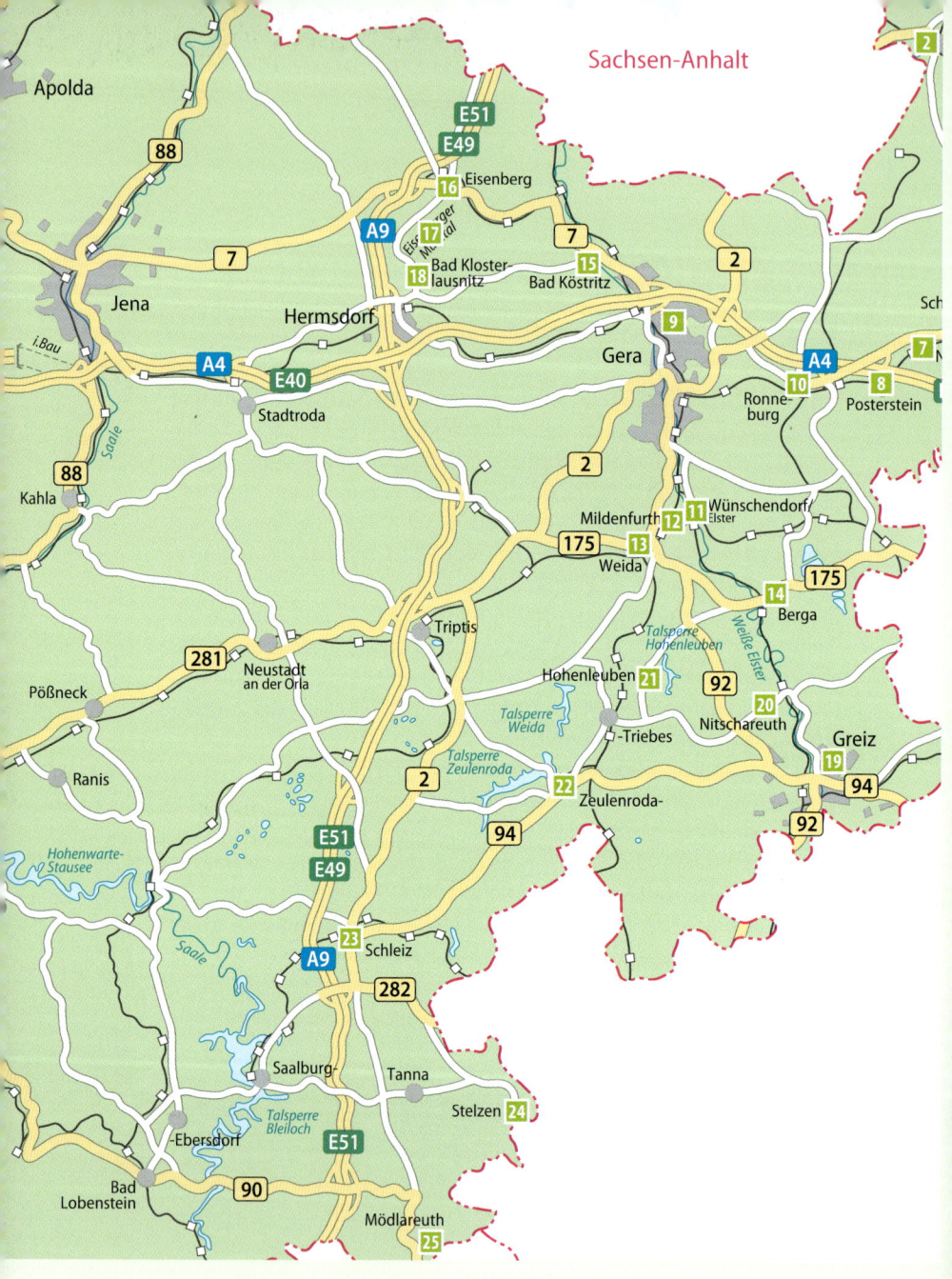

Sachsen-Anhalt

Apolda

88

E51
E49

16 Eisenberg

A9

17 Eisenberger Musical

7

Jena

Hermsdorf

18 Bad Kloster-lausnitz

7

15 Bad Köstritz

2

A4 E40

Stadtroda

Gera

9

Ronne-burg

A4

10

7

8 Posterstein

88 Saale

Kahla

2

Mildenfurth Elster

12

11 Wünschendorf Elster

175

13

Weida

14 Berga

175

Triptis

281

Neustadt an der Orla

Talsperre Hohenleuben

Hohenleuben

21

92

20 Nitschareuth

Pößneck

Talsperre Weida

Greiz

Ranis

Talsperre Zeulenroda

2

Triebes

19

94

94

92

Hohenwarte-Stausee

E51
E49

22 Zeulenroda-

Saale

23

A9

Schleiz

282

Saalburg-

Tanna

Stelzen 24

-Ebersdorf

Talsperre Bleiloch

E51

Bad Lobenstein

90

Mödlareuth

25

16

OSTTHÜRINGEN

ALTENBURG UND ALTENBURGER UMLAND

Altenburg ist eine typische thüringische Residenzstadt. Die Stadt bietet Kultur- und Geschichtsinteressierten mit ihren Museen ein weites Feld für Entdeckungen. Genießer sollten sich Altenburger Senf, Käse und Bier nicht entgehen lassen. Die Region um Altenburg ist stark von der Landwirtschaft geprägt, doch bietet sie mehr als weite Felder. Im Norden kann man noch die landschaftsbestimmenden Auswirkungen des Braunkohlenabbaues erleben. In den Dörfern begeistern immer wieder liebevoll restaurierte Fachwerkhöfe.

Reiseinformation
Altenburger Tourismus GmbH • Friedrich-Ebert-Straße 14 • 04600 Altenburg • Tel. (03447) 512800 • www.altenburg-tourismus.de • Mo.–Fr. 9–18 Uhr, Sa./So. 10–16 Uhr

1 Skatstadt Altenburg

Altenburg blickt auf eine über 1.000-jährige Geschichte zurück. Weltberühmt wurde Altenburg – wie der Beiname „Skatstadt" verrät – durch die Erfindung des Skatspiels. Der Besucher von Altenburg erlebt eine typische Residenzstadt. Das Wahrzeichen von Altenburg sind die Roten Spitzen. Die Backsteintürme sind Reste der 1172 in Gegenwart von Kaiser Friedrich I. „Barbarossa" geweihten Klosterkirche der Augustiner Chorherren. 1570 bekam der Südturm seinen Spitzhelm, und 1618 erhielt der Nordturm seine barocke Haube. Wer etwas Zeit mitbringt, kann die Stadt und ihre Sehenswürdigkeiten in aller Ruhe, mit all ihren Reizen entdecken.

Ⓐ Residenzschloss Altenburg – Schloss- und Spielkartenmuseum

TOP-TIPP Über der Stadt auf einem Felsen befindet sich das **Altenburger Schloss**. Man vermutet, dass die frühesten Befestigungen bis in die karolingische Zeit (8./9. Jahrhundert) zurückreichen. Altenburg war zeitweilig die Residenz der sächsischen Kurfürsten und von 1603–1673 sowie 1826–1918 die Hauptresidenz der Herzöge von Sachsen-Altenburg. Im Schlossareal finden sich Spuren aus nahezu jeder Stilepoche – vom romanischen Torturm (zwischen Prinzenpalais und Schlosskirche) bis hin zu den im historistischen Stil der Neorenaissance bzw. des Neobarock errichteten Gebäuden des Hofmarschallamtes bzw. des Prinzenpalais'. Hauptsächlich ist das Schloss

von den Umbauten zwischen 1706 und 1730 geprägt. Die spätgotische Stifts- und Schlosskirche **St. Georg** stammt weitgehend aus dem 15. Jahrhundert: berühmt wurde sie in erster Linie durch die Trostorgel. Altenburg besitzt eine große Schlossanlage. Der älteste erhaltene Teil ist der Mantelturm, die so genannte „Flasche" entstanden um 1080. Der Name „Flasche" geht wohl auf die im oberen Bereich des Turmes angebrachte Sandsteinplatte zurück, die eine Pilgerflasche zeigt. Die „Flasche" ist ein typischer romanischer Wohnturm. Seine Mauern sind bis zu vier Metern dick. 32 Meter hoch ist der Hausmannsturm, der sich am höchsten Punkt des Schlosshofes befindet. Dieser Turm aus dem 12./13. Jahrhundert ist wohl der Bergfried der burggräflichen Burg gewesen. Von ihm aus eröffnet sich ein herrlicher Blick gleichermaßen auf das Schloss wie auf die Stadt Altenburg.

Heute sind im Schloss u. a. das **Schloss- und Spielkartenmuseum** und das Thüringische Staatsarchiv Altenburg untergebracht. Im Schloss- und Spielkartenmuseum wird die Spielkartengeschichte aus fünf Jahrhunderten vorgestellt, können sich Besucher über die Schlossbaugeschichte, die Rüstkammerbestände, die Uhrensammlung sowie die Porzellansammlung Bernhards von Lindenau und vieles andere mehr informieren. Besonders hingewiesen sei auf das Sybillenkabinett im Schloss – ein nahezu authentisch erhaltenes spätbarockes **Porzellankabinett**, das nach aufwändiger Restaurie-

rung 2003 den Schlossbesuchern wieder zugänglich gemacht wurde. Der **Schlossgarten** wurde 1593/94 durch Herzog Johann östlich des Schlosses angelegt. Vorbild für diese Gartenanlage waren Gärten der italienischen Renaissance. Im Lauf der Zeit wurde der Park mehrfach umgestaltet. Im Barock entstanden Teehaus und Orangerie. Ende des 18. Jahrhunderts wurde die barocke Parkanlage im Stile englischer Landschaftsgärten verändert. Ihr heutiges Gesicht erhielt die Anlage in den Jahren zwischen 1827 und 1839. Bei dieser Umgestaltung war der Einfluss Peter Joseph Lennés (1789–1866), eines berühmten preußischen Gartenkünstlers und Landschaftsarchitekten, maßgeblich. Am nördlichen Parkrand wurden im 19. Jahrhundert das **Lindenau-Museum**, das Naturkundemuseum **Mauritianum** und am südöstlichen die **Herzogin-Agnes-Gedächtniskirche** (1906 geweiht) errichtet. Während der Sommersaison werden durch das Schloss- und Spielkartenmuseum Schlossgartenführungen angeboten

Schloss- und Spielkartenmuseum Altenburg • Schloss 2–4 • 04600 Altenburg • Tel. (03447) 512712 • www.residenzschloss-altenburg.de • Di.–So. 9.30–17 Uhr, letzter Einlass 16.30 Uhr

Ⓑ St. Bartholomäikirche

Die St. Bartholomäikirche ist die älteste Stadtkirche Altenburgs. Sie wurde im 12. Jahrhundert als dreischiffige Hallenkirche erbaut. Bei genauerer Betrachtung wird das Stilgemisch dieser eigentlich spätgotischen Kirche deutlich – unter dem südlichen Seitenschiff befindet sich die Krypta des romanischen Vorgängerbaus; der achteckige Westturm entstand im Barock, erkennbar an der Turmhaube. Dort befindet sich ein Türmerstübchen. Von der Plattform aus hat man einen wundervollen Blick auf die Altstadt von Altenburg. In der ersten Hälfte des 16. Jahrhunderts war die Kirche ein wichtiger Schauplatz der Reformation.

St. Bartholomäikirche • Burgstraße • 04600 Altenburg • Tel. (03447) 4336 • www.evangelische-kirchgemeinde-altenburg.de • Mai–Okt. Di.–So. 10–18 Uhr, Führungen während der Öffnungszeiten

Ⓒ Skatbrunnen

Der Skatbrunnen befindet auf dem Brühl, dem alten Markt von Altenburg. Die Idee für diesen Brunnen hatte der Stifter Albert Steudemann. Die Bronzegruppe der miteinander raufenden Wenzel (auch Unter oder Buben genannt) befindet sich auf einer kleinen Terrasse. Das Denkmal wurde 1903 vom Münchener Bildhauer Ernst Pfeifer geschaffen. Leider wurde im Zweiten Weltkrieg die Skulpturengruppe eingeschmolzen, so dass anstatt der Originale heute Kopien aufgestellt sind.

Ⓓ Lindenau-Museum

Das Lindenau-Museum wurde 1876 fertiggestellt. Die Sammlungen frühitalienischer Malerei, Kunstbibliothek, die Gipsabguss-Sammlung und die antiker Keramik verdankt das Museum dem Staatsmann und Kunstsammler Bernhard August von Lindenau. Auf seine Kunstleidenschaft geht die außerhalb Italiens einmalige Sammlung von fast 200 Werken italienischer Tafelmalerei der Frührenaissance zurück. Ergänzt wird das Museumsangebot durch Wechselausstellungen zu alter und zeitgenössischer Kunst.

Lindenau-Museum Altenburg · Gabelentzstraße 5 · 04600 Altenburg · Tel. (03447) 89553 · www.lindenau-museum.de · Di.–Fr. 12–18 Uhr, Sa./So. 10–18 Uhr

Ⓔ Mauritianum

Das Mauritianum entstand nach Plänen des sächsisch-altenburgischen Baurats Alfred Wanckel in den Jahren 1907/08. Heute befinden sich mehr als 350.000 Objekte aus Geologie, Mineralogie, Paläontologie und Zoologie, u. a. der weltgrößte Rattenkönig (mehrere an den Schwänzen verknotete/verklebte Ratten) in den Sammlungen des Mauritianums. Der Vogelsaal, der sich dem Altenburger Bauernornithologen und Alfred Edmund Brehm widmet, und die Ausstellungsteile „Präparation" und „Blick hinter die Kulissen" sind für Besucher besonders interessant.

Naturkundemuseum Mauritianum · Parkstraße 1 · 04600 Altenburg · Tel. (03447) 2589 · www.mauritianum.de · Di.–Fr. 13–17 Uhr, Sa./So. 10–17 Uhr

Ⓕ Brauereimuseum Altenburg

Das Museum der Altenburger Brauerei gewährt einen interessanten Einblick in die lange Tradition des Bierbrauens in Altenburg bzw. dem Altenburger Land. Schon im 13. Jahrhundert wurde Altenburg das Recht verliehen, innerhalb der Bannmeile Bier auszuschenken. Die Ausstellung macht den Besucher mit Themenbereichen wie z. B. „Malz-Hopfen-Hefe-Wasser", „Hopfen und Malz – Gott erhalt's", dem Riebeck-Eck und dem Böttcherhandwerk bekannt. Nach Voranmeldung werden gern auch Brauerei-Besichtigungen mit und ohne Verkostung durchgeführt.

Altenburger Erlebnisbrauerei · Altenburger Brauerei GmbH · Brauereistraße 20 · 04600 Altenburg · Tel. (03447) 31290 · www.altenburger-brauerei.de · Sa./So. 11–17 Uhr

2 Meuselwitz

Meuselwitz ist nach Altenburg und Schmölln die drittgrößte Stadt des Altenburger Landes. Sehenswert ist die barocke Orangerie, sie ist der Rest eines Schlosskomplexes, der während des Zweiten Weltkriegs von Bombardierungen stark in Mitleidenschaft gezogen wurde. Nach dem Krieg wurden viele Teile des zerstörten Schlosses abgerissen. Am Nordende des Parks blieb allein die Orangerie erhalten. Die Entwürfe aus den zwanziger Jahren des 18. Jahrhunderts stammen vermutlich vom kursächsischen Landesbaumeister David Schatz. Beeindruckend ist das reiche Skulpturenprogramm: die Büsten in den Wandnischen des Mittelpavillons symbolisieren die vier Himmelsrichtungen. An den Gebäudeflügeln befinden sich die zwölf Sternbilder des Tierkreises, in der Rotunde waren Allegorien von Frühjahr, Sommer, Herbst und Winter aufgestellt. Der Park war ursprünglich nach französischem Vorbild gestaltet, heute sind die barocken

Die barocke Orangerie in Meuselwitz

Parkachsen erkennbar; viele Parkbauten und Skulpturen sind zwar verloren, doch ein Spaziergang lohnt sich allemal, wenn man ein Stück historischer thüringischer Gartenkultur erleben möchte.

3 Windischleuba

Im Schloss von Windischleuba lebte bis 1945 ein Nachfahre des berühmten Baron von Münchhausen. Börries Freiherr von Münchhausen war Schriftsteller und Lyriker. Mit seinem Cousin, dem Kunsthistoriker Hans Albrecht von der Gabelentz-Linsingen, der seit 1930 Burghauptmann auf der Wartburg war, gründete er die „Deutsche Dichterakademie". Das heutige Schloss wurde als Wasserburg errichtet. 1244 wurde sie erstmalig urkundlich erwähnt. Vom 15. bis zum 17. Jahrhundert gehörte die Anlage der Familie von der Gabe-

lentz, die später mit den Freiherren von Münchhausen verschwägert waren. Den Münchhausens gehört das Anwesen seit 1880. Im Laufe der Zeit wurden die Gebäude so verändert, dass heute kein einheitliches Ensemble mehr zu erleben ist. Jetzt wird das Wasserschloss als Jugendherberge genutzt; Radwanderer finden hier Unterkunft.

Jugendherberge „Schloss Windischleuba" • Pestalozziplatz 1 • 04603 Windischleuba • Tel. (03447) 834471 • www.djh-thueringen.de

4 Kulturgut Quellenhof Garbisdorf

Ganz im Osten Thüringens liegt der Quellenhof in Garbisdorf. Es ist ein denkmalgeschützter Vierseithof, der heute als Kunst-, Kultur- und Begegnungshof genutzt wird. Der etwa 300 Jahre alte Vierseithof wurde im Jahre 2001 von

23

der Gemeinde Göpfersdorf erworben, um den fortschreitenden Verfall der Gebäude zu stoppen. Doch schon seit den späten 1980er Jahren kümmern sich die „Kunst- und Kulturverrückten" aus der Gemeinde Göpfersdorf um die Gebäude. Es begann mit einem denkmalgeschützten Pferdestall, der nach der Sanierung (1984–1987) die Galerie im Pferdestall beherbergte. Diese zog zwanzig Jahre später in das „Kulturgut Quellenhof" um. Jährlich finden dort fünf Ausstellungen mit Arbeiten zeitgenössischer Künstler statt. Zur schönen Tradition und zu einem Höhepunkt des Jahres ist das Holzbildhauer-Pleinair (meist drei Wochen in der Pfingstzeit) geworden. Zwölf Bildhauer treffen sich in Garbisdorf, um gemeinsam zu arbeiten. Beginn und Ende des Pleinairs werden stets mit einem zünftigen Fest begangen.

Kulturgut Quellenhof • Heimatverein Göpfersdorf e. V. • Garbisdorf Nr. 6 • 04618 Göpfersdorf • www.quellen-hof.de

5 Ponitz

ENTDECKER-TIPP Ein Halt in Ponitz lohnt sich wegen der weit über die Landesgrenzen hinaus bekannten Silbermannorgel in der Friedenskirche. Noch bevor die Kirche fertiggestellt war, erhielt Gottfried Silbermann den Auftrag, eine Orgel zu bauen. 900 Taler sollte er für seine Arbeit erhalten neben freier Kost und Logis. 1737 vollendete er sein Werk, am 18. November 1737 übergab Silbermann die Orgel an den ortsansässigen Organisten und Schulmeister Kalb. Durch die Jahrhunderte erhielten sich dank guter Pflege alle wesentli-

chen Teile. Die Orgel ist in ihrer vollen Klangpracht bei regelmäßigen Konzerten in der Ponitzer Kirche von April bis Dezember zu erleben. In der Konzertsaison sind die Juli-Veranstaltungen des „Thüringer Orgelsommers" ein besonderer Höhepunkt. Das Konzertjahr klingt in Ponitz mit „Orgelmusik im Kerzenschein" aus – am Vorabend des ersten Advent und am zweiten Weihnachtsfeiertag jeweils um 17 Uhr.

Friedenskirche und Silbermannorgel • Evangelisch-Lutherische Kirchgemeinde Ponitz • Pfarrberg 2 • 04639 Ponitz • Tel. (03764) 4632 (Di. 15–16 Uhr) • www.kirche-ponitz.de • www.silbermannorgel-ponitz.de

6 Resurrektion Aurora

Westlich von Schmölln bei Löbichau wurde im Rahmen der Bundesgartenschau 2007 als Begleitprojekt die „Resurrektion Aurora" angelegt. Die Geschichte des Bergbaus und der mit dem Bergbau verbundenen Eingriff in die Landschaft wurden künstlerisch „in Szene gesetzt". Der Förderturm Löbichau und die Halde Beerwalde wurden zu Wahrzeichen des Uranbergbaus der Wismut. Eine neu gepflanzte Lindenallee führt von der Halde zum Förderturm 403, zu dessen Füßen ein kleiner Skulpturenpark entstand.

Halde Beerwalde/Resurrektion Aurora • www.resurrektionaurora.de • Mai–Okt. Sa./So. 10–18 Uhr

7 Nöbdenitz

Hier steht die „Tausendjährige Eiche". Sie ist nicht nur Naturdenkmal, sondern dient gleichzeitig als Grabstätte. Hans

Wilhelm von Thümmel verfügte, dass er nach seinem Tode in der Stieleiche begraben werden wolle. Zu dieser Entscheidung soll ihn ein Streit mit seiner Frau getrieben haben. Herr von Thümmel hatte für viel Geld Parkanlagen in Altenburg und auch in Nöbdenitz anlegen lassen. Seine Gattin, erbost darüber, sagte ihm auf den Kopf zu, dass ihm in Nöbdenitz nicht einmal soviel Land gehöre, dass es für ein Grab reiche. Daraufhin soll Herr von Thümmel die alte Eiche vom Pfarrer gekauft haben, um sich in ihr beisetzen zu lassen. Im Totenregister der Pfarrei Nöbdenitz ist die Beisetzung in der Eiche vermerkt.

8 Posterstein

Weithin sichtbar steht die gleichnamige Burg auf einem Felsvorsprung über dem Ort. Heute befindet sich auf Burg Posterstein ein Museum. In den barocken Räumen wird die Geschichte der Region gezeigt; die Geschichte des Musenhofes der Herzogin von Kurland bildet einen gesonderten Ausstellungskomplex. Was kaum einer weiß: Rudolf Dietzen – besser bekannt als Hans Fallada – verbrachte zwei Jahres seines Lebens in Posterstein auf dem Rittergut. Dort wurde er von 1913 bis 1915 zum Landwirt ausgebildet, eignete sich umfängliche Kenntnisse in der Kartoffelzucht an und galt später als Kartoffelexperte. Dadurch konnte er sich als Gutsverwalter oder auch Angestellter der Landwirtschaftskammer Stettin über Wasser halten. Der Ort Posterstein ist geprägt durch wunderschöne, gut erhaltene Fachwerkhäuser und Vierseithöfe.

Museum Burg Posterstein • Burgberg 1 • 04626 Posterstein • Tel. (034496) 22595 • www.burg-posterstein.de • März–Okt. Di.–Sa. 10–17 Uhr, So./Feiertage 10–18 Uhr, Nov.–Feb. Di.–Fr. 10–16 Uhr, Sa./So./Feiertage 10–17 Uhr

Vom Bergfried der Burg Posterstein blickt man weit ins Altenburger Land und ins Osterland

GERA UND UMGEBUNG

Gera ist eine Reise wert! Warum? Das Theater, Geras Museen und seine Unterwelt sind nur einige Argumente für einen Besuch dieser oft unterschätzten Stadt. Außerdem gehören die „Gerschen Fettguschen" zu Thüringen wie die „Erfurter Puffbohnen" oder die „Bleicheröder Schneckenhengste". Ist in Thüringen von Fettguschen die Rede, so ist immer der Geraer gemeint. Was bitte sind „Gersche Fettguschen"? Es kursieren allerlei Erklärungen: Dass die Fettgusche eine Anspielung auf die breite Aussprache des „S" und einiger Konsonanten wäre – so dass aus jeder Bratwurst eine „Bratwurscht" wird. Oder auch, dass in Gera die ersten Fettbemmen (Schmalzbrote) gestrichen worden wären. Der historischen Wahrheit, wenn es denn eine gibt, nähert sich wohl eher folgende Erklärung: In Zeiten, als Gera durch die Tuchmacherei einen wirtschaftlichen Aufschwung erfuhr, mokierten sich die armen Bauern der Umgebung über die reichen Städter, dass diese den ganzen Tag nichts täten außer Saufen und Fressen, eben richtige Fettguschen seien.

Reiseinformation
Gera Informationen • Markt 1a (Burgkeller) • 07545 Gera • Tel. (0365) 8381111 • www.gera.de • Mo.–Fr. 9–18 Uhr, Sa. 9–15 Uhr

9 Otto-Dix-Stadt Gera

Die archivalisch nachvollziehbare Geschichte Geras beginnt mit einer Schenkungsurkunde König Ottos III. 995. Die „Textilindustrie" blieb bis ins 20. Jahrhundert ein wichtiger Erwerbszweig in Gera. Die Wiege der Warenhauskette „Hertie" stand in Gera. Am 1. März 1882 wurde die Ur-Filiale durch Oscar Tietz mit dem Kapital seines Onkels Hermann begründet. Sie nannte sich „Garn-, Knopf-, Posamentier-, Weiß- und Wollwarengeschäft Hermann Tietz". Nach einigen Jahren wurden in Weimar, Bamberg, München und Hamburg Zweigstellen eröffnet. 1900 wurde der Unternehmenssitz nach Berlin verlegt.

A Rathaus

Trotz aller städtebaulicher Maßnahmen der letzten Jahrzehnte ist der Markt der zentrale Platz in Gera geblieben. Das Rathaus und die Stadtapotheke sind die charakteristischen Bauten an der Südost- bzw. Nordwestecke des Platzes. Die Ähnlichkeit zu Bauten von Nicol Gromann (z.B. dem Altenburger Rathaus) ist trotz der Veränderungen nach dem Stadtbrand von 1780 sichtbar. Die Gestaltung der Marktfassade wird bestimmt durch den 57 Meter hohen, achteckigen Treppenturm mit geschweifter Haube und Laterne. Am Turmsockel befindet sich ein reich dekoriertes Sitznischenportal: Im Dreiecksgiebel ist der doppelköpfige Reichsadler angebracht. Die drei Männer in der Bogenlaibung stehen für die damalige Ratsform in Gera: den dreifachen Rat, bestehend aus regierendem, sitzendem und ruhendem Rat. Neben der rechten Sitznische befindet sich die Geraer Elle. Im Heiligen Römischen Reich Deutscher Nation war dieses Längenmaß regional sehr unterschiedlich und so hat auch die Stadt Gera ihre eigene Elle (0,572 Meter).

Rathaus • Kornmarkt 12 • 07545 Gera • www. gera.de

B Schreibersches Haus – Naturkundemuseum der Stadt Gera, Höhler Nr. 188, Botanischer Garten

Ebenfalls auf dem Nikolaiberg steht das „Schreibersche Haus". In ihm ist das Naturkundemuseum der Stadt Gera untergebracht. Das Eingangsportal ist im Gegensatz zum Baukörper aufwändig gestaltet. Über einem halbrundem Giebel befinden sich Merkur, der römische Gott der Händler und die Allegorie des Fleißes, deren Attribut der Bienenkorb auf den sprichwörtlichen Bienenfleiß anspielt. Man könnte kurz und knapp beschreiben: Auch mit göttlichem Schutz – von nichts kommt nichts.

Das Gebäude ist das älteste Haus der Stadt – es wurde ca. 1540 errichtet. Nach dem Stadtbrand des Jahres 1686 wurde es unter Verwendung älterer Bauteile wieder errichtet. In der Mitte des 19. Jahrhunderts ging das Haus in städtischen Besitz über und wurde als Gerichtsgebäude, Mädchenschule und Verwaltungsgebäude genutzt. Mitte des 20. Jahrhunderts erfolgte der Museumsumbau. Das Naturkundemuseum zeigt in seiner Ausstellung haupt-

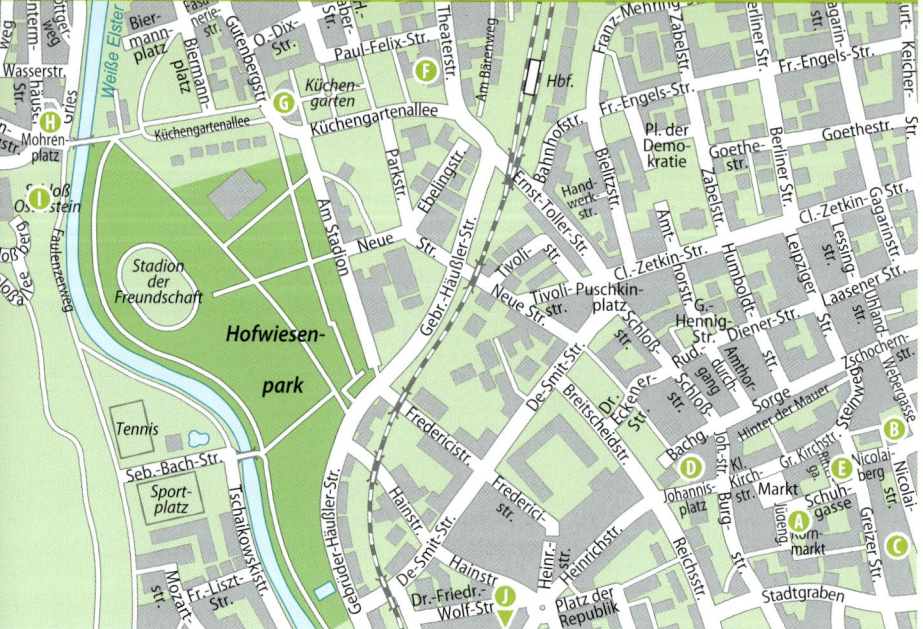

sächlich Flora, Fauna und Geologie der ostthüringischen Region. Zum Museum gehören auch der Höhler Nr. 188 und der Botanische Garten. Im Höhler Nr. 188 ist eine Ausstellung zur Welt der Mineralien in Ostthüringen zu erleben. Der nur 0,7 Hektar große Botanische Garten bietet Platz für etwa 1.000 Pflanzenarten. Er ist Lehr- und Schaugarten zugleich. Das Turmhaus wird als Lehrgebäude für die „Grüne Schule" genutzt. Der Eintritt in den Garten ist kostenfrei.

Museum für Naturkunde Gera • Nicolaiberg 3 • 07545 Gera • Tel. (0365) 52003 • www.gera.de • Mo.–Mi./Feiertage 12–17 Uhr

Botanischer Garten • Nicolaiberg und Geithes Passage • Mai–Sept. Di.–So. 11–17.30 Uhr

🅒 Ferbersches Haus – Museum für Angewandte Kunst Gera

Das „Ferbersche Haus" wurde nach dem großen Stadtbrand von 1780 aus zwei Bürgerhäusern zusammengefasst. Es entstand eine der größten Wohn- und Geschäftsanlagen der Stadt. Mitte des 19. Jahrhunderts erwarb der Fabrikant und Mineraloge Moritz Rudolph Ferber die Gebäude. Im Zusammenhang mit den Arbeiterfestspielen der DDR im Jahre 1984 wurde das Gebäudeensemble einer neuen Bestimmung zugeführt – es beherbergt seitdem das Museum für Kunsthandwerk. Nach den politischen Veränderungen in Deutschland erfolgte eine Neuorientierung: Die Einrichtung wurde nun zum Museum für Angewandte Kunst und besitzt heute u. a. eine der größten Sammlungen von Verpackungs- und Grafikdesign der DDR.

Museum für Angewandte Kunst Gera • Greizer Straße 37 • 07545 Gera • Tel. (0365) 8381430 • www.gera.de • Mi.–So./Feiertage 12–17 Uhr

🅓 Stadtmuseum Gera

Das Haus wurde 1724 erbaut und etwa hundert Jahre als Waisenhaus genutzt, danach – bis zum Jahre 1852 – als Gefängnis und im Anschluss für kurze Zeit als Landarbeitshaus. 1913 wurde nach einem Umbau hier das Städtische Museum mit einer kulturgeschichtlichen und einer naturkundlichen Abteilung eröffnet. 2005 eröffnete das Stadtmuseum nach umfassenden Sanierungs- und Umbauarbeiten neu. Der Besucher erlebt ein Museum mit Geschichten zur reußischen Landesgeschichte und zur Industriegeschichte Geras. Für den Forschenden steht eine umfangreiche Foto- und Grafiksammlung sowie eine wissenschaftliche Bibliothek mit umfassendem regionalgeschichtlichen Bestand zur Verfügung. Vor dem Stadtmuseum befindet sich seit 2007 der Geraer Löwe. Ganz klein vor den Füßen des stolz aufgerichteten Löwen sitzt ein kleiner goldener Spatz – eine Anspielung auf das gleichnamige Festival, das seit dem 1979 in Gera stattfindet. Dieses Festival für Kinderfilm und Kinderfernsehen wird seit 2003 zugleich auch in Erfurt durchgeführt. Die Skulptur wurde den Bürgern anlässlich der Bundesgartenschau 2007 vom Lions-Club Gera geschenkt.

Stadtmuseum Gera • Museumsplatz 1 • 07545 Gera • Tel. (0365) 8381470 • www.gera.de • Mi.–So./Feiertage 12–17 Uhr

E Höhler

ENTDECKER-TIPP Eine Besonderheit in Gera sind die Höhler. „Höhler", so heißt das System von Hohlräumen, das für die Lagerung von Bier unterhalb der Kellerräume in der Altstadt angelegt wurde. Schon Ende des 15. Jahrhunderts wurde im Geraer Stadtrecht das Braurecht geregelt – jeder, der in der Stadt ein Haus besaß, durfte Bier brauen und ausschenken. Es wurde immer mehr Bier gebraut, so dass die Lagermöglichkeiten in den Kellern unter den Häusern nicht mehr ausreichten. Es mussten weitere Lagerräume geschaffen werden. Diese entstanden unter den Kellern und wurden von Bergleuten, die im Kupfer- und Silberbergbau kein Auskommen mehr fanden, in den Fels geschlagen. Auf etwa neun Kilometern wurden mehr als 200 Höhler geschaffen. Sie liegen zwischen fünf und acht Meter unter der Erde. Im zweiten Weltkrieg wurde dieses Hohlraumsystem als Luftschutzbunker genutzt, dafür wurden noch weitere Tunnel angelegt. Ende der 1980er Jahre wurden zehn Höhler ausgebaut. Übrigens befindet sich im Höhler unter dem Rathaus seit 1973 die Spielstätte des Kabaretts „Fettnäppchen". Die Höhler sind zudem Veranstaltungsort der „Höhlerbiennale" – eines internationalen, in Zwei-Jahres-Abständen stattfindenden Ausstellungsprojekts für moderne Kunst. In den letzten Jahren fanden Veranstaltungen mit Themenschwerpunkten wie „Wasserreich" oder „Unterwelt" statt.

Historische Geraer Höhler • Öffentliche Führungen Mi. 13/15 Uhr, Do.–So./Feiertage 11/13/15/17 Uhr • www.gera-hoehler.de • www.hoehlerbiennale.de

F Theater Gera

Das Geraer Theater wurde zwar im Vergleich zu anderen Theatern des Freistaates erst spät errichtet – doch bietet es nicht nur dem Theaterinteressierten hochkarätige Aufführungen und erlebenswerte Festivals. Der Konzertsaal ist einer der größten seiner Art in Mitteldeutschland, besitzt eine hörenswerte Sauer-Orgel und bietet eine wunderbare Akkustik. Am 18. Oktober 1902 wurde das von Heinrich Seeling entworfene Theater in Gera eröffnet. Heinrich XXVII. Reuß j. L. hatte den aus dem reußischen Zeulenroda stammenden „Theaterarchitekten" verpflichtet. Seeling hatte in vielen deutschen Städten und auch in Polen gearbeitet. Geras Theaterbau ist geprägt von einer interessanten Baustil-Symbiose: Jugendstil trifft auf italienische Renaissance und Sezession. „Musis sacrum", den heiligen Musen ist dieser „Tempel" geweiht. Das Geraer Theater wartet mit einer Besonderheit auf: Es existiert innerhalb des Gebäudes ein gesonderter Konzertsaal. Interessant zu wissen – am 28. November 1929 fand am Reußischen Theater (heute Stadttheater) die Uraufführung des Dramas „Die gute Zeit" von Ernst Barlach statt. Auf Vermittlung des „Theaterprinzen" – Erbprinz Heinrich XLV. von Reuß – kam die Uraufführung zustande. Heute befindet sich das Geraer Theater in einer Fünfspartenhaus-Kooperation mit dem Theater Altenburg. Im Theatersaal finden 550 Zuschauer Platz, im Konzert-

Die Orangerie beherbergt heute die Geraer Kunstsammlung

saal 812. Ein ganz besonderes Erlebnis ist das Geraer Puppentheater: Ob Märchen, Sagen oder Bearbeitungen zeitgenössischer Kinderliteratur – eine Aufführung zieht die Kinder genauso wie die Eltern in ihren Bann.

Stadttheater Gera • TPT Theater und Philhamonie Thüringen GmbH • Theaterplatz 1 • 07548 Gera • Tel. (0365) 82790 • www.tp thueringen.de

⑥ Orangerie und Küchengarten – Geraer Kunstsammlungen

Die Orangerie wurde in der ersten Hälfte des 18. Jahrhunderts im damals Fürstlichen Lust- und Küchengarten errichtet: Von 1729 bis 1732 entstand eine Gewächshausanlage. Im Sommer wurden auf den Dächern die Exoten – hauptsächlich Apfelsinen-, Zitronen- und Pomeranzenbäumchen – an die frische Luft gestellt. In der Mitte des 18. Jahrhunderts wurde das Gebäudeensemble der Orangerie umgebaut und zu einem Baukörper zusammengefasst. Dem halbovalen Grundriss des Orangeriekomplexes ist der noch heute durchaus geläufige Spitzname – „Bratwurscht" – zu verdanken. Im Laufe seiner Geschichte erlebte die Geraer Orangerie viele Nutzungen: Lazrarett, Pferdestall, Turnhalle, Lokal, später Sitz des Geraer Kunstvereins und schließlich Museum. Seit 1972 befinden sich hier die Kunstsammlungen der Stadt Gera. Die Kunstsammlungen zu Gera umfassen ca. 11.000 Objekte von Gemälden, Grafiken und Plastiken aus dem Mittelalter bis in die Gegenwart.

Kunstsammlung Gera und Orangerie • Orangerieplatz 1 • 07548 Gera • Tel. (0365) 8384250 • www.gera.de • Mi.–So./Feiertage

31

Blick auf Gera-Untermhaus und die Burg Osterstein

12–17 Uhr (Orangerie vorübergehend geschlossen, Eröffnungstermin voraussichtlich Anfang November 2015).

Ⓗ Otto-Dix-Haus

Im Stadtteil Untermhaus befindet sich das Geburtshaus des Malers und Grafikers Otto Dix. Bis 1991 wurde es restauriert, baulich erweitert und schließlich als Museum eröffnet. Dort wird heute eine der international bedeutendsten Dix-Sammlungen gezeigt: Die Sammlung in Gera umfasst 400 Gemälde und Arbeiten auf Papier aus allen Schaffensperioden. Besucher können hier z. B. den „Heiligen Christopherus IV" von 1939 oder auch das Dix'sche „Selbstporträt mit Enkelin Marcella" von 1969 erleben. Neben Einblicken in das Œvre von Otto Dix erlebt der Besucher die Lebensumstände des Künstlers in der Zeit um 1900. Das Arbeiterkind Otto Dix verbrachte seine Kindheit und Jugend in Gera Untermhaus und studierte schließlich von 1910 bis 1914 mit einem Stipendum des reußischen Fürstenhauses an der Kunstgewerbeschule in Dresden.

Otto-Dix-Haus • Mohrenplatz 4 • 07548 Gera • Tel. (0365) 8324927 • www.gera.de • Di.– So./Feiertage 11–18 Uhr

Ⓘ Burg Osterstein – Stadtwald

AKTIV-TIPP Oberhalb von Untermhaus befinden sich auf dem Hainberg die Reste des Residenzschlosses der Fürstenfamilie Reuß in Gera. Im 12. Jahrhundert errichteten hier die Herren und Vögte von Weida eine Burg – der Bergfried ist Zeuge dieser Zeit. Im 16. und 17. Jahrhundert wurde die Burganlage im Stile der Renaissance umgebaut. Mit dem Sturz des Kaiserreiches 1918 und der Gründung der ersten deutschen Republik änderte sich auch in Thüringen das politische Gefüge grundlegend. Die

Reußen gaben ihre Herrschaft durch Abdankung auf, jedoch benutzten sie den Osterstein noch lange als Wohnsitz. Gera erlebte seinen schwersten Bombenangriff am 6. April 1945. Neben großen Schäden in der Stadt wurde auch das Schloss schwer getroffen und brannte völlig aus. 1962 wurden die baufälligen Überreste gesprengt und das Plateau der Hauptburg beräumt – dort entstanden stattdessen das Terrassencafé Osterstein, eine Freilichtbühne und ein Kinderspielplatz. Heute ist das ehemalige Burgareal und der es umgebende Stadtwald ein beliebtes Ausflugsziel. Im Bergfried finden regelmäßig von der Osterzeit bis in den Oktober Ausstellungen mit Werken von Laienkünstlern statt. Der Stadtwald ist das größte Waldgebiet, das zu einer Thüringer Stadt gehört. Im Stadtwald ist ein Netz von Wanderwegen angelegt (z. B. der Naturlehrpfad West). Seit 1972 ist er ausgewiesenes Landschaftsschutzgebiet, eine Fläche von 300 Hektar des Stadtwaldes wurde unter der Bezeichnung „FFH-Gebiet Hainberg-Weinberg" Teil des europäischen Schutzgebietnetzes NATURA 2000.

❾ Haus Schulenburg

1913/14 entstand nach Plänen des Belgiers Henry van de Velde eine Villa für den Textilunternehmer Paul Schulenburg. Van de Velde gestaltete nicht nur die architektonische Hülle, sondern gleichfalls die Innenausstattung des Gebäudes. Nach dem Zweiten Weltkrieg wurde das Gebäude „umgenutzt" und umgebaut – u. a. war hier eine Schwesternschule untergebracht. In den Jahren nach 1989 stand das Anwesen leer, langsam machte sich Verfall breit – bis 1996 Gebäude und Grundstück in Privateigentum übergingen. Seitdem werden mit viel Liebe zum Detail und auf Basis der Originalbaupläne Gebäude und Garten restauriert. Mittlerweile kann der Besucher ein Henry-van-de-Velde-Museum erleben, in dem regelmäßig Sonderausstellungen stattfinden; eine Kleinkunstbühne und eine Cafeteria sind entstanden.

Haus Schulenburg • Straße des Friedens 120 • 07548 Gera • Tel. (0365) 826410 • www.haus-schulenburg-gera.de • Nov.–März: Mo.–Fr. 10–16, Sa./So 14–17; April–Okt. Mo–Fr. 10–17, Sa./So. 14–17 Uhr, gesonderte Öffnungszeiten sowie Führungen nach Absprache möglich

❿ Neue Landschaft Ronneburg – Stadt Ronneburg

2007 erlebten Gera und sein Umland durch die Bundesgartenschau eine tiefgreifende Veränderung des bis dahin durch den Uranabbau der Wismut geprägten Gesichts der Landschaft. Zeitweise wurden mehr als ein Zehntel des weltweit geförderten Urans in dieser Region abgebaut. Nach der Wende wurde der Uranabbau eingestellt, später die ersten Stollen geflutet, mit der Rekultivierung der Tagebaue begonnen. Heute erlebt der Besucher die „Neue Landschaft Ronneburg".

⓫ Wünschendorf

An der Mündung der Weida in die Weiße Elster liegt auf einem steilen Bergsporn die Veitskirche. Von außen bietet sich dem Betrachter ein unregelmäßiger Baukörper. Die ältesten Teile (die Kapelle an der Nordseite des Kirchenchores, heute als Taufkapelle genutzt) stammen wohl aus dem frühen 13. Jahrhundert. Am massiven Glockenturm im Westen befindet sich ein spitzbogiges Portal aus dem Kloster Mildenfurth. Die Gewändeprofile sind gewunden und kunstvoll ausgeführt. Ein Blick in die Kirche offenbart ihre interessante Innenausstattung: z. B. die im Jahr 1896 freigelegte Weihe-Inschrift. Besonders hervorzuheben sind die wohl ältesten Kirchenfenster Thüringens. Der Besucher kann in der Veitskirche die spätromanischen Glasscheiben mit der fragmentierten Darstellung eines alttestamentarischen Königs und der vollständig erhaltenen Darstellung Jesu Christi mit Schriftband erleben.

Evangel.-luth. Pfarramt St. Veit • Cronschwitz 15 • 07570 Wünschendorf/Elster • Tel. (036603) 88519 • Führungen für die Veitskirche melden Sie bitte über die Pfarrei an.

DER URSPRUNG DES VOGTLANDES

Die Veitskirche, die Osterburg in Weida, das Frauenkloster von Cronschwitz und das Kloster Mildenfurth bilden den Ursprung des Vogtlandes. Der Begriff Vogtland steht für ein Gebiet in drei deutschen Bundesländern – Freistaaten Bayern, Sachsen und Thüringen – sowie der westtschechischen Region Egerland (Chebsko). Vogtland – dieser Name weist auf die einstige Verwaltung durch die Vögte von Weida, Gera, Plauen und Greiz her.

12 Prämonstratenserkloster Mildenfurth

ENTDECKER-TIPP Das ehemalige Prämonstratenserkloster in Mildenfurth wurde 1193 von Vogt Heinrich II. von Weida gegründet. Mildenfurth war das Hauskloster und die Grablege der Vögte von Weida. 1238 stiftete die Gemahlin Heinrichs IV., Vogt von Weida, Jutta, das Dominikanerinnenkloster in Cronschwitz. Dieses Frauenkloster diente als weiteres Hauskloster – für weibliche Familienangehörige der Vögte von Weida aber auch für den niederen Adel. Vom Cronschwitzer Frauenkloster blieb nur die Ruine der Kirche erhalten. Auch die Stiftskirche des Klosters Mildenfurth ist nur in Teilen erhalten – ihr Bau wurde um 1200 begonnen und erst um 1230 vollendet. Georg Dehio urteilte: „Nächst dem Dom von Naumburg der bedeutendste spätromanische Bau in Ostthüringen." Der Einfluss rheinischer Bauhütten spiegelt sich in der Bauplastik – Verbindungen bestehen hier auch zur Wartburg, der Runneburg in Weißensee oder nach Naumburg. Nach der Einführung der Reformation wurde das Kloster 1543 aufgehoben, und bald wurden die Stiftsgüter verkauft. 1617 wurde Mildenfurth zum kursächsischen Kammergut. Die Klosteranlage entdeckte das Künstlerehepaar Volkmar Kühn und Marita Kühn-Leihbecher 1968 bei einer Fahrradtour. Noch im gleichen Jahr zogen beide nach Mildenfurth und nutzen ein Teil des Klosters ab 1992 als Ausstellungsfläche und Galerie. Am Gründungstag des Klosters, am 8. September, wird alljährlich zum Ökumenischen Gottesdienst und zum Klostergartenfest nach Mildenfurth eingeladen.

Kloster und Schloss Mildenfurth • Gemeindeamt Wünschendorf, Bauverwaltung • Am Kloster Mildenfurth • 07570 Wünschendorf • Tel. (036603) 88245 • www.thueringerschloesser.de • Besichtigung nach Vereinbarung

13 Weida

ENTDECKER-TIPP In der „Wiege des Vogtlandes" – in Weida – saßen auf der Osterburg die Herren und später die Vögte von Weida. Die Stadt liegt im tief eingeschnittenen Tal des gleichnamigen Flusses oberhalb der Einmündung der Auma. Die Burg ist das bekannteste Bauwerk von Weida. Sie wurde im 12. Jahrhundert als Stammsitz der Vögte von Weida erbaut. Aus der ersten Bauphase stammt der Bergfried, einer der ältesten erhaltenen Bergfriede in Deutschland. Einzelne romanische Bauteile sind noch zu erkennen. 1536 wurde der Umbau zum Renaissance-Schloss durch Nicol Gromann begonnen. Die Osterburg diente als Amtsverwaltung mit Finanz- und Gerichtsbehörden, als Aufbewahrungsort des Meißnisch-osterländischen Archivs und der markgräflichen Silberkammer, sowie als Gefängnis und ist heute Museum. Im Zuge der BUGA 2007 entstand der „Erlebnis-Burg-Garten". Auf etwa 1.000 Quadratmetern entstand der mittelalterliche Wurzgarten: Obstbäume, Kletterrosen an der Burgmauer und Solitärgehölze, wie z. B. die „Sagenhafte Eiche" wachsen hier. Der „Höfische Lustgarten" betont einen anderen Aspekt – das Genießen und Lustwandeln.

Auf dem heutigen Areal wird modernes Veranstaltungsareal mit altem Lustgarten kombiniert. St. Marien wurde 1527 zur evangelischen Stadtpfarrkirche umgewandelt. Sehenswert ist die spätromanische Darstellung des Marientodes an der Chorsüdwand. Diese Wandmalerei wurde 1934 aus der ruinösen Wiedenkirche nach St. Marien versetzt. Romanische Wandmalereien sind in Thüringen nur sehr selten erhalten, das Weidaer Fresko ist neben den „Iwein"-Fresken in Schmalkalden das bedeutendste bis heute erhaltene Werk der Spätromanik.

Weit bekannt ist Weida für seinen jährlich am ersten Septemberwochenende stattfindenden Weidschen Kuchenmarkt. Dabei wird die Weidsche Kuchenfrau gekürt: Die Teilnehmerinnen dieses Wettbewerbs müssen insgesamt vier selbst gebackene Kuchen vorstellen.

Osterburg Weida • Schlossberg 14 • 07570 Weida • Tel. (036603) 62775 • www.weida. de • www.osterburg-vogtland.eu • Di.–So. 10–18 Uhr • Führungen nach Vereinbarung

14 Berga/Elster

In Berga findet man Schafskäsespezialitäten aus der möglicherweise kleinsten Käserei Deutschlands. Gekäst wird von April bis Oktober. Es gibt einen kleinen Hofladen, in dem man den Schafskäse von Mai bis Dezember erwerben kann. Als Direktvermarkter bieten die Betreiber den Rohmilchkäse vom Clodrahammer exklusiv an. Wer nicht nach Berga fahren kann, der hat die Möglichkeit, ihn sich per Telefon zu bestellen. Es werden zudem Kurse im Käsen sowie Führungen angeboten. Es empfiehlt sich, seinen Besuch im Vorfeld anzumelden – in der Heuzeit oder an Marktwochenenden könnte der Besucher ansonsten vor verschlossenen Türen stehen.

Schafshofkäserei Clodramühle • Clodramühle 39 • 07980 Berga/Elster • Tel. (036623) 21652 • Milchschäferei Unterhammer • Unterhammer 1 • 07980 Berga/Elster • Tel. (036623) 23334 • www.clodrahammer.de

15 Heinrich-Schütz-Stadt Bad Köstritz

Vielen ist Bad Köstritz wegen des gleichnamigen Bieres bekannt. In Bad Köstritz wird mindestens seit 1495 Bier hergestellt, die Stadt hat seither eine ununterbrochene Tradition im Brauen dunklen Bieres. Heinrich Schütz wurde am 8. Oktober 1585 in Bad Köstritz geboren. Seit 1985 befindet sich in Bad Köstritz die Forschungs- und Gedenkstätte Heinrich-Schütz-Haus. Im Museum erwartet den Besucher eine Ausstellung zu Leben, Werk und zeitlichem Umfeld des ersten deutschen Komponisten von internationaler Bedeutung. Bad Köstritz ist auch „Dahlienstadt". Die Dahlie kam etwa 1790 aus Südamerika über Spanien nach Deutschland. Zu Beginn des 19. Jahrhunderts wurde die Dahlie auch in Bad Köstritz bekannt. Der Thüringer Christian Deegen gilt als einer der Väter der deutschen Dahlienzüchtung. Er begründete zusammen mit seinen Söhnen sowie Johann Sieckmann und Ernst Herger die Köstritzer Dahlientradition. Seit 1978 wird

im Spätsommer das Köstritzer Dahlienfest mit der Krönung einer Dahlienkönigin gefeiert. In Bad Köstritz befindet sich das Deutsche Dahlien-Archiv mit Dahlien-Zentrum sowie Schau- und Lehrgarten.

Heinrich-Schütz-Haus • Heinrich-Schütz-Straße 1 • 07586 Bad Köstritz • Tel. (036605) 2405 o. 36198 • www.heinrich-schuetz-haus.de • Di.–Fr. 10–17 Uhr, Sa./So./Feiertage 13–17 Uhr • Führungen nach Voranmeldung

Dahlien-Zentrum • Julius-Sturm-Straße 10 • 07586 Bad Köstritz • Tel. (036605) 99910 • www.dahlienzentrum.de • Mai–Okt. Mo.–Fr. 10–12/13–17 Uhr, Sa./So. nach Vereinbarung, Nov.–April Mo.–Fr. 10–12/13–17 Uhr

16 Eisenberg

Eisenberg war nur wenige Jahre von 1680 bis 1707 Hauptresidenz des Herzogtums Sachsen-Eisenberg. Daher wurde hier ein repräsentatives Schloss gebaut. Ihre Schlosskirche ist über die Landesgrenzen hinaus berühmt für ihre hervorragend restaurierte Ausstattung und ihre Orgel. Diese wurde 1683 vom Leipziger Orgelbauer Christoph Donat gebaut. Tobias Heinrich Gottfried Trost erweiterte sie 1731. Das Eisenberger Stadtmuseum befindet sich am Marktplatz im „Klötznerschen Haus". 1992 wurde hier der erste Teil des Stadtmuseums eröffnet, zu sehen sind viele Exponate der Eisenberger Stadt- und Residenzgeschichte. Besonders schön ist der Innenhof mit seinen Laubengängen. Auf dem hinteren Markt unter Linden steht der Mohrenbrunnen. Der Mohr ist das Wahrzeichen der Stadt Eisenberg und Bestandteil des Eisenberger Stadtwappens. Mit dem Mohren sind mehrere Sagen verknüpft – eine von ihnen erzählt, dass der Mohr vor vielen Jahren nach Eisenberg kam. Die Grafen von Eisenberg sollen ihn von einem Kreuzzug mit nach Thüringen gebracht haben. Doch als eine kostbare Kette der Gräfin abhanden kam, wurde der Mohr beschuldigt und zum Tode verurteilt. Als die Strafe vollstreckt werden sollte, fand sich glücklicherweise die Kette im Gebetbuch der Gräfin wieder. Daraufhin war der Mohr rehabilitiert, zur Erinnerung an diese Begebenheit wurde der Mohrenkopf in das Wappen aufgenommen.

Schlosskirche Eisenberg • Schloßgasse 1 • 07607 Eisenberg • Tel. (036691) 863049 • April–Okt. Di.–So. 10–16 Uhr, Nov.–März Di.–Fr.

10–16 Uhr, Sa./So. 13–16 Uhr, Mo. sowie am 24.12./31.12./1.1. geschlossen

Stadtmuseum „Klötznersches Haus" • Markt 26 • 07607 Eisenberg • Tel. (036691) 73454 • www.stadt-eisenberg.de • Mo. 9–15 Uhr, Di./Mi./Fr. 9–16 Uhr, Do. 9–18 Uhr, Sa./So./Feiertage 13–16 Uhr sowie am 24.12./31.12./1.1. geschlossen

17 Eisenberger Mühltal

AKTIV-TIPP Das Eisenberger Mühltal erstreckt sich von Weißenborn bei Hermsdorf bis Kursdorf bei Eisenberg. Es ist Landschaftsschutz- und Naherholungsgebiet gleichermaßen und eines der beliebtesten Wandertäler in Thüringen. Durch das waldige Tal fließt der Bach Rauda. Hier kann man entlang des Hauptwanderweges die mitt-

Das Eisenberger Mühltal gehört zu den beliebtesten Wanderdestinationen in Thüringen

Das Kloster in Bad Klosterlausnitz wurde im 19. Jahrhundert rekonstruiert

lerweile zu Gasthäusern umgebauten Mühlen besuchen. Milos' Waldhaus (das ehemalige Wohnhaus von Milos Barus, dem stärksten Mann der Welt), Meuschkensmühle, Naupoldsmühle, Froschmühle, Pfarrmühle, Walkmühle, Amtsschreibermühle, Schössermühle oder Robertsmühle – jeder Wanderer bestimmt hier selbst, wie weit er gehen möchte. Gegenüber der Froschmühle befindet sich der sogenannte Nonnenstein, hier soll der Sage nach eine Nonne bei einem großen Unwetter verunglückt sein. Wer das Gesicht im Fels betrachten möchte, der sollte festes Schuhwerk anhaben.

18 Bad Klosterlausnitz

Das Kloster wurde in der ersten Hälfte des 12. Jahrhunderts durch die adlige Witwe Cuniza mit der Unterstützung von Heinrich von Groitzsch, Markgraf der Lausitz, gegründet. 1137 wurde das Augustinerchorfrauenkloster bestätigt. Mit der Reformation wurde das Kloster säkularisiert, das Stift verlassen, im 17. Jahrhundert Langhaus und Türme abgetragen. Mitte des 19. Jahrhunderts wurde es nach Plänen von Ferdinand von Quast, preußischer Konservator, als Quaderbau „in stilreinen romanischen Formen" wieder aufgebaut. Dabei wurden die in „reiner Romanik" erhaltenen Teile (Querhaus mit Apsiden, Chor mit Hauptapsis und seitlichen Anbauten) überformt. Heute sieht sich der Betrachter einer Interpretation der Romanik aus dem 19. Jahrhundert gegenüber. Beachtenswert ist das überlebensgroße Kruzifix aus einer etwa

1235/40 entstandenen Kreuzigungsgruppe.

Bad Klosterlausnitz ist ein staatlich anerkanntes Heilbad. Seine Kurgeschichte beginnt im späten 19. Jahrhundert, schon bald begrüßte man hier Gäste aus aller Welt. Im Jahr 2000 erhielt der Ort die Anerkennung als „Heilbad". Neben Kurangeboten kann man auch sportlich aktiv werden. Die Kristalltherme bietet verschiedene Spa-Angebote sowie die Möglichkeit, ausgiebig zu schwimmen.

Klosterkirche Bad Klosterlausnitz • Geraer Straße • 07639 Bad Klosterlausnitz

Kristall Sauna-Wellnesspark mit Soletherme Bad Klosterlausnitz GmbH • Köstritzer Straße 16 • 07639 Bad Klosterlausnitz • Tel. (03601) 5980 • www.kristallbad-bad-klosterlausnitz. de • So./Mo./Mi./Do. 9–22 Uhr, Di./Fr./Sa. 9–23 Uhr

GREIZ – DIE PERLE DES VOGTLANDS

Südlich von Gera ist Greiz zu entdecken. Die Perle des Vogtlandes wartet gleich mit zwei Schlössern auf – dem Oberen und dem Unteren Schloss. Wer es ganz genau nimmt, kann sich auf drei Schlösser freuen, denn im Greizer Park steht zudem das Sommerpalais. Abgesehen von den landesherrlichen Bauten der Reußen, bietet auch das Stadtzentrum schönste Ecken – Greiz überrascht mit geschlossenen Jugendstilstraßenzügen!

Reiseinformation
Tourist-Information Greiz • Burgplatz 12/Unteres Schloss • 07973 Greiz • Tel. (03661) 689815 • www.greiz.de • Di.–Fr. 9–17 Uhr, Sa./So. 10–17 Uhr

19 Greiz

Greiz liegt im malerischen Talkessel der Weißen Elster. Erstmalig urkundlich erwähnt wurde es 1209. 150 Jahre später erhielt Greiz das Stadtrecht. Anfänglich gehörte Greiz zum Territorium der Vögte von Weida. Später ging die Stadt in den Besitz der Grafen Reuß über. 1449 teilten die Grafen die Residenzstadt für die ältere und jüngere Linie – daher gibt es in Greiz zwei Residenzschlösser. 1768 wurden beide Linien in der Grafschaft Reuß ältere Linie zusammengeführt. Diese wurde 1778 gefürstet. Im 19. Jahrhundert, zur Zeit der Industrialisierung, blühte Greiz auf. Folgerichtig wurde Greiz 1865 an das Eisenbahnnetz angeschlossen. Durch den Schlossberg führt noch heute der Eisenbahntunnel und bietet nicht nur Eisenbahnfreunden ein schönes Fotomotiv. Der Schlossbergtunnel wurde zwischen 1871 und 1874 erbaut. 270 Meter trieb man den Stollen durch den Fels. Die letzte planmäßige Dampflok fuhr 1975. Heute können Eisenbahnbegeisterte an September- und Oktoberwochenenden mit der Dampflok durch den Greizer Schlossbergtunnel fahren.

A Unteres Schloss

In der zweiten Hälfte des 16. Jahrhunderts kam es – wie sehr häufig in der Geschichte der Reußen – auf Grund der Erbfolge zur Teilung der Herrschaft. Es wurden die Linien Ober- und Untergreiz gegründet. Beide hatten ihren Hauptsitz in der Stadt. Da man nicht in einem Schloss wohnen und regieren wollte, musste ein neues Schloss gebaut werden. So errichtete man unten in der Stadt für die Linie Untergreiz das „Untere Schloss". In der Beletage sind noch die Repräsentationsräume zu erleben: der Weiße Saal und das Japanische Zimmer. Der Weiße Saal wurde wahrscheinlich von Johann Christian Sennewald 1807 mit klassizistischem Stuckdekor ausgestattet. Im Ostflügel erwarten den Besucher der herrschaftliche Wintergarten, sehenswerte Gründerzeiträume und vor allem ein aufwendig gestaltetes Treppenhaus. Die Kuppel des Treppenhauses ist mit Bildfeldern geschmückt, in denen zwölf Knaben die zwölf Monate des Jahres darstellen. In den Räumen des Unteren Schlosses befindet sich seit 1929 ein Museum. Es zeigt die Greizer Stadtgeschichte, die restaurierten Repräsentationsräume und wechselnde Ausstellungen. Seit 1998 arbeiten hier die Greizer Schauwerkstatt „Greizer Textil – Vom Handwerk bis zur Industrie", außerdem die Tourist-Information, die Musikschule „Bernhard Stavenhagen" (benannt nach dem Greizer Komponisten und Pianisten) sowie das Schlosscafé „LebensArt". In den Sommermonaten kann man auf der Terrasse des Cafés bei Kaffee und Kuchen den Blick auf den Schlossgarten genießen.

Museen der Schloss- und Residenzstadt Greiz, Unteres Schloss • Burgplatz 12 • 07973 Greiz • Tel. (03661) 703411 • www.museen-greiz.de • Di.–So. 10–17 Uhr

B Hauptwache „Alte Wache"

Sie ist wie das Untere Schloss von schlichter äußerer Gestalt im Stile des

INNENSTADTKARTE GREIZ

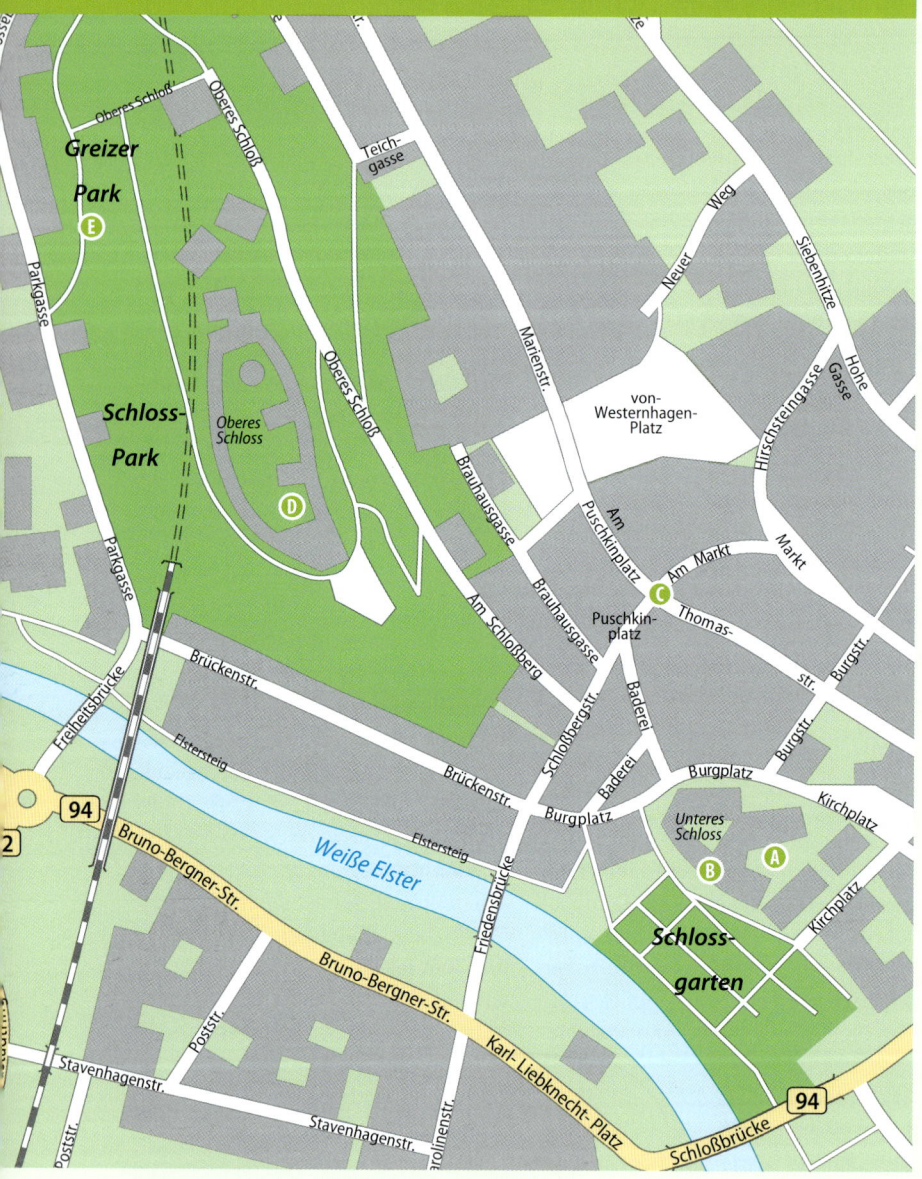

Klassizismus. Im Giebel befindet sich das Große Wappen der Reuß ältere Linie und die Inschrift „H XIX FR" – „H(einrich) 19. F(ürst) R(euß)". Nach der Abdankung des reußischen Fürsten im November 1918 verlor die Wache ihre Bestimmung. Mittlerweile beherbergt sie eine Ausstellung der 1913 in Gera-Untermhaus geborenen Künstlerin Elly-Viola Nahmmacher. Sie arbeitete häufig mit Holz, schuf aber auch Skulpturen aus Materialkombinationen. Sie stellte nicht nur in der DDR, sondern auch in der ČSSR und den USA aus. 1975 wurde sie aus dem Verband der bildenden Künstler der DDR ausgeschlossen. Zwei Jahre später schuf sie das Grabmal „Feuerapokalypse" für Oskar Brüsewitz, den Rippichaer Pfarrer, der gegen den Kommunismus durch Selbstverbrennung vor der Zeitzer Michaeliskirche protestierte. Das von Elly-Viola Nahmmacher geschaffene Grabmal durfte nicht aufgestellt werden. Bis 1993 lebte die Künstlerin in Greiz.

Museen der Schloss- und Residenzstadt Greiz • Alte Wache • Burgplatz 12 • 07973 Greiz • Tel. (03661) 703410 • www.greiz.de • Di.–So. 10–17 Uhr

❻ Markt- und Thomasstraße

Der Anlass für den Bau dieser vom Jugendstil geprägten Straßenzüge der Markt- und Thomasstraße waren verheerende Brände. In ihrer Folge wurden bis 1910 Straßen errichtet, die durch die verschiedenen Spielarten des Jugendstils beeindrucken. Wer sich Zeit nimmt und aufmerksam durch diese Straßen geht, wird nicht nur das große Mosaik am Eckhaus Markstraße/Burgstraße – ein Gürtler bei der Arbeit – bewundern, sondern sich an den vielen kleinen Details, wie z. B. Masken, die als Pilasterkapitelle eine Fassade schmücken, freuen können. Die Stadt Greiz ist Mitglied der „Art Nouveau European Route", denn Greiz steht auf Grund seines geschlossenen städtebaulichen Jugendstil-Ensembles in einer Reihe mit Prag, Wien, Budapest oder auch Barcelona.

❼ Oberes Schloss

Das Obere Schloss ist das älteste Wahrzeichen der Stadt. Von 1540 bis 1546 wurde auf den Resten der alten Burg wieder aufgebaut. Im 18. Jahrhundert erfolgte schrittweise der Ausbau zur fürstlichen Residenz. Seit dem frühen 19. Jahrhundert wurde das Obere Schloss unterschiedlich genutzt: z. B. als Landesverwaltung und Thüringisches Staatsarchiv. Heute befinden sich hier auf dem Felsen nicht nur Wohnungen, sondern auch ein Museum. Es wurde im Herbst 2010 eröffnet. Den Besucher erwartet die sehr moderne und erlebnisorientierte Ausstellung „Vom Land der Vögte zum Fürstentum Reuß älterer Linie". Hier werden 3-D-Film mit Rokoko-Stuckaturen und romanischer Doppelkapelle kombiniert. Diese Kapelle aus dem 12. Jahrhundert ist etwas Besonderes: Die Kapellenräume des zweigeschossigen Baus liegen übereinander. Die Dauerausstellung im Oberen Schloss kombiniert die Baugeschichte mit den dazugehörigen kulturhistorischen Hintergründen. Den Besucher erwartet ein Gang durch die Geschichte

Sommerpalais im Greizer Park

von der mittelalterlichen Burganlagen bis in das beginnende 19. Jahrhundert.

Oberes Schloss • Schlossberg • 07973 Greiz • Tel. (03661) 703293 • www.museen-greiz.de • Di.–So. 10–17 Uhr

ⓔ Greizer Park – Sommerpalais

TOP-TIPP Am westlichen Stadtrand befindet sich im Tal der Weißen Elster der mehr als 40 Hektar große **Greizer Park**. Schon 1650 gab es zu Füßen des Schlossberges einen Lustgarten. Als 1768/69 das Sommerpalais errichtet wurde, gestaltete man den dazugehörigen Garten um und erweiterte ihn. Das heutige Gesicht des Greizer Parks wurde Ende des 19. Jahrhunderts gestaltet. Durch den Anschluss an die Bahn sollte nach ursprünglichen Plänen die Gleisführung stark in die Parkanlage eingreifen. Fürst Heinrich XXII. lehnte derartige

„Umgestaltungen" entschieden ab. Die „Thüringisch-sächsische Eisenbahngesellschaft" musste die Trasse nicht nur durch den Schlossberg führen, sondern auch noch 50.000 Taler für weitere Arbeiten zur Verfügung stellen. Dieser Betrag machte es u. a. möglich, den Muskauer Gartendirektor Carl Eduard Petzold für die Planungen der Anlagen zu gewinnen. Die Ausführung der Pläne überwachte allerdings der von Petzold empfohlene und ebenfalls in Muskau tätige Gärtner Rudolph Reinecken. Der spätere reußische Hofgärtner und bis 1923 amtierende Parkdirektor hielt sich jedoch kaum an die Petzold'schen Pläne. Wenn man durch den Park spaziert, so fällt einem schnell auf, dass viele der Sichtachsen sich auf das **Weiße Kreuz**, einen Felsen nördlich des Parks beziehen. Betritt man den Park im Süden so kann man schon von dort aus das Gedenkkreuz von Fürst Heinrich XX. für seine Frau Sophie sehen. Bewunderung erregt die Magnolie am Parkeingang. Jahr für Jahr blüht der 1875 gepflanzte Baum und beeindruckt die Spaziergänger.

Wer aufmerksam durch den Park wandert, der wird viele weitere Baumarten entdecken von „A" wie „Amberbaum" über „K" wie „Kuchenbaum" bis hin zu „W" wie „Weymouth-Kiefer" oder „Winterlinde" sind hier die unterschiedlichsten Bäume und Sträucher gepflanzt. In den „blühenden" Monaten bezaubert seit 1954 eine **Blumenuhr** die Besucher. Dreimal im Jahr wird sie neu bepflanzt und gibt tatsächlich über die Zeit Auskunft. Wurde sie am Anfang noch mit einem mechanischen Laufwerk betrieben, besitzt sie heute ein elektrisches Uhrwerk. Die Idee zu dieser Uhr kam Gartenmeister Willi Zeiß, der sie 1954 erstmalig ins Werk setzte. Zur Parkausstattung gehört auch die Rotunde in der Nähe des östlichen Parkeingangs. Sie wurde Ende des 18. Jahrhunderts errichtet und nahm die Porzellansammlung auf. In der ersten Hälfte des 19. Jahrhunderts wurde die **Rotunde** für die Fürstin Gasparine zu einer Kapelle umgebaut. 1926 schließlich wurde sie zum Gedenkort für die Gefallenen des Ersten Weltkrieges. Zum weitläufigen Park gehört der **Binsenteich**. Sein Name täuscht über seine wahre Größe – fast acht Hektar Wasserfläche – hinweg. Besucher des Greizer Parks sollten unbedingt das Pinetum erleben und wenigstens einmal – am besten ab etwa Mitte Juni zur Lindenblüte – durch die Lindenallee geschritten sein. Die Folgen der verheerenden Überschwemmungen im Juni 2013 werden noch einige Jahre die Pflege des Parks bestimmen.

Im Greizer Park – an seinem Südende – befindet sich das **Sommerpalais**. Schon von weitem kündet die Giebelinschrift des Gebäudes „Maison de la belle retraite" von der Bestimmung des Hauses: Es soll ein schöner Zufluchtsort sein. Es entstand in der zweiten Hälfte des 18. Jahrhunderts. 1778 wurde die Innenausstattung des Sommerpalais generalüberholt. Bauherr Fürst Heinrich XI. kannte die moderne Architektur des 18. Jahrhundert aus eigener Anschauung. So zeigt sich das Greizer Sommerpalais als ein frühes Beispiel des Frühklassizismus im mitteldeutschen Raum. Der Gartensaal wurde als Orangerie genutzt. Hier wurden auch fürstliche Feste gefeiert. Heute werden hier Ausstellungen und Konzerte durchgeführt. Besonders qualitätvoll sind die Stuckaturen: Sie zeigen Musikinstrumente, Gartengeräte und auch Theater-Requisiten – bildliche Hinweise auf die einstige Nutzung des Raumes als Orangerie, Theatersaal und Konzerthalle. In der Beletage auf der Südseite befinden sich die fürstlichen Repräsentationsräume – der Festsaal und verschiedene andere Räume. Reiches Stuckdekor findet sich im Festsaal in den Feldern über den Türen: Putten stellen im westlichen Kabinett die Bildhauerei und Malerei dar, im östlichen Ackerbau und Viehzucht. Auf der Nordseite befinden sich intimere Räumlichkeiten: z. B. das Chinesische Zimmer, das Schlafzimmer und der Speisesaal. In diesem ist heute die Schaubibliothek untergebracht.

Seit dem Jahre 1922 beherbergt das Sommerpalais die Staatliche Bücher- und Kupferstichsammlung. Ein Teil der „Stiftung der Älteren Linie des Hauses Reuß" stammt aus dem Nachlass der englischen Prinzessin Elisabeth, der späteren Landgräfin von Hessen-Homburg. Die Bücher- und Kupferstichsammlung umfasst heute etwa 1.000 druckgrafische Blätter, tausende, meist vor 1850 entstandene Landkarten, Schlachtenpläne, Veduten und Atlanten und außerdem viele Karikaturen aus dem 18. und 19. Jahrhundert, sowie mehr als 10.000 DDR-Karikaturen. Ausgehend von dieser DDR-Karikaturensammlung wurde im Jahre 1975 das Greizer SATIRICUM gegründet. Im gleichen Jahr wurde die erste Greizer Biennale der Karrikatur durchgeführt, 1994 wurde diese Veranstaltung in eine Triennale umgewandelt. Freunde der „spitzen Feder" kommen nun also alle drei Jahre in Greiz auf ihre Kosten.

Staatliche Bücher- und Kupferstichsammlung, Satiricum • Greizer Park • 07973 Greiz • Tel. (03661) 70580 • www.sommerpalais-greiz.de • April–Sept. Di.–So. 10–17 Uhr, Okt.–März Di.–So. 10–16 Uhr

20 Nitschareuth

ENTDECKER-TIPP Nitschareuth ist ein wunderhübsches kleines Dorf, um dessen zwei Dorfteiche sich alte Vierseithöfe gruppieren. Auf Grund seiner gut erhaltenen, malerischen Dorfanlage war Nitschreuth schon mehrere Male Filmkulisse. Im Haus Nr. 13 besteht seit 1986 das Nitschareuther Bauernmuseum. Bis 1982 wurde dieser Hof noch bäuerlich genutzt, danach richtete die Gemeinde ein Bauernmuseum ein. Zum Museum gehört ein kleiner Bauerngarten, in dem man nicht nur einen Kräutergarten mit mehr als 80 Heil- und Küchenkräutern findet, sondern auch einen Gemüsegarten und eine Streuobstwiese. Der Dorfanger steht seit 1979 unter Denkmalschutz und gilt mit seinen Drei- und Vierseitenhöfen als einer der besterhaltensten in Ostthüringen.

Bauernmuseum Nitschareuth • Nitschareuth Nr. 13 • 07957 Langenwetzendorf • Tel. (036625) 20504 • www.nitschareuth.de • Frühling u. Sommer Mi. 13–19 Uhr, Sa./So. 13–20 Uhr

21 Hohenleuben – Burgruine Reichenfels

Von Hohenleuben nach Reichenfels führt eine Jahrhundertealte Kastanienallee. Die auf einem Bergsporn errichtete Burg wurde erstmals im Jahre 1356 urkundlich als Sitz der Vögte von Gera erwähnt. Erbaut wurde Burg Reichenfels wahrscheinlich schon im 12. Jahrhundert. Reichenfels besteht aus einer Kernburg, die durch einen tiefen und breiten Ringgraben vom Vorgelände getrennt wird. Über den Ringgraben führt heute eine durchgehende Steinbrücke. Zu Beginn des 20. Jahrhunderts wurden Burg und Schloss bis auf die Grundmauern abgetragen. Für das Museum Reichenfels wurde 1938 ein Gebäude errichtet, das man allerdings während des Zweiten Weltkrieges als Rüstungsbetrieb nutzte. 1950 jedoch wurde es seinem ursprünglichen Zweck zugeführt. Im Museum wird eine Vielfalt von Themen präsentiert – im Grunde steht diese im Zusammenhang mit der Geschichte des „Vogtländischen Altertumsforschenden Vereins" und seiner Sammlungen. Die Sammlungen des Vereins umfassen sakrale Gegenstände, Kunsthandwerk und handwerkliche und bäuerliche Geräte, eine naturkundliche Sammlung und die wissenschaftliche Bibliothek mit ca. 36.000 Bänden sowie Landkarten und Grafik.

Der Besucher erhält in der Ausstellung einen Überblick über die Geschichte der Burg Reichenfels, die Gerichtsbarkeit, das Alltagsleben im thüringischen Vogtland und vieles mehr. Der Keller des Museums beherbergt heute u. a. ein Schaudepot, während im ersten Obergeschoss Räume für Sonderausstellungen und die Geschichte des Vogtländischen Altertumsforschenden Vereins zu finden sind. Im zweiten Obergeschoss erfährt der Museumsbesucher viel über das Leben des Bauerngenerals Georg Kresse – einem Vogtländer Volkshelden aus dem Dreißigjährigen Krieg; außerdem sind hier auch die naturkundlichen Sammlungen ausgestellt. Die Außenanlagen der Burgruine mit den Resten des ehemaligen Parks, dem Reichenfelser Labyrinth, dem Lapidarium auf dem Burghof und dem Reichenfelser Zaubergärtchen runden den Besuch der Burganlage ab.

Museum Reichenfels • Reichenfels 1a • 07958 Hohenleuben • Tel. (036622) 7102 u. 83349 • www.museum-reichenfels.de • Di.– Do. 10–16 Uhr, Sa./So./Feiertag 13–17 Uhr

Markt von Zeulenroda mit Rathaus und Brunnen „Der Karpfenpfeifer"

22 Zeulenroda-Triebes

Im Stadtmuseum von Zeulenroda erfährt man alles Wesentliche zur Zeulenrodaer Stadtgeschichte. Das Gebäude ist das ehemalige Wohnhaus des Strumpfwarenverleger Ferdinand Schopper und beherbergt seit 1927 die Museumssammlung der Stadt Zeulenroda. Der Besucher kann sich u. a. auf eine Sammlung von Stilmöbeln verschiedener Epochen freuen. Übrigens ist Zeulenroda die Stadt der „Karpfenpfeifer". Es gibt verschiedene Erklärungen, wie es zu diesem Spitznamen kam – zum einen sollen die Zeulenrodaer bei einem Festessen in Greiz den ihnen aufgetischten Fisch als „Schlammkarpfen" beschimpft haben und das sie auf solches Essen pfiffen. Worauf sie der erboste Greizer Küchenmeister „Karpfenpfeifer" titulierte. Eine zweite Geschichte erzählt davon, dass nach der alljährlichen Karpfenernte bei einer der vielen Stammtischrunden die Ergebnisse des Abfischens diskutiert wurden und dabei jeder jeden übertrumpfen wollte. Meiers Wilhelm wusste sich beim Auf- und Übertrumpfen nicht anders zu helfen, als das er erzählte, er könne seinem Karpfen das Pfeifen beibringen. Als ihn seine Tischgenossen später besuchten, hatte er einen Karpfen in den Vogelbauer gesperrt und pfiff ihm etwas vor. Der Fisch, der im Käfig nach „Luft" rang, spitzte dabei sein Maul, als wolle er pfeifen. Seit dieser Zeit wohnen in Zeulenroda „Karpfenpfeifer". Anfang des Jahres 2006 erfolgte die Verbindung von Zeulenroda und Triebes zu Zeulenroda-Triebes.

Städtisches Museum Zeulenroda • Aumaische Straße 30 • 07937 Zeulenroda-Triebes • Tel. (036628) 64135 • www.zeulenrodatriebes.de • Di./Mi./Fr. 9–16 Uhr, Do. 9–18 Uhr, So. 13–16 Uhr, außerhalb der Öffnungszeiten nach Vereinbarung

23 Schleiz

Das Stadtbild wurde durch einen Luftangriff 1945 stark verändert – so stehen vom einstigen Schloss heute nur noch zwei Turmruinen. Dem heutigen Besucher ist Schleiz als Rennstadt bekannt. Legendär sind die Rennen auf dem **Schleizer Dreieck**. Die Rennstrecke ist die älteste deutsche Naturrennstrecke. Am 10. Juni 1923 fand das erste Rennen auf der dem natürlichen Straßenverlauf folgenden Piste statt. Ein Jahr später wurde erstmalig der erste Schleizer Pokal vergeben. Die Rennbedingungen sind in der damaligen Presse wie folgt beschrieben: „Keine Strohballensicherung an den Kurven, keine Asphaltdecke, Bäume unmittelbar an der Straße, tiefe Chausseegräben, über Federungen der Maschinen gar nicht zu reden – es war härteste Arbeit für die mutigen Männer." Heute wird das Schleizer Dreieck vor allem für Motorrad-, Gespann- und Veteranen-Rennen sowie für das ADAC-Bergrennen genutzt. Saisonhöhepunkt ist der Lauf der Internationalen Deutschen Motorradmeisterschaft. Ursprünglich wurde das Schleizer Dreieck 1923 als Teststrecke für kraftstoffsparende Motoren errichtet. Im Mai 2011 wurde in Schleiz eine Deutschlandpremiere durchgeführt – der Start eines WM-Laufs für Elektro-Rennmotorräder.

Die Schleizer Bergkirche und der Bergfriedhof sind ein besonderes Kleinod im Thüringer Osten

Wenn Thüringen dem Geschichtskundigen bekannt ist als „kleinstaatlicher Flickenteppich", so kulminiert die Kleinstaaterei im Herrschaftsbereich der Reußen. In Schleiz haben 1870 tatsächlich Schüler aus sieben (!) Staaten am Gymnasium **Rutheneum** gelernt. Heute befindet sich im Rutheneum ein kleines Museum, das sich mit der Stadtgeschichte und Konrad Duden beschäftigt. Mit Schleiz sind die Namen zweier bekannter Persönlichkeiten verbunden – Konrad Duden und Johann Friedrich Böttger. Duden lehrte hier sieben Jahre am Gymnasium Rutheneum, und Böttger wurde 1682 als Sohn des Münzwartes Johann Adam Böttger geboren. Die **Alte Münze** ist mit ihrer roten Fassade ein unübersehbares Wahrzeichen der Schleizer Innenstadt. In den Jahren 1678–81 wurden hier Münzen geprägt. Sie sollten zur Sanierung der Staatskasse dienen. Also griff man zu illegalen Mitteln und senkte den Silberanteil. Der Silbergehalt wurde derart reduziert, dass das beigemischte Kupfer bald „durchschlug". Schleizer Münzen wurden in anderen Gegenden nicht mehr akzeptiert. Eine große Umtauschaktion begann. Der Ruf war ruiniert, die Schleizer Bürger um ihre Ersparnisse gebracht – der Staatskasse allerdings ging es wieder besser. Das Gebäude wird heute für zahlreiche Kunstausstellungen genutzt. Wer möchte, kann sich in der Alten Münze trauen lassen. Im Kellergeschoss befindet sich die Stadtinformation. Ein wahres Kleinod befindet sich am nördlichen Stadtrand von Schleiz – das Ensemble von **Bergkirche** und **Bergfriedhof**. Der Vorgängerbau aus dem 12. Jahrhundert ist heute noch anhand eines romanischen Portals mit dreifach abgestufter Archivolte im Westteil der Kirche zu erahnen. Von 1500 bis 1913 wurde die Bergkirche als Begräbniskirche der Vögte von Gera, den Burggrafen von Meißen und den Grafen und Fürsten von Reuß genutzt. Von 1484 bis 1507 wurde der Chor, der Turm mit Wendelstein und die südlich zwischen Chor und Annenkapelle gelegene Sakristei erbaut. Gut einhundert Jahre später wurde der Innenraum stark verändert. Die Emporen wurden eingebaut, das Netzgewölbe eingezogen. Die Ausstattung der Bergkirche stammt im Wesentlichen aus dem 17. und frühen 18. Jahrhundert. So sind noch heute der Pfarrstand, der Beamtenstand, der Ratsstand und der Fürstenstand erhalten. Besondere Erwähnung verdienen das Burgk'sche Epitaph, die Epitaphien für Dorothea Slevogt, die Tumba Heinrichs des Mittleren von Gera aus dem Jahre 1500 und der Hauptaltar. Dieser entstand in den Jahren 1631 bis 1635 mitten im Dreißigjährigen Krieg. Das Bildprogramm zeigt die Kreuzigung, die Verklärung und Auferstehung Christi. Der Außenbereich der Schleizer Bergkirche wird geprägt vom Bergfriedhof. Wahrscheinlich wurde er schon im frühen 14. Jahrhundert, als die Pest wütete, angelegt. Die älteste erhaltene Grabplatte des Friedhofes befindet sich an der Südseite der Bergkirche. Die Schieferplatte entstand zum Gedenken an Heinrich Schrimpff. Auf dem Friedhof sind eine

Reihe kunstvoller Grabmale aus dem 17. bis 19. Jahrhundert erhalten.

Rutheneum • Kirchplatz 4 • 07907 Schleiz • Tel. (03663) 403194 • www.rutheneum.de

Alte Münze • Neumarkt 13 • 07907 Schleiz • Tel. (03663) 428735 • Di./Do./Fr. 9–12/13–18 Uhr, Mi. 9–12/13–17 Uhr, Sa. 10–15 Uhr

Bergkirche St. Marien zu Schleiz • Bergstraße 11 • 07907 Schleiz • Tel. (03663) 422666 • www.bergkirche-schleiz.de • Mai–Okt. Di.–So. 14.30–16.30 Uhr

24 Stelzen

ENTDECKER-TIPP In einem kleinen Dorf namens Stelzen finden alljährlich im Frühsommer die „Stelzenfestspiele bei Reuth" statt. Die Veranstalter untertiteln mit: „Das Wochenende der Superlative rund um die Musik in Dorf, Wald und Flur." Man sollte die Stelzenfestspiele unbedingt erlebt haben – als Freund klassischer Musik, als Ausstellungsgänger oder jemand, der Überraschungen liebt.

Stelzenfestspiele Bei Reuth e.V. • Stelzen Nr. 1 • 07922 Tanna • Tel. (036646) 28187 • www.stelzenfestspiele.de

25 Mödlareuth

Mödlareuth wurde von den Amerikanern „Little Berlin" genannt. Denn wie in der Hauptstadt wurde auch hier eine Mauer gebaut, und deshalb gibt es in Mödlareuth fast alles doppelt – Bürgermeister, Postleitzahl, Postboten … Im Deutsch-deutschen Museum Mödlareuth ist diese Teilung noch allgegenwärtig. Umfassend werden die politischen und wirtschaftlichen Folgen dargestellt und dem Besucher die

Konsequenzen für das tägliche Leben vor Augen geführt. Wie lebte man mit Sperranlagen, Grenzüberwachungsorganen, Zwangsaussiedelungen und Grenzübergangsstellen? Was bedeutete ein illegaler Grenzübertritt, die Flucht aus der DDR? Im Außenbereich sind Teile der ehemals etwa 700 Meter langen Grenzmauer und ein Beobachtungsturm erhalten.

Deutsch-Deutsches Museum Mödlareuth • Mödlareuth 13 • 95183 Töpen • Tel. (09295) 1334 • www.museum-moedlareuth.de • Nov.–Feb. Di.–So. 9–17 Uhr, März–Okt. Di.–So. 9–18 Uhr

THÜRINGER SAALEGEBIET

Die Saale durchfließt Thüringen von Süden nach Norden. Auf ihrem Weg Richtung Elbe durchquert sie einen Teil des Thüringer Schiefergebirges, wurde zu einer Reihe beeindruckender Talsperren – der Saalekaskade – aufgestaut, und hat im Laufe der Jahrtausende wunderschöne Täler in die Landschaft geschnitten. Hier lebten die Menschen vom Schieferabbau und von der Porzellanherstellung.

An den Hängen des Flusses reihen sich Burgen und Schlösser, wird Wein angebaut. Reisende erleben eine geschichtsträchtige und kulturvolle Region. An den Ufern der Saale führt der Saale-Radwanderweg entlang, auch mit Boot oder Floß lässt sich die Gegend erkunden. Das Thüringer Saalegebiet wird in drei Abschnitten vorgestellt: Jena und Umgebung, das Städtedreieck im Saalbogen und die Obere Saale mit dem Thüringer Schiefergebirge östlich des Flusses.

THÜRINGER SAALEGEBIET

JENA UND UMGEBUNG

Jena – die Lichtstadt, die quirlige Universitätsstadt – bietet seinen Besuchern vieles: eine aktive Kulturszene, eine reizvolle Umgebung und natürlich die „Sieben Wunder von Jena"! „Jena ist eine berühmte Stadt wegen seiner Hochschule, seines thüringischen Weines und seiner sieben Wunder. Letztere besonders wurden in den früheren Zeiten gar sehr gepriesen und hochgehalten und in Versen aller Sprachen geschildert. Der bekannteste dieser Verse lautet: „Ara, caput, draco, mons, pons, vulpecula turris, Weigeliana domus, septem miracula Jenae!" (Bechstein, *Deutsches Sagenbuch*, S. 406)

Von Jena aus sollte man entlang der Saale und in deren Hinterland die Umgebung erkunden – ob romanische Klosterkirchen, mittelalterliche Burgen oder reizvolles Rokoko-Schlösschen, mit dem Auto, dem Rad, dem Boot oder *per pedes* – hier lässt sich vieles entdecken. Nach einem Besuch in dieser Gegend wird man den studentischen Ausruf „In Jene lebt sich's bene!" sicher nachempfinden können.

Reiseinformation
Jena Tourist-Information • Markt 16 • 07743 Jena • Tel. (03641) 498050 • www.jenatourismus.de • Jan.–März Mo.–Fr. 10–18 Uhr, Sa. 10–15 Uhr, April–Dez. Mo.–Fr. 10–19 Uhr, Sa./So. 10–16 Uhr

1 Jena

„Und in Jene lebt sich's bene, und in Jene lebt sich's gut", heißt es in einem Studentenlied – und die Studenten müssen es wissen, schließlich prägen sie das Stadtbild seit über 450 Jahren. Damals verloren die Ernestiner aus dem sächsischen Hause Wettin nicht nur ihre Kurwürde, sondern auch Teile ihres Besitzes, darunter Wittenberg mit seiner Universität. Um die Luther'sche Lehre weiter zu verbreiten, gründete man in dem verbliebenen Gebiet eine neue Universität, die über Jahrhunderte die klügsten Köpfe anzog. Diese machten das ursprünglich verschlafene Nest an der Saale weltberühmt.

A Johannisfriedhof

In den warmen Monaten lässt sich hier gut im Schatten sitzen. Ursprünglich reichte das Friedhofsgelände bis an die Wagnergasse, durch innerstädtische Baumaßnahmen und den Bau der heutigen B 7 wurde das Friedhofs-Areal jedoch stark eingeschränkt. Das älteste Grabmal aus dem späten 14. Jahrhundert befindet sich heute in der Johanniskirche. Andere Grabmale bedeutender Jenaer Persönlichkeiten stehen jedoch noch auf dem knapp zwei Hektar großen Friedhof – wie z. B. das Frommann'sche Familiengrab, das Grab von Caroline von Wolzogen, von Johanna Schopenhauer genauso wie das von Carl Zeiss.

Historischer Johannisfriedhof • Philosophenweg • 07743 Jena

B Optisches Museum

Das Optische Museum zeigt Instrumente aus acht Jahrhunderten. Der Besucher erhält in der Ausstellung einen Überblick zur Entwicklung von optischen Geräten. Natürlich wird Jenas Entwicklung zum Zentrum der Optikindustrie in Verbindung mit Ernst Abbe, Carl Zeiss und Otto Schott ein besonderer Platz eingeräumt. Die Museumsgäste sind eingeladen, die eigene Sehfähigkeit zu testen oder sich von Hologrammen begeistern zu lassen. Besonderer Höhepunkt der Ausstellung ist die historische Zeiss-Werkstatt von 1866.

Optisches Museum der Ernst-Abbe-Stiftung • Carl-Zeiß-Platz 12 • 07743 Jena • Tel. (03641) 443165 • www.optischesmuseum.de • Di.–Fr. 10–16.30 Uhr, Sa. 11–17 Uhr

C Theaterhaus Jena

Nach einem langem Auf und Ab in der Geschichte des Theaters in Jena übernahm das Deutsche Nationaltheater in Weimar die Trägerschaft. In Weimar wollte man sich allerdings nicht mit den baulichen (Un-)Möglichkeiten des Jenaer Hauses abfinden. Walther Gropius sollte Abhilfe schaffen. Er kümmerte sich vor allem um Zuschauersaal, Kasse, Foyer, Garderobe und um eine neue Fassade. Nach der Fertigstellung und Wiedereröffnung des Theaters 1922 schrieb die „Jenaische Zeitung": „Jena hat ein Theater. Das bedeutet einen Wendepunkt im geistigen Leben dieser Stadt!" Die Geschichte des Theaters verlief jedoch äußerst wechselvoll mit dem traurigen Höhepunkt des Abrisses des maroden Zuschauersaals. Irgendwer nann-

Ibachstraße
aße
Fraunhoferstraße
Am Steiger
Fröbelstieg
grafenstieg
Philosophenw
Bergholssvieg
Helmholtzweg
Lessingstraße
Str. des 17. Juni
Am Steiger
el-Straße
str.
7
Philosophenweg
Thomas-Mann-Straße
Th.-Neubauer-Str.
Max-Wien-Platz
Kritzegraben
Griesbach-Garten
Am Johannisfriedhof
Johannis-friedhof
Botanischer Garten
Nollendorfer Platz
St.-Jakob-St.
Arvid-Harnack-Str.
K.-Kollwitz-Str.
Am Planetarium
Sophien-
Bibliotheksweg
Bibliotheks-platz
J
Spitzweidenweg
Saalbahnhofstr.
Am Gries
Spittel-platz
Spittel-platz
Saalbahnhofstr.
Zwätzengasse
Löbstedter Str.
Saale
Gries-brücke
Wenigenjenaer Ufer
7
Am Saaleufer
Wenigenjenaer Ufer
Aingergasse
Quergasse
Wagnergraben
Bachstr.
Krautgasse
Johannis-platz
Carl-Zeiß-Str.
Leutragraben
Am Pulverturm
Johannisstraße
Jenergasse
Fürstengraben
Hinter der Kirche
G
Kirchplatz
Schloss-gasse
Saalstr.
Gerbergasse
Am Anger
Ballhaus-gasse
Lutherplatz
Inselplatz
Steinweg
Camsdorfer Brücke
Ernst-Abbe-Platz
Carl-Zeiß-Platz
B
Goethestraße
Eichplatz
Kollegiengasse
D
Kronenplan
Teichgraben
Rathausgasse
F
E
Oberlauengasse
Unterlauengasse
Löbdergraben
Am Bahnhof
Frauengasse
Am Planetarium
Ernst-Abbe-Str.
E.-Haeckel-Platz
Schillerstr.
Holzmarkt
Engel-platz
Weimar-gasse
Löbdergraben
Grietgasse
Fischergasse
Am Eisenbahndamm
Landveste
Saale
Forstweg
Kochstraße
Westbahnhofstraße
Ernst-Haeckel-Str.
Schillergässchen
Neugasse
C
Knebelstraße
Am Volksbad
Paradies-brücke
K
Camsdorfer Ufer
Burgweg
Hausb.
Berggasse
Erbertstr.
Dietrichsweg

te später das Theaterhaus einmal die „kreativste Ruine Deutschlands". Jenas Theater besticht noch immer mit jungen und kreativen Inszenierungen und setzt dadurch einen eigenen Akzent in der Thüringer Theaterlandschaft.

Theaterhaus Jena gGmbH • Schillergässchen 1 • 07745 Jena • Kartenreservierung: (03641) 886944 • www.theaterhaus-jena.de

D Collegium Jenense

Im historischen Stadtkern von Jena sollte man unbedingt einen Blick in den Hof des „Collegium Jenense" werfen – des ältesten Universitätsgebäudes der Stadt. Es entstand in einem ehemaligen Dominikanerkloster. Das Kloster wurde 1286 gegründet, die Universität 1558. Das Gebäude des „Collegium Jenense" sollte, wie auch die historische Bebauung des Eichplatzes, für die Errichtung des „Turms von Jena" abgerissen werden. Einwände bis zur SED-Bezirksleitung in Gera verhallten ungehört; erst fehlende Investitionsmittel konnten den drohenden Abriss verhindern und halfen, einen Identifikationsort Jenaer Universitätsgeschichte zu erhalten.

Collegium Jenense • Kollegiengasse 10 • 07743 Jena • www.kollegienhof.uni-jena.de

E Rathaus

Am historischen Marktplatz befindet sich das gotische Rathaus. Es erlitt, wie viele andere Gebäude im Stadtzentrum von Jena, starke Schäden, wurde aber wieder aufgebaut. Das Rathaus wurde wohl 1412/13 unter Einbeziehung eines Vorgängerbaus von 1378 errichtet. Das Haus wurde im Lauf der Jahrhunderte immer wieder baulich verändert. Heute werden im Trauzimmer, das 1683 als Amtsstube des Bürgermeisters eingerichtet wurde, standesamtliche Trauungen durchgeführt.

Rathaus • Am Markt 1 • 07743 Jena

F Stadtmuseum Jena – „Göhre"

„Göhre" – so wird das Haus nach einem früheren Besitzer genannt. Es entstand um 1500 und ist seit 1988 Sitz des Stadtmuseums und der Kunstsammlungen Jena. Hier wird die Geschichte der Stadt von ihren Anfängen bis ins 20. Jahrhundert dokumentiert. Ein kontinuierliches Wechselausstellungsprogramm beleuchtet immer neue Themen der Stadt- und Zeitgeschichte. Die Jenenser Kunstsammlungen umfassen etwa 5.000 Exponate: Malerei, Graphik, Plastik sowie Objektkunst. Eindeutiger Schwerpunkt der Sammlung bildet die Kunst des 20. Jahrhunderts, von der klassischen Moderne über ein großes Konvolut von DDR-Kunst bis hin zur nationalen und internationalen Gegenwartskunst. Mit Sonderausstellungen zur klassischen Moderne und zur internationalen Gegenwartskunst hat sich Jena einen Namen nicht nur bei Experten, sondern auch beim breiten Ausstellungspublikum geschaffen.

Stadtmuseum und Kunstsammlung Jena • Markt 7 • 07743 Jena • Tel. (03641) 498261 • www.stadtmuseum.jena.de • Di./Mi./Fr. 10–17 Uhr, Do. 15–22 Uhr, Sa./So. 11–18 Uhr

G Stadtkirche St. Michael

Die heutige Kirche wurde ab 1380 errichtet. Es lassen sich verschiedene

Bauphasen erkennen. Im Zweiten Weltkrieg wurde St. Michael wie der gesamte Stadtkern von Jena stark zerstört, bis 1956 wieder instandgesetzt. Aufwändige Restaurierungsarbeiten erfolgen seit den 1990er Jahren. Äußerlich präsentiert sich St. Michael als spätgotische Hallenkirche mit einem mehr als 70 Meter hohen Turm mit Renaissance-Haube. Den Turm ziert nicht nur eine Einzeigeruhr, sondern an der Westwand auch Kreuzigungsrelief und Stifterfamilie. An der Südseite befinden sich das Gerichtsportal und das Brautportal. Der Name verweist auf die Funktion – hier tauschten im Mittelalter die Brautpaare die Ringe, bevor sie in der Kirche die Brautmesse feierten. Das Portal ist reich geschmückt. Links und rechts der Treppe, die zum Gerichtsportal führt, sind Prangersteine angebracht. Eine Seltenheit befindet sich an der Ostseite der Kirche – ein von der Straße her offener Durchgang unter dem Hochchor von St. Michael. Das wohl bedeutendste Ausstattungsstück ist der „Angelus jenensis". Der hölzerne Engel entstand im 13. Jahrhundert. Die Kanzel stammt wohl vom Beginn des 16. Jahrhunderts. Martin Luther predigte mehrfach an dieser Stelle. Die originale Grabplatte Martin Luthers befindet sich im nördlichen Seitenschiff von St. Michael. Sie wurde 1548 vom Erfurter Heinrich Ziegeler d. J. nach einer Bildvorlage von Lucas Cranach d. Ä. gefertigt. Besondere Aufmerksamkeit verdient das Gewölbe – es ist als Stern-, Netz- und Zellengewölbe mit den unterschiedlichsten Schlusssteinen ausgebildet.

Stadtkirche St. Michael • Lutherstraße 3 • 07743 Jena • www.stadtkirche-jena.de

🅗 Universitätshauptgebäude

An dieser Stelle stand ursprünglich das Jenaer Schloss. Anfang des 20. Jahrhunderts jedoch legte der Weimarer Großherzog keinen Wert mehr auf die Nebenresidenz und übergab das Gelände der Universität zu Nutzung. Man riss das alte und den Ansprüchen längst nicht mehr genügende Gebäude kurzerhand ab und errichtete an seiner Stelle in den Jahren von 1905 bis 1908 das Universitätshauptgebäude. An der Fassade befinden sich Allegorien der klassischen Fakultäten – Theologie, Jurisprudenz, Philosophie und Medizin sowie die zwölf Tierkreiszeichen.

Friedrich-Schiller-Universität Jena • Fürstengraben 1 • 07743 Jena • www.uni-jena.de

🅘 Botanischer Garten

Am Fürstengraben Richtung Westen entlang, vorbei am neuen Gebäude der Thüringer Universitäts- und Landesbibliothek, befindet sich der Botanische Garten. Es ist der zweitälteste seiner Art in Deutschland (Gründung 1586) – lediglich der Leipziger Botanische Garten ist sechs Jahre älter. Er nimmt eine Fläche von etwas mehr als vier Hektar ein, auf denen etwa 12.000 Pflanzen beheimatet sind.

Botanischer Garten Jena • Fürstengraben 26 • 07743 Jena • Tel. (03641) 949274 o. 949271 • www.spezbot.uni-jena.de/botanischergarten/ • Mo.–So. April–Okt. 10–19 Uhr, Nov.–März 10–18 Uhr

Das dienstälteste Planetarium der Welt begeistert heute die Besucher mit neuester Technik

Zeiss-Planetarium

Nicht weit vom Botanischen Garten befindet sich das dienstälteste Planetarium der Welt – das Zeiss-Planetarium. Es wurde am 18. Juli 1926 eröffnet und hat mittlerweile mehr als acht Millionen Besucher gehabt. Das Erlebnis ist unverwechselbar – der Besucher erkundet die unglaublichen Weiten des Weltalls und entdeckt ferne Planeten. Die faszinierende Musikshow komplettiert das einzigartige Ereignis.

Zeiss-Planetarium Jena • Am Planetarium 5 • 07743 Jena • Tel. (03641) 885488 • www.planetarium-jena.de

Lobdeburg

Die Bauherren der Burg hatten den Platz sehr geschickt gewählt – von dort hat man einen wunderbaren Blick in das Saale-, Roda- und Leutratal, nebenbei lag die Burg strategisch günstig. Die Burg selbst wurde 1166 erstmals erwähnt. Ende des 12. Jahrhunderts war der Bau der Anlage vollendet. Die Burg hatte im Laufe der Jahrhunderte unterschiedliche Eigentümer. Ab dem 16. Jahrhundert beginnt der Verfall der Burganlage – die Steine der Burg wurden schließlich zum Bau der Burgauer Saalebrücke verwendet. Das, was jedoch auf dem Bergsporn stehenblieb, ist ein bedeutendes Denkmal romanischer Profanbaukunst. Zu erahnen ist die einstige Pracht noch anhand der mit Blendnischen eingefassten Fensterarkaden und der Altarnische mit dem auf der Ostseite vorkragenden runden Erker.

Lobdeburg • Lobdeburger Weg 25 • 07747 Jena • www.lobdeburg.de

Dornburg

Schon von weitem grüßen die drei Dornburger Schlösser von den schroff abfallenden Muschelkalkfelsen. Das

Das Rokokoschloss beherbergt das originale Mobiliar aus dem 18. und 19. Jahrhundert

Renaissance-Schloss empfängt seine Besucher mit den Worten: „Gaudeat ingrediens, laetetur et aede recedens, / His qui praeter eunt det bona cuncta Deus" (Goethe übersetzte: „Freudig trete herein und froh entferne Dich wieder! / Ziehst Du als Wandrer vorbei, segne die Pfade Dir Gott!") Heute befindet sich im Schloss eine schon 1928 eingerichtete Goethe-Gedenkstätte, die durch die „Nationalen Forschungs- und Gedenkstätten der klassischen deutschen Literatur" erweitert wurde. Das Rokoko-Schloss wurde auf Wunsch von Herzog Ernst August I. von Sachsen-Weimar(-Eisenach) von 1736 bis 1741 errichtet. Der Besucher erlebt die Beletage mit Vestibül. Im Wohnzimmer im oberen Stockwerk begegnet man der Zeit Carl Augusts in Form der klassizistischen Raumfassung und originalem Mobiliar. Im Untergeschoss wiederum ist man in die Zeit von 1875 versetzt – Carl Alexander ließ hier den zentralen Saal als Speisezimmer einrichten. Die weiß-blauen Möbel, das chinesische Porzellan und die niederländischen Fayencen zeugen von dieser Zeit. Die Park- und Gartenanlagen spiegeln unterschiedliche Epoche der Gartenkunst: den englischen Landschaftsgarten, den Barockgarten mit Terrassen, Rosen- und Eschengang, der Obst- und Grasegarten am Alten Schloss und nicht zu vergessen den Weinbergen. Von den Weinbergen hat man einen wunderbaren Blick über das Saaletal.

Dornburger Schlösser • Schlossverwaltung: Max-Krehan-Straße 2 • 07774 Dornburg-Camburg • Tel. (036427) 215130 • www.dornburg-schloesser.de • April–Nov. Do.–Di. 10–17 Uhr, Dornburger Schlossgärten im Sommer ab 7 Uhr, im Winter ab 9 Uhr bis Sonnenuntergang

3 Cyriakuskirche bei Camburg

ENTDECKER-TIPP Auf einem Plateau am zerklüfteten Westhang des Saaletals befindet sich zwischen Camburg und dem kleinen Ort Stöben die Cyriakuskirche. Nachweisbar können Teile der Ruine in das 11. Jahrhundert datiert werden. Ab dem ausgehenden 16. Jahrhundert diente sie der umliegenden Bevölkerung als Steinbruch. Der Bau stellt sich sehr uneinheitlich dar – aus Hausteinen und kleinen Quadern. Das Mittelschiff war ursprünglich durch Arkaden von den Seitenschiffen getrennt. Die Arkaden sind allerdings nur noch an der Südseite erhalten. Die Cyriakuskirche gilt als wichtiges Beispiel frühen Kirchenbaus, vergleichbare Anlagen sind in Thüringen nicht nachweisbar.

4 Bad Sulza

Bad Sulza ist unbedingt einen Besuch wert, schon Goethe empfahl diesen Ort. Bad Sulza liegt an der Ilm am Rande der Saale-Unstrut-Region, eines bekannten Weinanbaugebiets. Der Weinanbau ist seit 1195 nachgewiesen, scheint aber noch älter zu sein. Heute widmen sich Winzer und der „Thüringer Weinbauverein Bad Sulza e. V." dieser Tradition.

Jedes Jahr findet am dritten August-Wochenende in Bad Sulza das traditionelle Weinfest statt. Zu diesem Anlass wird seit dem Jahr 1994 auch die Thüringer Weinprinzessin gekrönt. 1999 wurde unterhalb der Toskana-Therme die anlässlich des Kulturstadtjahrs in Weimar entstandene Kopie von Goethes Gartenhauses aufgestellt.

5 Apolda

Apolda hat viele Beinamen – Glockengießerstadt, weil in Apolda seit mehr als 250 Jahren Glocken gegossen werden; Gramont, weil Napoleon beim Anblick von Apolda „Ah, ça c'est Gramont!" ausgerufen haben soll. Auch als „Thüringisches Manchester" wird Apolda bezeichnet, denn hier dominierte die Strick- und Wirkwarenindustrie die Wirtschaft. Apolda ist auch die Dobermann-Stadt: Friedrich Louis Dobermann legte durch Kreuzung diverser Hunderassen den Grundstein für die Zucht des später nach ihm benannten Dobermanns. 1863 präsentierte er auf dem Apoldaer Hundemarkt die neue Hunderasse.

Die seit dem 18. Jahrhundert angesiedelte Strumpf-Fabrikation wurde Ende des 19. Jahrhunderts auf Strick- und Wirkwaren umgestellt. Apolda erlebte einen wahren Wachstumsschub. Deutlich ablesbar ist der damalige Wohlstand der Bürger an zahlreichen öffentlichen Bauten, Fabrikgebäuden, Wohnhäusern, an Villen und Siedlungshäusern. Seit 1993 wird in Apolda der „Apolda European Design Award" verliehen. Seit 2002 werden ausschließlich renommierte europäische Hochschulen mit ihren Modedesign-Diplomanden eingeladen werden, seitdem hat sich der Wettbewerb zu einer Talentschmiede für den europäischen Mode-Nachwuchs entwickelt.

Nachdem das Kunsthaus Apolda am 7. Juni 1995 mit der Ausstellung „Max Liebermann und Lovis Corinth" öffnete, folgten viele weitere erfolgreiche Ausstellungsprojekte. Das Glocken-

und Stadtmuseum Apolda im „Brandschen Haus" existiert seit 1952. Die Ausstellungen beschäftigen sich mit der Geschichte der Glockenherstellung von der Antike bis zur Neuzeit und mit Apoldas Strick- und Wirkwarenherstellung. Ergänzt wird die ständige Ausstellung durch Wechselausstellungen.

Kunsthaus Apolda Avantgarde • Bahnhofstraße 42 • 99510 Apolda • Tel. (03644) 515364 • www.kunsthausapolda.de • Di.–So. 10–18 Uhr, zwischen den Ausstellungen geschlossen

Glockenmuseum und Stadtmuseum • Bahnhofstraße 41 • 99510 Apolda • Tel. (03644) 5152570 • www.glockenmuseum-apolda.de • Di.–So. 10–18 Uhr

6 Kapellendorf

Das Ortsbild prägt die Wasserburg. In der Mitte des 12.Jahrhunderts errichteten die Burggrafen von Kirchberg die erste steinerne Burganlage zum Schutz der nahe gelegenen Handels-, Kupfer- und Weinstraße. Zeugen dieser ersten Bebauung sind Reste der Wehrmauer, des Palas und der Stumpf des Bergfrieds. 1348 verkauften die Burggrafen ihre Stammfeste an die Stadt Erfurt. Der Baubestand der Ausbauphase in der zweiten Hälfte des 14. Jahrhunderts ist im Wesentlichen bis heute erhalten geblieben – der fünfstöckige Wohnturm, die sogenannte Kemenate, das Küchengebäude mit großem Kamin. Während der Schlacht von Jena und Auerstedt 1806 befand sich in der Burg das preußische Hauptquartier. Seit dem 1. Januar 1998 ist die Burg im Besitz der „Stiftung Thüringer Schlösser und Gärten", die sich um die weitere Sicherung und Nutzung der Anlage bemüht. Seit den fünfziger Jahren beherbergt die Burg ein Museum, das einen allgemeinen

Wasserburg Kapellendorf – ehemals Raubritternest, heute Museum

Überblick zur Entwicklung der Burgen in Thüringen und speziell zur Geschichte der Wasserburg Kapellendorf gibt. Viele Burgmodelle und archäologische Funde vom Burggelände vermitteln dem Besucher mit großer Anschaulichkeit die wechselvolle Geschichte der Burg vom Zoll- und Münzregal im 12. Jahrhundert über das Raubritterternest im 15. Jahrhundert bis hin zur Bedeutung der Wasserburg als Hauptquartier für die preußischen Truppen in der Schlacht bei Jena im Oktober 1806.

Wasserburg Kapellendorf • Am Burgplatz 1 • 99510 Kapellendorf • Tel (036425) 22485 • www.burg-kapellendorf.de • Di.–So. 10–12/13–17 Uhr

7 Klosterruine Thalbürgel

St. Maria und St. Georg in Thalbürgel gilt neben der Klosterruine Paulinzella und der ehemaligen Peterskirche in Erfurt als bedeutendster romanischer Sakralbau in Thüringen. Neben der Klosterkirche blieben vom Benediktinerkloster ein Baurest der Klausur, der Wirtschaftshof und die Klosterteiche erhalten. Am 13. Februar 1133 hatte Bischof Udo von Naumburg die Gründung dieses Klosters genehmigt. Mönche aus Paulinzella und aus Hirsau errichteten die Pfeilerbasilika. Die sogenannte Hirsauer Bauschule wurde angeregt durch die Reformbestrebungen der Cluniazenser-Baukunst. Herausragend sind das Portal und der als Fundament sichtbare Staffelchor. Das innere Westportal in Thalbürgel zeigt eine deutliche Verwandtschaft mit dem älteren Westportal in Paulinzella. Die Bautätigkeit wurde den Überlieferungen zufolge 1142 begonnen und wohl erst einhundert Jahre später abgeschlossen. Nach der Reformation wurde 1526 das Kloster aufgelöst und verfiel. Man besann sich jedoch und nutzte die Klosterkirche als evangelisches Gotteshaus. Im 19. Jahrhundert wurde der Baukörper gegen weiteren Verfall gesichert, die Seitenschiffe vollständig und die Vorhalle teilweise wieder aufgebaut und mit finanzieller Unterstützung der Großherzogin Maria Pawlowna das Dach des Langhauses erneuert. Von der ursprünglich mittelalterlichen Ausstattung sind der romanische Taufstein, Teile des Chorgestühls und ein Vesperbild erhalten. In der Kirche finden seit der Beendung der Sanierungsarbeiten 1972 nicht nur Gottesdienste statt, es werden auch Kunstausstellungen organisiert und v. a. der Thalbürgeler Konzertsommer ausgerichtet. Regelmäßig spielt hier die Jenaer Philharmonie und gibt der Dresdener Kreuzchor Gastspiele.

Klosterkirche Thalbürgel • Klosterstraße 23 • 07616 Thalbürgel • Tel. (036692) 22210 • www.klosterkirche-thalbuergel.de • April–Okt. Mi.–So. 13–17 Uhr

8 Töpferstadt Bürgel

Im einzigen Keramikmuseum Thüringens ist alles über die Anfänge des Töpferhandwerks Mitte des 17. Jahrhunderts bis in die Gegenwart zu erfahren. In Bürgel wurde alles, was an Gefäßen im Haushalt benötigt wurde, aus Ton gefertigt: Kuchenformen, Futternäpfe, Krüge, Kannen, Schüsseln, Teller, Tas-

Ein wundervolles Erlebnis – die Sommerkonzerte in der Klosterruine Thalbürgel

sen, Apothekergefäße und Vorratsbehälter; einfach alles wurde hergestellt und wird im Museum präsentiert. Mit der Industrialisierung im 19. Jahrhundert orientierten sich die Bürgeler Töpfer in Richtung Kunsthandwerk. Diese Neuausrichtung sollte ein Töpfermuseum fördern. Daher wurde 1880 eine Mustersammlung angelegt. Anfang des 20. Jahrhunderts entwarf Henry van de Velde, der vom Weimarer Großherzog zur Beförderung des Kunsthandwerks engagiert worden war, für Bürgeler Werkstätten Gefäße. Diese Jugendstilgefäße sind die Glanzstücke des Bürgeler Museums. Van de Veldes Bemühungen blieben ohne Erfolg. Das typische Bürgeler – die blau-weiße Ware – entstand übrigens nach der Weltwirtschaftskrise Ende der zwanziger Jahre. Auch heute noch gibt es überdurchschnittlich viele Töpferwerkstätten in Bürgel. Seit einigen Jahren richtet das Bürgeler Keramik-Museum in Kooperation mit den Dornburger Schlössern im dortigen Rokokoschloss Sonderausstellungen aus. Anknüpfend an die Tradition der Dornburger Töpferwerkstätten des Bauhauses.

Keramik-Museum Bürgel • Am Kirchplatz 2 • 07616 Bürgel • Tel. (036692) 37333 • www.keramik-museum-buergel.de • Di.–So. 11–17 Uhr

9 Leuchtenburg

Hoch über dem Saaletal liegt sie auf dem Lichtenberg und grüßt ihre Besucher. Die ältesten Siedlungsreste datieren aus den Jahren um 1200. Erstmals erwähnt wurde die Burg 1221. Nach wechselvoller Geschichte wurde 1906 ein Museum eingerichtet. 1920 wurde auf der Leuchtenburg eine Jugendherberge eröffnet – eine der ersten in Deutschland. Das Museum Leuchtenburg hält für seine Besucher Erlebnisausstellungen bereit – im Marterturm wird auf zwei Ebenen „Mittelalterliche Gerichtsbarkeit" inszeniert. Die Leuchtenburg ist dafür ein guter Platz, war sie doch bis 1705 mehr als drei Jahrhunderte für 140 Orte der Umgebung die oberste Gerichts-, Finanz-, Militär- und Verwaltungsbehörde. Zum Lutherjahr 2017 präsentiert sich die Leuchtenburg als Ort, an dem Reformationsgeschichte geschrieben wurde. Der Reformator Philipp Melanchthon und die Wiedertäufer stehen dabei im Fokus. Die größte und umfassendste Präsentation verbunden mit baulichen Veränderungen – in Form von modernen An- und Umbauten – ist den Porzellanwelten gewidmet. Die Porzellanwelten versprechen eine multimediale und alle Sinne ansprechende Reise durch die Geschichte des Porzellans – von seiner Erfindung in China bis hin zu Antworten auf Fragen wie: Essen wir in 200 Jahren immer noch von Porzellantellern? Wie kommt die Porzellanblume zu ihrem Namen? Warum bringen Scherben Glück?

Leuchtenburg • Dorfstraße 100 • 07768 Seitenroda • Tel. (036424) 713300 • www.leuchtenburg.de • Mo.–So. 9–19 Uhr, in der Nebensaison Mo.–So. 10–17 Uhr

10 Jagdanlage Rieseneck

TOP-TIPP Rieseneck ist in ihrer Vollständigkeit und Größe eine sehr beeindruckende barocke Jagdanlage. Sie wurde in mehreren Phasen gebaut. Die heute erlebbare steinerne Gestalt erhielt die Jagdanlage zwischen 1712 und 1735. Sie wurde von den Gotha-Altenburger Herzögen häufig genutzt. Nach 1830 verlor sie jedoch an Bedeutung; der Verfall setzte ein. Erste Sicherungsmaßnahmen erfolgten ab 1954. Intensive Bemühungen um den Erhalt der Anlage begannen 1987. Aufgrund der Erhaltungsmaßnahmen sind heute wieder die Brunftau (eine Art Lichtung) und

die mit Steinen befestigten Erdgänge zur Annäherung an das Wild zu erleben. Am Ende eines jeden Ganges wurde ein sogenannter Jagdschirm errichtet, der Jäger und Jagdwaffen vor Unwetter schützte. Das Grüne Haus wurde 1727 zur Unterbringung von Gästen gebaut. Im Süden der Anlage befindet sich der sogenannte Herzogstuhl – ein hohes, schmales Fachwerkgebäude. Es entstand erst zu Beginn des 20. Jahrhundert und diente als Rückzugsort für den Herzog.

Plinz – ein kunstvolles Refugium im Wald

Die Jagdanlage eignet sich wunderbar zum Wandern. So führt ein Rundwanderweg mit einer Länge von sechs Kilometern vom Chauseehaus am Parkplatz zu allen wichtigen Punkten der Jagdanlage.

Jagdanlage Rieseneck • Dorfstraße 26 • 07768 Kleineutersdorf • Tel. (036424) 24151 • www.rieseneck.de • Gelände frei zugänglich

11 Orlamünde

Erhalten hat sich hier in dieser kleinen und beschaulichen Stadt der mächtige Breitwohnturm des einstigen Grafengeschlechtes von Orlamünde. Dieser war der Kernbau der ehemaligen Burganlage und stammt in Teilen wohl schon aus dem 11. Jahrhundert. Dieser Turm hat bis zu drei Meter dicke Mauern, sein Zugang misst mehr als neun Meter in der Höhe. Schließlich war er ein Bestandteil der Befestigungen an der Hauptflanke der Burg. Diese wird wohl als Teil des Sperrburgensystems an der Saale gegen die slawischen Nachbarn errichtet worden sein. In der Burg spukt noch heute die Weiße Frau. Sie hat allerdings ihren Wirkungskreis enorm ausgeweitet. Mittlerweile geistert sie durch jedes Schloss, das etwas auf sich hält. Orlamünde selbst teilt sich heute in die Ober- und die Unterstadt. Die Oberstadt liegt auf einem Bergsporn 70 Meter über dem Saaltal. Von dort hat man einen schönen Blick auf die Mündung der Orla in die Saale. In Orlamünde hielt sich Thomas Müntzer 1519 bei Pfarrer Dr. Andreas Bodenstein auf. Bodenstein, genannt Karlstadt, wurde als Bilderstürmer so berühmt wie berüchtigt. 1523 ging Karlstadt als Pfarrer nach Orlamünde. Er reformierte die Liturgie, schaffte die Kindertaufe ab und entfernte Orgel und Heiligenbilder.

Kemenate Orlamünde • Hausberg 30 • 07768 Orlamünde • Tel. (036423) 60209 • www.orlamuende-saale.de • Besichtigung nach Voranmeldung

12 Plinz

ENTDECKER-TIPP In Plinz, wo sich Fuchs und Hase „Gute Nacht!" sagen, ist eine Galerie entstanden, wächst stetig ein Künstlergarten. Der Garten teilt sich in unterschiedliche „Zimmer" – z. B. in den Garten des Rauschens, den Garten der Steine, den Garten der Vögel und den Garten der Frösche. Konzerte mitten im Wald sind zur schönen Tradition geworden, und eine kleine aber feine Töpferei gibt es auch. Gisa, die Töpferin, sagt: „Wenn ihr ma bei uns kommt, könnter sehn, mir machen ooch scheene Töppe!"

Galerie Bach • Plinz Nr. 1 • 07751 Milda OT Großkröbitz • Tel. (036422) 22438 • www.plinz.de

STÄDTEDREIECK IM SAALEBOGEN

Egal, ob man das Saaletal heraufkommt oder hinunterfährt – der Blick fällt, wenn man nach Rudolstadt kommt, immer zuerst auf die Heidecksburg. Mächtig thront das Schloss über der Stadt. Alljährlich zieht es im Sommer Schaulustige zum über 275 Jahre alten Volksfest „Vogelschießen" und Musikbegeisterte zum Rudolstädter Tanz- und Folkfest.

In oder besser bei Saalfeld, da wohnen die Feen in den weit über die Landesgrenzen hinaus berühmten Feengrotten. Vielleicht wussten die zarten Wesen ja schon damals, dass in Saalfeld einmal eine Schokoladenfabrik stehen würde und sicherten sich deshalb einen Platz in der ersten Reihe. Saalfeld wird auch auf Grund seines reichen bauhistorischen Bestandes „Steinerne Chronik Thüringens" genannt – es lohnt sich auf alle Fälle, darin zu lesen!

Und Bad Blankenburg – hier „erfand" Friedrich Fröbel den Kindergarten ...

Reiseinformation

Tourist-Information Rudolstadt • Markt 5 • 07407 Rudolstadt • Tel. (03672) 41 4743 • www.rudolstadt.de • Tel. (03672) 486440; Mo.–Fr. 9–18 Uhr, Sa. 9–13 Uhr

Saalfeld Information • Markt 6 • 07318 Saalfeld • Tel. (03671) 522181 • www.saalfeld-tourismus.de • Mo.-Fr. 9–18 Uhr, Sa. 9–13 Uhr

Tourist- und ServiceCenter • Bahnhofstraße 23 • 07422 Bad Blankenburg • Tel. (036741) 2667 • www.bad-blankenburg.info • Mo–Fr 9–18 Uhr, Sa. 10–14 Uhr

13 Rudolstadt

Rudolstadt – Schillers heimliche Geliebte und Stadt der Tanzfeste genannt – wurde um 776 erstmals urkundlich erwähnt und besitzt seit 1326 Stadtrecht. Um 1340 erwarben die Grafen von Schwarzburg die Burg über Rudolstadt von den Grafen von Orlamünde. Von 1574 bis 1918 war Rudolstadt zunächst gräfliche und später fürstliche Residenz. Im 18. und 19. Jahrhundert erlebte die kleine Residenzstadt eine besondere kulturelle Blüte. Denn Gelehrte und Künstler, die nach Weimar und Jena kamen, besuchten häufig auch Rudolstadt und hinterließen hier ihre Spuren. Allen voran Friedrich Schiller, aber gleichsam Goethe, Fichte, Schopenhauer, Humboldt, Wagner, Liszt und Paganini kamen in die Stadt. Wirtschaftlich war Rudolstadt seit dem 18. Jahrhundert geprägt durch die Porzellan-Manufakturen. Im 19. Jahrhundert trugen die Ankerbausteine der Firma Richter den Namen des Orts bis an den Zarenhof nach Russland. Doch das Leben in und Rudolstadt selbst blieb beschaulich. Alljährlich zieht es im Sommer Schaulustige zum „Vogelschießen".

Schloss Heidecksburg

TOP-TIPP Die Stadtdominante von Rudolstadt ist das Schloss – die Heidecksburg. Mächtig steht sie über der Stadt, scheint mit ihrer Größe das „Städtchen" fast zu erdrücken. Graf Albrecht VII. von Schwarzburg wählte die Rudolstädter Burg 1571 zu seinem ständigen Wohnsitz. Es folgten Um- und Erweiterungsbauten. Die Freude an der Modernisierung währte nicht lange, da 1573 ein Brand einen Teil des Schlosses vernichtete. Der Graf ließ nun eine dreiflügelige Schlossanlage errichten. Drei Jahre später wurde die Schlosskirche im Nordflügel eingeweiht. Ein Renaissance-Schloss entstand, das den Ansprüchen seiner Herrschaft gerecht wurde – die Ausstattung war gehoben, profilierte Unterzüge trugen mächtige Holzbalkendecken, aufwendige Farbfassungen schmückten die Räume. Als 1710 die Schwarzburg-Rudolstädter in den Reichsfürstenstand erhoben worden waren, genügte das Renaissance-Schloss nicht mehr. Im Südflügel wurde ein **Spiegelkabinett** eingerichtet, das eines der frühesten im mitteldeutschen Raum war. Besucher können es noch heute bewundern. 1735 brannten der Nord- und Westflügel bis auf die erste Etage herunter. Im Rückblick war diese „tabula rasa" ein Glücksfall. Denn die Pläne des sächsischen Oberlandesbaumeisters Knöffel mussten auf wenig Rücksicht nehmen. Sein „kühler Dresdener Barock" sollte in Rudolstadt am Westflügel verwirklicht werden. Die ehrgeizigen Pläne vertrugen sich jedoch nicht mit der finanziellen Realität der Rudolstädter Kassen. Knöffel wurde 1743 durch den weimarischen Baumeister Krohne ersetzt. Krohne enttäuschte die in ihn gesetzten Erwartungen nicht: Ausgehend von den noch von Knöffel geplanten „Appartements double" änderte Krohne die Planungen der Innengestaltung vom kühlem Barock zu heiterem Rokoko. Glanzvoller Höhepunkt ist der **Festsaal** – zwölf Meter hoch und von erlesener Ausstattung. Das Haupttreppenhaus und einige Räume im West- und Südflügel wurden im klassizistischen Stil umgestaltet.

Heute beherbergt Schloss Heidecksburg das **Thüringer Landesmuseum Heidecksburg** mit seinen zahlreichen Sammlungen, ist auch Sitz der Stiftung „Thüringer Schlösser und Gärten" und des Thüringer Staatsarchivs Rudolstadt. Beim Schlossrundgang wird der Besucher nicht nur die Repräsentationsräume erleben: „Rococo en miniature" zeigt mit viel Witz und – wie der Name schon verrät – ein Rokoko-Phantasiereich im Kleinformat. Nicht versäumen sollte man die **Gemäldegalerie** im Obergeschoss. Sie ist kombiniert mit Kunstkammerbeständen der Schwarzburger und vermittelt ein lebendiges Bild fürstlicher Sammelleidenschaft. Einen Sonderbestand der Museumssammlungen kann man mit der Porzellangalerie und der Schlittensammlung bewundern, von europäischem Rang ist die **Waffensammlung** und beeindruckend das **Naturhistorische Museum**, das mit seinen Beständen auf die fürstlichen Sammlungen zurückgeht. Daher gibt es hier noch so manches „Kuriosum" zu erleben – eine zweiköpfige Ziege gehört beispielsweise zu den Exponaten. Einen guten Überblick über die schwarzburgische Geschichte verschafft man sich im gleichnamigen Museumsteil. Nach dem Museumsbesuch lohnt sich ein Spaziergang im Außengelände des Schlosses. Auf der mittleren Terrasse befindet sich ein Café, von dem man einen wunderbaren Blick über Rudolstadt genießt.

Thüringer Landesmuseum Heidecksburg • Schlossbezirk 1 • 07407 Rudolstadt OT Cumbach • Tel. (03672) 42900 • www.heidecksburg.de • April–Okt. Di.–So. 10–18 Uhr, Nov.–März Di.–So. 10–17 Uhr

Stadtkirche St. Andreas

St. Andreas ist eine dreischiffige spätgotische Hallenkirche. Schon im 12. Jahrhundert stand hier ein Gotteshaus, es wurde jedoch in der zweiten Hälfte des 15. Jahrhunderts umgebaut. In der ersten Hälfte des 17. Jahrhunderts erfolgte ein weiterer Umbau, der das heutige Erscheinungsbild der Stadtkirche prägte. Bemerkenswerte Teile der Innenausstattung sind der Stammbaum des Grafen Albert VII. von Schwarzburg, das Schönfeldsche Epitaph und die Grabplatte der Gräfin Katharina von Schwarzburg. Ein besonderes Erlebnis ist ein Konzert auf der Ladegastorgel.

Stadtkirche St. Andreas • Kirchhof 1 • 07407 Rudolstadt • Tel. (03672) 412108 • April–Okt. Mo.–Fr. 11–16 Uhr, Sa./So. nach Vereinbarung

Schillerhaus

Eigentlich war es das Lengefeld-Beulwitz'sche Wohnhaus, hier lernte Schiller 1787 Charlotte von Lengefeld und Caroline von Beulwitz kennen. Im Schillerhaus befindet sich u. a. das Schillermuseum – es rühmt sich, eine der wenigen authentischen Schillerstätten in Deutschland zu sein, die nicht im Zweiten Weltkrieg Schaden nahmen. Von 2005 bis 2009 wurde das Haus umfassend restauriert. Der Fokus der Ausstellung liegt auf der Rudolstädter Zeit Friedrich Schillers und seiner Beziehung zu Charlotte und Caroline von Lengefeld – natürlich ist auch das erste Treffen mit Goethe in diesem Haus am 7. September 1788 in die Ausstellung integriert.

Schillerhaus Rudolstadt • Schillerstraße 25 • 07407 Rudolstadt • Tel. (03672) 486470 • www.schillerhaus-rudolstadt.de • April–Okt. Di.–So. 10–18 Uhr, Nov.–März Di.–So. 10–17 Uhr

Villenviertel in Rudolstadt

ENTDECKER-TIPP Ein langer Spaziergang durch den Westen von Rudolstadt lohnt sich – ein ausgedehntes Villengebiet erstreckt sich hier. Hier bauten Beamte und Offiziere, Fabrikanten und Adlige, Kaufleute und leitende Angestellte, Sommerfrischler aus Berlin und Geschäftsleute aus Mexiko oder von den Philippinen. Etwa 200 Villen entstanden in Rudolstadts Westen am Hainberg. 72 von ihnen sind als Einzeldenkmale ausgewiesen.

Eine von diesen sei vorgestellt. Erbaut wurde die Damm'sche Villa 1878 von Konsul Maximilian Damm. Er kam mit seiner Familie aus Mexiko nach Rudolstadt. Die Damms ließen sich eine klassische Villa mit Festsaal und Remise erbauen. Nach 1945 erwarb Frau Leonhardt, eine resolute Witwe, das Anwesen. Sie kümmerte sich nicht nur um das Haus und den Garten, sondern auch um die Nachfahren der Erbauer.

In Rudolstadt lernte Schiller seine spätere Frau Charlotte von Lengefeld kennen

Frau Leonhardt war es, die das einmalige Flair dieser Villa bewahrte – nicht nur vor dem Zugriff durch staatliche Organe der DDR, sondern auch vor dem gröbsten Verfall. Sie schaffte es sogar, die Fassade des Hauses zu streichen, ganz DDR-untypisch in kräftigem Rosa und hellem Gelb. So titelte die „Volkswacht" am 25. August 1978 „Ein Traum in Vanille und Himbeere". Nach der Wende zog das Auktionshaus Wendl ein. Bei Vorbesichtigungen zu Auktionen hat man die Möglichkeit, das Innere der Villa zu erleben.

Auktionshaus Wendl • August-Bebel-Straße 4 • 07407 Rudolstadt • Tel. (03672) 424350 • www.auktionshauswendl.de • Di.–Fr. 9–12.30/14–17 Uhr

Cumbach – Thüringer Bauernhäuser

Sie gelten als das älteste Freilichtmuseum in Deutschland. Alle Bauernhäuser, die hier zu einem Museumsensemble zusammengefasst sind, stammen aus dem 17. und 18. Jahrhundert. In den Jahren 1914 und 1915 wurden sie in der Umgebung von Rudolstadt abgetragen und an dieser Stelle im Heinrich-Heine-Park wieder aufgebaut. Originale Möbel und Gebrauchsgegenstände aus dem 17. bis zur Mitte des 19. Jahrhunderts geben einen lebendigen Eindruck der bäuerlichen Verhältnisse vor mehr als 150 Jahren. Ein Höhepunkt dieses Freilichtmuseums ist die Einrichtung einer alten Dorfapotheke aus Rohrbach – Oliätenhändler und Buckelapotheker waren seit der Mitte 17. Jahrhundert europaweit unterwegs und verdienten mit ihren Tinkturen oft mehr schlecht als recht den Lebensunterhalt für ihre Familien.

Thüringer Bauernhäuser • Kleiner Damm 12 • 07407 Rudolstadt OT Cumbach • Tel. (03672) 422465 • www.rudolstadt.de • April–Okt. Mo.–So. 11–18 Uhr

14 Volkstedt

Hier befinden sich noch immer Porzellanmanufakturen. Vor dem zweiten Weltkrieg waren es noch fünf Porzellanfabriken. Das Bombardement im April 1945 legten die Fabriken in Schutt und Asche. Das Thüringer Porzellan feierte 2010 seinen 250. Geburtstag. Gleich drei Männer hatten das Porzellan nacherfunden – Georg Heinrich Macheleid, Wolfgang Hammann und Johann Gotthilf Greiner sind als Nacherfinder des Porzellans in die Geschichte eingegangen. Heinrich Macheleid hat in Volkstedt eine Porzellanmanufaktur gegründet, die noch heute unter dem Namen existiert.

„Gläserne Porzellanmanufaktur" • Breitscheidstraße 7 • 07407 Rudolstadt OT Volkstedt • Tel. (03672) 480217 • www.glaeserneporzellanmanufaktur.com • Mo.–Fr. 10–17 Uhr, Sa. 10–15 Uhr

15 Großkochberg

TOP-TIPP Durch Goethe und seine Leidenschaft für Frau von Stein zu großer Bekanntheit gelangt ist das Wasserschloss Großkochberg. Die ehemalige Wasserburg wird schon am Anfang des 12. Jahrhunderts erwähnt. Nach mehrmaligem Besitzerwechsel gelangte das Schloss 1733 schließlich in den Besitz

Großkochberg ist vor allem durch Frau von Stein und Goethes Besuche bei ihr bekannt

der Familie von Stein. Seit 1764 lebten hier Gottlob Ernst Josias von Stein und seine Frau Charlotte. Zwischen 1775 und 1788 war Johann Wolfgang von Goethe ein häufiger Gast. Noch heute verbindet der **Goethe-Wanderweg** Großkochberg mit Weimar. Der Weg ist knapp 30 Kilometer lang und beschildert mit einem weißen „G" auf grünem Grund. 1949 wurde im Schloss eine Goethe-Gedenkstätte eingeweiht. Ab 1965 gehörte Großkochberg zu den „Nationalen Forschungs- und Gedenkstätten Klassisches Weimar". Nach einer Restaurierung 2011/2012 wurden das Museum und die Gaststätte des Schlosses wiedereröffnet.

Der Sohn der von Steins – Carl von Stein – ließ den **Großen Garten** zum Landschaftspark umgestalten und das Liebhabertheater errichten. In der zweiten Hälfte des 20. Jahrhunderts wurde der Park auf Grundlage eines Katasterplans von 1869 der Park und Parkarchitekturen rekonstruiert. Leinwandhäuschen, Turmruine, Grottenanlage mit Begräbnisplatz, Badesee und Blumengarten kann der Besucher auf Pfaden unter alten Bäumen „erwandern".

Neben dem Schloss am Eingang zum Schlosspark liegt das **Liebhabertheater**. Carl von Stein ließ um 1800 das barocke Gartenhaus erweitern, ein Säulenportikus wurde ergänzt und ein großer Bühnenraum angebaut. Seit der Restaurierung im Jahr 1975 finden hier von Frühling bis Herbst Theater- und Opernaufführungen, Lesungen und Konzerte statt. Das Liebhabertheater

zu Großkochberg gehört genauso wie z. B. die Theater in Meiningen und Gotha zur „Europastraße Historische Theater".

Schloss, Park und Liebhabertheater Kochberg • 07407 Uhlstädt-Kirchhasel OT Großkochberg • Tel. (03643) 22532 • www.klassik-stiftung.de • März–Okt. Mi.–Mo. 10–18 Uhr

Freunde des Liebhabertheaters Schloss Kochberg e.V. • Im Schlosshof 4 • 07407 Großkochberg • Tel. (036743) 22532 • www.liebhabertheater.com

16 Bad Blankenburg

Beim Besuch des **Fröbelmuseums** wird man mit den Lebenstationen und dem pädagogischen Ziel Fröbels bekannt gemacht, lernt die Spielgaben und Spielpraxis im ersten Kindergarten der Welt kennen, erfährt, wie die Kindergarten-Idee die Welt eroberte und taucht ein in die Wohn- und Arbeitswelt Friedrich Fröbels. Im selben Haus wie das Museum befindet sich auch die Archiv- und Forschungsstelle zu Friedrich Fröbel. Hier wird der handschriftli-

FRIEDRICH FRÖBEL

1840 gründete Friedrich Fröbel in Blankenburg den ersten deutschen Kindergarten. 1837 hatte sich Friedrich Fröbel in Bad Blankenburg niedergelassen. Hier entwickelte er ausgehend von seinen Überlegungen zur Kindererziehung die „Spielgaben" – Würfel, Walze und Kugel. Das „Haus über dem Keller" ist der Ort, an dem Friedrich Fröbel 1839 seine berühmten Spielgaben mit den Blankenburger Kindern ausprobierte. Ein Jahr später war der Begriff „Kindergarten" geboren.

che Nachlass des Pädagogen, Originalwerke Fröbels und seiner wichtigsten Nachfolger aufbewahrt und Literatur zur Kleinkindpädagogik seit der Kindergartengründung gesammelt.

Bad Blankenburg wird auch Lavendelstadt genannt: Vor rund 200 Jahren wurde hier in der Gegend Lavendel angebaut. Genutzt wurden dafür ehemalige Weinanbauflächen, doch war man trotz guter klimatischer Bedingungen und Bodenverhältnisse der Konkurrenz in Frankreich und England nicht gewachsen. Heute erinnern zahlreiche Lavendelbüsche im Stadtgebiet und zu Füßen der Burg Greifenstein an die Geschichte des Lavendelanbaus in Bad Blankenburg. Ein Höhepunkt ist das seit 1997 jährlich stattfindende Lavendelfest.

Die **Burg Greifenstein** wurde oberhalb des heutigen Bad Blankenburg gebaut. Im 12. Jahrhundert wurde sie erstmalig erwähnt. Die Hauptburg mit Rundturm, Kapelle, Wohn- und Wirtschaftsgebäuden und Vorburg stammt aus dem 14. Jahrhundert. Der Palas der Burg beherbergt eine vom „Verein Greifenstein-Freunde e.V." gestaltete Ausstellung. Im Zentrum der Präsentation steht die Geschichte der Burg. Besucher von Greifenstein können Schauvorführungen der Falknerei erleben und die Burgschänke besuchen.

Friedrich-Fröbel-Museum · Johannisgasse 4 · 07422 Bad Blankenburg · Tel. (036741) 2565 · www.froebel-museum.de · Di.–Sa. 10–17 Uhr

Burg Greifenstein · Greifensteinstraße 3 · 07422 Bad Blankenburg · Tel. (036741) 2080

ROMANISCHE KUNST

Romanik – dieser Begriff steht für eine kunsthistorische Epoche (ca. 1000 bis 1250), in der in ganz Europa Bauten, (Buch-)Malereien und Plastiken in gleichem Stil entstanden. Natürlich gab es regionale Unterschiede – doch grundsätzlich richteten sich die Künstler nach gleichen Gestaltungsprinzipien, und so wurden in Italien, Spanien, Frankreich, England, Deutschland, Polen usw. von Bauleuten romanische Kirchen und Klöster, Burgen und Wohnhäuser geschaffen. Sie vereinen allesamt stilistische Elemente wie massige Wände, Rundbögen (bei Fenstern ebenso wie bei Türöffnungen) und Säulen mit blockartigen Kapitellen. Letztere wurden unterschiedlich dekoriert, so z.B. mit Würfelfriesen oder den sogenannten Hirsauer Nasen.

In Thüringen finden sich noch eine Reihe von romanischen Architekturzeugnissen. Die prominentesten sind die Wartburg, die Reichsburg Kyffhausen, die Runneburg und die Klosterkirchen von Paulinzella und Thalbürgel. Darüber hinaus gibt es jedoch noch viele romanische Kunstwerke zu entdecken – die „Iwein"-Fresken in Schmalkalden, die Breitunger Basilika, den Wolfram-Leuchter im Erfurter Dom oder die romanischen Bauten in und um die Stadt Nordhausen. Sie alle berichten von der „Einbindung" der Thüringer Region in das europäische Gefüge. Bauleute und Künstler agierten über Ländergrenzen hinweg, und so zeigt Thüringen schon früh seine weltoffene Seite: Fernhandelsstraßen bringen nicht nur „fremde" Waren, sondern auch Künstler und neue Ideen mit.

· www.burg-greifenstein.de · Burg u. Falknerei April–Okt. Di.–So. 10–17 Uhr ·

Die Anlage Paulinzella ist eine der ausdrucksstärksten Klosterruinen in Deutschland

17 Paulinzella

TOP-TIPP Bevor man in den kleinen Ort Paulinzella kommt, fährt man vorbei an den historischen Teichanlagen des Klosters. Paulinzella gilt als eine der ausdruckstärksten romanischen Klosteranlagen in Deutschland. Goethe und Schiller waren beeindruckt von der **Klosterruine**, die sich gewaltig in der Talaue des Rottenbachs erhebt. Erhalten geblieben sind Teile der Klosterkirche und wenige Nebengebäude. Paulinzella wurde als Marienzelle zwischen 1102 und 1105 von Paulina, einer sächsischen Adligen, gegründet. 1107 schloss sich das Kloster der von Hirsau ausgehenden Reformbewegung an.

Die Hauptgedanken der klösterlichen Reformbewegung waren die strenge Beachtung der Regel des heiligen Benedikt von Nursia: *Ora et labora!* („Bete und arbeite!"), konsequente Ausübung der täglichen Gottesdienste, Vertiefung der individuellen Frömmigkeit und die Erinnerung an die Vergänglichkeit allen irdischen Lebens mit der Mahnung „Memento mori!" („Erinnere Dich Deiner Sterblichkeit!") Mönche aus Hirsau kamen nach Paulinzella, um hier ihre Erfahrungen beim Bau der Klosterkirche einzubringen. Mit ihnen kam der clunaziensische Einfluss – stilistisch entstanden so Verbindungen quer durch Europa, in diesem Falle nach

Frankreich und zu allen anderen Bauten, die von der clunaziensischen Reform beeinflusst waren.

Mit der klösterlichen Reformbewegung ging auch eine Veränderung der Baugestalt der Klöster mit sich – ganz allgemein wurde die Vereinfachung der Anlage und Ausstattung angestrebt, der Typus der flach gedeckten Säulenbasilika mit Langchor und Nebenchören auf Krypta und Emporen wurde entwickelt. Bis 1120 waren in Paulinzella die mächtigen Vierungspfeiler, der Westchor und der Staffelchor ausgeführt. 1124 wurde der Bau feierlich eingeweiht. Bis zur Mitte des 12. Jahrhunderts waren alle wesentlichen Bauabschnitte abgeschlossen. Nach der Reformation wurde das Kloster aufgehoben. In der zweiten Hälfte des 16. Jahrhunderts wurden Teile des Klosters abgebrochen und beim Schlossbau in Gehren „recycelt". Immer wieder wurden Teile des Klosters für die Errichtung anderer Gebäude abgerissen. Im späten 18. Jahrhundert wurden erste Erhaltungsmaßnahmen durchgeführt. Südwestlich der Klosterkirche entstand ein **Jagdschloss** für die Grafen und späteren Fürsten von Schwarzburg-Rudolstadt. Erste intensive denkmalpflegerische Arbeiten werden in der zweiten Hälfte des 19. Jahrhunderts durchgeführt. In der zweiten Hälfte des 20. Jahrhunderts wurde die Klosterkirche gesichert und instandgesetzt. Heute fehlen der Klosterkirche Paulinzella im Osten vier von fünf Apsiden des Staffelchores, die Südwand und im Westen der nördliche Turm.

Vom Querhaus führt im südlichen Arm ein Portal in den nicht mehr vorhandenen Kreuzgang; das Portal im nördlichen Querhausarm führte zum Friedhof. Das Jagdschloss beherbergt ein Museum zur Kloster-, Forst-und Jagdgeschichte. Die Präsentation beinhaltet auf 350 Quadratmetern viele Exponate, die die kulturgeschichtliche Entwicklung des Klosterkomplexes verdeutlichen.

Klosterruine • Paulinzella 3 • 07422 Rottenbach • Tel. (036739) 31143 • www.thueringerschloesser.de • ganzjährig zugänglich

Jagdmuseum Paulinzella • Paulinzella 3 • 07422 Rottenbach • Tel. (036739) 31143 • weitere Informationen auf: www.heidecksburg.de • April–Okt. Mi.–So. 10–17 Uhr

18 Schwarzburg

Ein kostenfreier Audioguide zur Klosterruine Paulinzella kann unter www.transromanica.de heruntergeladen werden. Weitere Informationen auf S. 252

Schwarzburg ist die „Perle Thüringens". Viele Künstler waren begeistert von dem romantischen Tal der Schwarza, in dem Schwarzburg liegt. In Schwarzburg unterzeichnete Reichspräsident Friedrich Ebert im August 1919 die von der Nationalversammlung in Weimar beschlossene Reichsverfassung. Ein Gedenkstein erinnert daran. Beeindruckend ist die Schlossruine, seit dem 12. Jahrhundert Stammsitz der Grafen von Schwarzburg. Daneben befindet sich im Schlosspark der Kaisersaal. In dieser Galerie der mächtigen Männer der Vergangenheit sind die Kaiser von Julius Cäsar bis Karl VI. vereinigt – und selbstverständlich ist der nur für wenige Monate im frühen 14. Jahrhundert regierende König Günther XXI. von Schwarzburg dabei. Der Bau des Gebäudes erfolgte nach der Erhebung der Schwarzburger Grafen in den Fürstenstand 1710. Zwischen 1713 und 1719 wurde der Kaisersaal gebaut. Zwei weitere Ausstellungen können zudem besichtigt werden; eine beschäftigt sich mit der Geschichte der Schwarzburger, die andere mit den berühmten „Schwarzburger Werkstätten für Porzellankunst".

Schloss Schwarzburg • Schloßstraße 5 • 07427 Schwarzburg • Tel. (036730) 32955 • www.schloss-schwarzburg.de • April–Sept. Di.–So. 10–17 Uhr, Okt. Di.–So. 10–16 Uhr, Nov.–März nach Vereinbarung, Führungen nach telefonischer Absprache

19 Saalfeld

Saalfeld wurde 899 erstmalig urkundlich erwähnt und erhielt 1208 das Stadtrecht. In Saalfeld lebten die Menschen von der Saaleflößerei und vom Bergbau. 1675 wurde Saalfeld zur Residenzstadt – hier ließ Herzog Albrecht ab 1677 sein Schloss errichten, das nach der Erbteilung 1680 von seinem jüngeren Bruder Johann Ernst übernommen und schließlich bis 1726 vollendet wurde. Heute befindet sich im Saalfelder Schloss das Landratsamt. Das eigenständige Herzogtum Sachsen-Saalfeld bestand von 1680 bis 1745. Durch Aussterben der Linie fielen die saalfeldischen Gebiete an Sachsen-Coburg und die Linie Sachsen-Coburg-Saalfeld entstand. Wie weite Teile Thüringens erlebte auch Saalfeld im Zuge der Industrialisierung im 19. Jahrhundert einen wirtschaftlichen Aufschwung.

Rathaus

Das Saalfelder Rathaus ist ein repräsentativer Bau der Frührenaissance. Auffällig ist der in der Mitte der Marktfassade angeordnete achteckige Treppenturm mit Kielbogeneingang. Links daneben ist die 56,6 Zentimeter lange Saalfelder Elle befestigt. Akzente setzen die Erker an der Hausecke und rechts des Treppenturmes. Am Rathaus sind das sächsisch-kurfürstliche Wappen und das Saalfelder Wappen mit den beiden Fischen angebracht. Das kurfürstliche ist mit 1534 bezeichnet – zu diesem Zeitpunkt besaßen die ernestinischen Herzöge in Thüringen noch die Kurwürde. Im Inneren sind alle Räume des Erdgeschosses mit einem Kreuzgratgewölbe ausgestattet. Im Hofbereich des Rathauses wurde in der Mitte des 19. Jahrhunderts ein Gefängnis gebaut, die sogenannte Hutschachtel. Heute befindet sich dort das Stadtarchiv.

Rathaus • Markt 1 • 07318 Saalfeld • www.saalfeld.de

Stadtkirche St. Johannis

Die Stadtkirche St. Johannis wurde vom Ende des 14. Jahrhunderts bis Anfang des 16. Jahrhunderts errichtet. Der Einfluss der Prager Bauhütte des Peter Parler ist spürbar. Der Außenbau des Gotteshauses war geprägt von reichem Figurenschmuck, der nach den

80

Saalfelder Marktplatz mit Renaissance-Rathaus

Kirchenvisitationen von 1576 und 1712 weitreichend beseitigt wurde. Erhalten geblieben ist an der Südwestecke eine Außenkanzel. Das Hauptportal zeigt im Tympanon das Jüngste Gericht. Auf der Südseite der Kirche befindet sich das Brautportal. Eine Rarität ist das Relief der heiligen Kümmernis an der Westfassade. Dieses Relief wurde im 19. Jahrhundert hierher versetzt. Ursprünglich war diese Arbeit an der Gehülfenkapelle der alten Saalebrücke angebracht. Besonders schön ist im Inneren der Kirche die sogenannte Himmelswiese – eine Reihe Pflanzen, die im Gewölbe abgebildet sind, sind botanisch genau bestimmbar. Besondere Beachtung verdienen ebenfalls das Heilige Grab (um 1390) und die lebensgroße Figur Johannes des Täufers, geschaffen vom Saalfelder Bildschnitzer Hans Gottwald von Lohr, eines Schülers Tilmann Riemenschneiders.

Johanneskirche • Kirchplatz 1 • 07318 Saalfeld • Tel. (03671) 455940 • www.johanneskirche-saalfeld.de • Mai–Okt. Mo.–So. 11–16 bzw. 17 Uhr

Stadtmuseum Saalfeld

Das ehemalige Franziskanerkloster ist heute das Saalfelder Stadtmuseum. Das Kloster wurde wahrscheinlich um 1250 gegründet. Die erste urkundliche Erwähnung datiert in das Jahr 1276. Nach der Reformation wurde das Kloster als Lateinschule und städtische Münze genutzt, im 19. Jahrhundert dann schließlich als Lagerhaus und Malzdarre. 1904 wurde in einem Kreuzgang des mittelalterlichen Saalfelder Franziskanerklosters das Städtische Museum eröffnet. Zu DDR-Zeiten nahm der bauliche Zustand trotz der Nutzung durch das Museum bedrohliche Ausmaße an. Zwischen 1990 und 2003 wurde der gesamte Gebäudekomplex saniert, restauriert, letztlich auch die ständige Ausstellung neu eingerichtet. Am 13. März 1999 wurde das Museum die feierlich wiedereröffnet. Für die vollbrachte Leistung erhielt die Stadt Saalfeld 2000 den „Denkmalschutzpreis des Freistaates Thüringen". Im Museum werden die Geschichte, Kunst und Kultur der Stadt Saalfeld in den Mittelpunkt der Ausstellung gerückt. Besucher können nicht nur die Dauer- und Sonderausstellungen, sondern auch Veranstaltungen zum Internationalen Museumstag, das Museumsfest oder den „Klosteradvent" erleben. Dieser Ort hat sich zu einem kulturellen Zentrum der gesamten Region entwickelt. 2008 wurde das Museum dem Qualitätssiegel des „Museumsverbandes Thüringen e. V." ausgezeichnet.

Stadtmuseum Saalefeld im Franziskanerkloster • Münzplatz 5 • 07318 Saalfeld • Tel. (03671) 598471 • www.museumimkloster. de • Di.–So. 10–17 Uhr

Hoher Schwarm

Die Burgruine Hoher Schwarm steht unmittelbar am Steilufer der Saale. Der Hohe Schwarm ist die Ruine eines Wohnturms. Er wurde um 1300 erbaut und war seit der Mitte des 16. Jahrhunderts unbewohnt.

Burgruine Hoher Schwarm • Schwarmgasse • 07318 Saalfeld

Schloss Saalfeld

Das Saalfelder Schloss wurde von 1677 bis 1726 errichtet. Das Gebäude diente bis 1735 als Residenz des Herzogs Johann Ernst von Sachsen-Saalfeld. Zwischen 1919 und 1922 beherbergte das Residenzschloss Behörden. In dieser Zeit wurde die barocke Ausstattung weitgehend beseitigt. Nur im Bereich des Treppenhauses und der Schlosskapelle blieb sie erhalten. Nach einem Brand 1953 wurde 1966 die Restaurierung in Angriff genommen, 1984 folgte die Weihe als Konzertsaal. Die Schloss-

kapelle ist besonders erwähnenswert. 1704 begonnen, wurde sie 1720 fertiggestellt. Bartholomeo und Domenico Lucchese schufen den prächtigen Stuck. Carlo Ludovico Castelli malte das zentrale Deckenfresko mit der Lobpreisung der Dreifaltigkeit durch Kirchenfürsten, Apostel und Propheten.

Saalfelder Schloss • Schlossstraße 24 • 07318 Saalfeld • Tel. (03671) 823150 • www.sa-ru. de

Villa und Park Bergfried

Im Süden Saalfelds befinden sich auf einer Anhöhe oberhalb der ehemaligen „Mauxion Schokoladenfabrik" Villa und Park Bergfried. Zwischen 1922 und 1924 wurde im Auftrag von Dr. Ernst Hüther (dem Inhaber der Schokoladenfabrik) die Villa oberhalb der Fabrik errichtet. Die Baumaterialien orientieren sich an der Umgebung – es wurde vornehmlich Muschelkalk und Schiefer verwendet. Im Erdgeschoss befinden sich die Repräsentationsräume, in den oberen Etagen waren die Privaträume untergebracht. Unter dem Dach gab es ein Kino, eine Theaterbühne und einen Saal mit Turngeräten. Der Keller beherbergte ein Schwimmbad, eine Sauna und einen Massageraum. Auf dem ca. 18 Hektar großen Gelände wurden in direkter Verbindung mit dem Hauptgebäude die Wirtschaftgebäude errichtet. Beeindruckend sind noch immer der Innenhof der unregelmäßigen Dreiflügelanlage sowie die Parkanlage mit Lindenallee, Tennisplatz und ehemaligem Golfplatz. Die Parkanlage wurde von Ludwig Späth aus Berlin angelegt. Der sogenannte Ja-

Prächtiges Farbenspiel in den Saalfelder Feengrotten

pangarten des Bergfrieds wurde 2001 umfassend rekonstruiert. Heute werden in Villa und Park Konzerte und andere Veranstaltungen durchgeführt; auch Privatpersonen können sich hier für Feste einmieten. Eine Besonderheit sei hervorgehoben – das Carillon im Glockenturm der Villa. Nur noch wenige dieser Instrumente sind aus den zwanziger Jahren des 20. Jahrhunderts erhalten. In Saalfeld sind nach der Restaurierung Carillon-Konzerte zu einer wunderbaren Tradition geworden. Besonders die vorweihnachtlichen Konzerte werden gern besucht. Der Zugang zum Bergfried befindet sich am Tiefen Weg.

Villa und Park Bergfried • Bergfried 1 • 07318 Saalfeld • Tel. (03671) 598271 • www.saalfeld.de

Saalfelder Feengrotten

Die Saalfelder Feengrotten sind eine weit über die lokalen Grenzen hinaus bekannte Sehenswürdigkeit am südwestlichen Stadtrand von Saalfeld. Diese Höhlen sind ein ehemaliges Alaunschiefer-Bergwerk. Tropfsteine, vielfarbige Mineralien und die nachträgliche Anlage von kleinen Wasserbecken in der Grotte sind Bestandteile eines besonders einprägsamen Naturschauspiels. Im „Guinness-Buch der Rekorde" sind sie als „die farbenreichsten Schaugrotten der Welt" vermerkt. Entdeckt wurden die Feengrotten 1910 in einem alten Bergwerksstollen. 1914 wurden sie öffentlich zugänglich gemacht. Das Grottoneum ist ein multimediales Museum und ergänzt den Besuch der Feengrotten. Im Grottoneum erfährt der Besuch Wissenswertes z. B. über das Alaunschiefer-Bergwerk „Jeremias Glück", den mittelalterlichen Bergbau und die Entstehung der Feengrotten.

Erlebnisbergwerk Saalfelder Feengrotten • Feengrottenweg 2 • 07318 Saalfeld • Tel. (03671) 55040 • www.feengrotten.de • Nov.–April 10.30–15.30 Uhr, Mai–Okt. 9.30–17 Uhr

OBERE SAALE UND THÜRINGER SCHIEFERGEBIRGE

Zwischen den Wäldern des Rennsteigs und den Burgen an der Saale liegt das Thüringer Schiefergebirge. In der abwechslungsreichen Landschaft mit welligen Hochflächen, bewaldeten Bergen und tief eingeschnittenen Bachtälern finden sich historisch gewachsene Ortschaften mit ihren typischen schiefergedeckten, blaugrau schimmernden Häusern. Erholung in der Natur findet man u. a. bei Wanderungen rund um die Plothener Teiche und am „Thüringer Meer" genannten Hohenwarte-Stausee. Aber auch einige kulturhistorische Sehenswürdigkeiten sind hier zu entdecken, so etwa ein Altar von Lucas Cranach d. Ä. in Neustadt an der Orla, ein in Thüringen einmaliges Rundschloss in Triptis und das größte von einem Bauhausmeister entworfene Hotel Europas in Probstzella.

Reiseinformation
Naturpark Thüringer Schiefergebirge/Obere Saale • Wurzbacher Straße 16 • 07338 Leutenberg • Tel.: (036734) 23090 • www.thueringer-schiefergebirge-obere-saale.de

20 Ebersdorf

Gewisse Bedeutung erlangte Ebersdorf als Residenz „stadt" des Fürstentums Reuß-Ebersdorf. Diese reußische Linie hatte von 1678 bis 1848 Bestand. 1722 heiratete Reichsgraf Nikolaus Ludwig von Zinzendorf Erdmuthe Dorothea von Reuß-Ebersdorf. Von Zinzendorf war pietistischer Theologe und Gründer der „Herrnhuter Brüdergemeine". Durch die Ehe Zinzendorfs mit Erdmuthe Dorothea von Reuß-Ebersdorf kamen bald Herrnhuter Brüder und Schwestern nach Thüringen. 1746 wurde für die Unität ein Kirchensaal in der kleinen Residenz geweiht. Dadurch entstand eine kleine Kirchgemeinde.

Die **Herrnhuter Kolonie** ist eine denkmalgeschützte Anlage – sie zeigt noch heute den typischen Aufbau einer Herrnhuter Siedlung: der zentrale Platz und rundherum das Kirchgebäude, das Brüder- und Schwesternhaus, das Witwenhaus sowie der ehemalige Gasthof und diverse Wohnhäuser. Im Großen Brüderhaus – Ende des 18. Jahrhunderts als Textilfabrik erbaut – wurde 2008 das Ausstellungs- und Begegnungszentrum Johann Amos Comenius errichtet. Dort werden regelmäßig Konzerte, Vorträge und Lesungen veranstaltet. Außerdem kann sich der interessierte Besucher in der ständigen Ausstellung über die Geschichte von Ebersdorf, die Brüdergemeine, das Fürstenhaus Reuß und den Durchzug der Napoeleonischen Armee 1806 informieren. Die wohl berühmtesten „Besucher" von Ebersdorf waren Napoleon Bonaparte, der im Oktober 1806 im Ebersdorfer Schloss übernachtete, und die Tänzerin Lola Montez, Geliebte des bayrischen Königs Ludwigs I., die hier 1843 zu Gast war, jedoch auf Grund ihres skandalträchtigen Lebenswandels bald aus dem Ländchen Reuß-Ebersdorf ausgewiesen wurde. Zu dieser Ausweisung soll es gekommen sein, weil Prinz Heinrich LXXII. die Tänzerin wegen ihres respektlosen Benehmens öffentlich zurechtwies. Sie antwortete wohl auf seine harschen Worte mit: „Und ich bin die Mätresse!" – was mit dem Rauswurf endete.

Der **Schlosspark** wurde zu Beginn des 18. Jahrhunderts angelegt, jedoch im 19. Jahrhundert grundlegend verändert. Es entstand ein Landschaftsgarten nach englischem Vorbild. Als solcher ist der Schlosspark auch heute noch zu erleben – Einzelpflanzungen von Bäumen aber auch Baumgruppen gestalten den über fünfzig Hektar großen Ebersdorfer Park abwechslungs- und kontrastreich. Besonders erwähnenswert ist die Grabanlage der Fürstenfamilie Reuß – sie wurde nach einem Entwurf von Ernst Barlach im Auftrag von Heinrich XLV. gefertigt. Eine weitere Spur des künstlerischen Schaffens des norddeutschen Künstlers in Thüringen. Ein wenig außerhalb von Ebersdorf befindet sich der **Gottesacker** der Ebersdorfer Brüdergemeine. Den Gottesacker gibt es seit 1740. Seit Einrichtung dieses Friedhofes ist kein Grab eingeebnet worden. Im Unterschied zu anderen Friedhöfen gibt es auf dem Ebersdorfer Gottesacker nur liegende flache Grabsteine mit einfachen Inschriften (Name, Geburtsdatum und -ort, Sterbedatum und ein kurzer Bibelvers), Ehe- oder Familiengräber fehlen. Die Gräber werden fortlaufend belegt. Aufgrund der missionarischen Tätigkeit der Brüdergemeine sind in Ebersdorf Menschen aus fast allen Teilen der Erde begraben.

Ausstellungs- und Begegnungszentrum „Johann Amos Comenius" • Lobensteiner Straße 11 • 07929 Saalburg-Ebersdorf • Tel. (036651) 30454 • So./Feiertage 14–18 Uhr

Ebersdorfer Park • Parkstraße 1 • 07929 Saalburg-Ebersdorf • Tel. (036651) 38114 • www. saalburg-ebersdorf.de

Gottesacker • Pohligweg • 07929 Saalburg-Ebersdorf

21 Saalburg

AKTIV-TIPP Saalburg ist ein hervorragender Ausgangspunkt für Wanderungen in die Umgebung. Von hier aus kann man sich die schönsten Abschnitte des Ufers der Bleilochtalsperre erschließen. Wanderungen mit ausgebildeten Naturführern werden nicht nur in Saalburg, sondern auch im Raum Zoppoten, Bad Lobenstein, Blankenstein, Harra u. a. angeboten. Nähere Informationen dazu gibt es bei den Naturführern des Naturparks „Thüringer Schiefergebirge/Obere Saale". Wer vom Wasser aus die Uferlandschaft genießen möchte, der sollte mit der Weißen Flotte eine kleine Rundreise auf der Bleilochtalsperre unternehmen. Die Bleilochtalsperre ist benannt nach den Bleilöchern (Bleiabbaugebiete), die sich vor der Anstauung dort befanden. Sie ist Teil der fast 80 Kilometer langen Saalekaskade.

Zwischen 1926 und 1932 wurde die Talsperre errichtet; die 65 Meter hohe und 205 Meter lange Staumauer staut 215 Millionen Kubikmeter Wasser. Damit ist sie der vom Fassungsvolumen her größte Stausee Deutschlands.

22 Ruine der Wysburg

Die Wysburg war eine Raubritterburg. Die (wahrscheinlich) im 11. Jahrhundert erbaute Burg ist in Vor- und Hauptburg unterteilt. Eine historische Quelle aus dem 14. Jahrhundert berichtet, dass Raubritter – „raptores" – die Umgebung mit ihren fortwährenden Überfällen verunsicherten. Wahrscheinlich um 1325/1330 hatten die Raubzüge ein Ende. Die Burg wurde mit einer Blide (Steinschleuder) beschossen und nach der erfolgreichen Belagerung geschleift. Während verschiedener Ausgrabungen fand man die Wurfgeschosse. Sie wogen bis zu 81 Kilogramm. Bis heute werden allerdings die sagenhaften Schätze der Raubritter vermisst – neben allerlei Geschmeide auch ein Kegelspiel aus acht goldenen Kugeln und neun silbernen Kegeln. Diese sollen sie in den Burgbrunnen geworfen haben. Dieser existiert zwar nicht, dafür aber ein beeindruckendes Zisternensystem, das etwa 350.000 Liter Wasser speichern konnte. Die Ausgräber fanden in der Vorburg diverse Wirtschaftsgebäude und einen Backofen, außerdem Außenmauern, die Überreste des Bergfrieds, des Palas, des Wohnturms, einer Wall-Graben- und einer Toranlage. In Resten des ausgebrannten Wohnturmes fand man im Übrigen verkohlte Äpfel – woraus die Wissenschaft schließt, dass die Belagerung im Herbst stattgefunden haben muss, nach der Einlagerung der Äpfel. In Weisbach ist in einem kleinen Museum viel über die Burg und die während der Grabungen geborgenen Funde zu erfahren. Knochenwürfel, Spielsteine, kleine Figuren, aber auch Waffenreste illustrieren das Leben auf der Burg. Nach Voranmeldung macht die Gemeinde Remptendorf Führungen im Burggelände möglich.

Burgruine Wysburg bei Weisbach OT 07368 Remptendorf • www.wysburg.de • Gemeinde Remptendorf • Bahnhofsstraße 24 • 07368 Remptendorf • Tel. (036640) 4490

23 Burgk

Der Ort Burgk besteht nur aus einer Handvoll Häuser. Das Schloss Burgk scheint von seiner Größe her nicht recht dazuzupassen. Die erste urkundliche Erwähnung der Burganlage als „veste borg" stammt aus dem Jahre 1365. In diesem Jahr verpfändeten die Vögte von Gera Schloss Burgk an den Deutschen Orden. Kurze Zeit später erfolgte der Abbruch und anschließende Neubau der Anlage in Burgk. Der Vorgängerbau war altmodisch geworden und entsprach nicht mehr den Erfordernissen der Zeit: Feuerwaffen hatten sich etabliert, damit kam es zu grundlegenden Veränderungen im Festungsbau. Um 1600 erhielt die Burg schließlich ihr heutiges Aussehen. Im 17. Jahrhundert wandelte sich die Burg zum Schloss – schließlich war mit Heinrich II. Reuß ä. L. die erste selbständige Herrschaft in Burgk entstanden. So wurde 1624/1625 die Kapelle umgestaltet –

Schloss Burgk beherbergt unter anderem eine Silbermann-Orgel

eine frühbarocke Kanzel wurde eingebaut, die sogenannte Fürstenempore mit den biblischen Szenen errichtet und der Nymphenreigen auf der Empore gestaltet. Ende des 17. Jahrhunderts wurde aus Burgk wieder eine Nebenresidenz, genutzt während diverser Sommeraufenthalte und zur Jagd. Eine kurze Blüte erlebte Burgk im 18. Jahrhundert – während dieser Zeit erhielt die Schlosskapelle die Ostern 1743 geweihte Silbermann-Orgel, die Weißen Zimmer wurden eingerichtet, der Kleine Saal mit Wandgemälden ausgestattet und nicht zuletzt der Park angelegt und das Sophienhaus gebaut. Seit 1952 befindet sich im Schloss ein Museum. Neben den Räumen und ihrer Ausstattung erwarten den Besucher die Ex-Libris-Sammlung – mit ihren 75.000 Blättern eine der größten in Europa –, eine bemerkenswerte Sammlung von Künstlerbüchern sowie ein Bestand von originalgraphischen Zeitschriften aus der DDR, die abseits des staatlich geführten Kulturbetriebs in Kleinstverlagen entstanden. Wer Schloss Burgk im Sommer besucht, sollte unbedingt die einmalige Atmosphäre der Orgel-, Serenaden- und Kammerkonzerte erleben.

Museum Schloss Burgk • Ortsstraße 17 • 07907 Burgk/Saale • Tel. (03663) 400119 • www.schloss-burgk.de • April–Okt. Di.–So. 10–18 Uhr, Nov.–März. Di.–So. 11–16 Uhr

24 Ziegenrück

Das Städtchen liegt am Nordrand des Thüringer Schiefergebirges im Saale- und im Plothental. Seit 1999 ist Ziegenrück staatlich anerkannter Erholungsort – wer Ruhe sucht, wird sie hier zwischen den bewaldeten Hängen finden. Technikbegeisterte sollten sich das Wasserkraftmuseum anschauen. Der Besucher erfährt alles Wichtige über die Geologie der oberen Saale, findet eine sehr anschauliche Darstellung der Saalekaskade, ein historisches Laufwasserkraftwerk (Baujahr 1900) und eine beeindruckende Turbinenkammer mit Besichtigungszugang.

Vattenfall Wasserkraftmuseum Ziegenrück • Lobensteiner Straße 6 • 07924 Ziegenrück • Tel. (036483) 7606 • Nov.–April Di.–Fr. 10–16 Uhr, Sa./So. 13–16 Uhr, Mai–Okt. Di.–So. 10–17 Uhr

25 Plothen

Das Gebiet um Plothen, „Land der tausend Seen" genannt, gehört zum „Naturpark Thüringer Schiefergebirge/ Obere Saale". Natürlich sind es nicht tausend, aber doch mehrere hundert Teiche, die sich hier im nördlichen Teil des Saale-Orla-Kreises finden. Sie werden Himmelsteiche genannt, weil sie allein durch Regenwasser gespeist werden. Der größte Teich ist mit etwa 28 Hektar der Hausteich. Ursprünglich waren die Teiche für eine intensive Bewirtschaftung entstanden, denn es musste der große Bedarf an Fisch wegen der zahlreichen Fastentage gedeckt werden. Heute steht der Erhalt des biologischen Ökosystems im Vordergrund. Während der Zeit des Vogelzugs Ende Oktober erlebt man unvergessliche Momente – das sogenannte Starenwunder sollten auch „Stadtkinder" einmal erlebt haben: Tausende Stare und andere Zug-

Das „Land der tausend Seen" eignet sich hervorragend zum Wandern

vögel finden sich zu dieser Zeit an den Teichen ein. Das Plothener Teichgebiet ist hervorragend für Wanderungen – ob zu Fuß oder mit dem Rad – geeignet.

www.thueringer-schiefergebirge-obere-saale.de

26 Knau

Im 16. Jahrhundert nutzte Esaia von Brandenstein aufgelassene kirchliche Güter, um ein Renaissance-Schloss zu errichten. Mehrere Besitzerwechsel brachten dem Rittergut verschiedene An-, Aus- und Umbauten – bis schließlich Thüringens größtes Rittergut mit einer Wirtschaftsfläche von über tausend Hektar entstanden war. Mit der Bodenreform wurde der Gutsbesitz aufgeteilt und in den 1950er Jahren eine Forschungsstelle für Tierhaltung eingerichtet. Nach dessen Schließung wurde das Rittergut Knau von der LPG ge-

nutzt. 1998 erwarb die Gemeinde Knau das Denkmalensemble und ist seitdem gemeinsam mit dem Förderkreis „Rittergut Knau e.V." bemüht, die Gebäude zu sichern, zu restaurieren und mit neuem Leben zu erfüllen. „Altes bewahren, damit Neues entsteht – neues Leben in alten Mauern" so lautet das gemeinsame Motto. Höhepunkte im neuen Leben des Schlosses sind die Schlossfeste, Konzerte und Lesungen genauso wie die Veranstaltungen zu den Denkmaltagen, an denen Besucher die Gelegenheit haben, die historischen Räume zu entdecken.

Rittergut Knau • Am Park 9 • 07389 Knau • www.rittergut-knau.de

27 Triptis

Als in der zweiten Hälfte des 19. Jahrhunderts mit der Gründung von Bahnlinien in Triptis ein Eisenbahnknotenpunkt entstand, entwickelte sich ein wirtschaftlicher Aufschwung für das Ackerbürgerstädtchen.

Eine architektonische Besonderheit ist das Rundschloss und **Rittergut Oberpöllnitz** im gleichnamigen Ortsteil. Das Rittergut wurde in der Mitte des 14. Jahrhunderts erstmalig urkundlich erwähnt. Im 16. Jahrhundert wurde es zu einem Renaissance-Schloss umgebaut. Im Laufe der Jahrhunderte wechselten die Besitzer oft. Nach dem Zweiten Weltkrieg setzte der stetige Verfall ein, bis es 1977 sogar gesprengt werden sollte. Die Zerstörung dieses für Thüringen einmaligen Baus konnte verhindert werden. In den neunziger Jahren wurden umfangreiche Mittel der „Deutschen Stiftung Denkmalschutz" für Bestandssicherungs- und Sanierungsmaßnahmen im Dachbereich, der Mauern und Innendecken eingesetzt. 2004 fand sich ein neuer Eigentümer, der den gesamten Bau wieder instand setzt. Ein Nutzungskonzept wird noch erarbeitet. In Triptis steht das **Alfred-Ehrhardt-Haus**. Diese Einrichtung gründet sich auf bürgerlichem Engagement. Das Erdgeschoss ist dem Lebenswerk des vielseitigen Künstlers Alfred Erhardt gewidmet. Erhardt war Organist, Chorleiter, Komponist, Maler, Kunstpädagoge, Fotograf und Filmschaffender. In jungen Jahren studierte und lehrte er am Dessauer Bauhaus. Sichtbar beeinflusst wurde Erhardt von Josef Albers, Oskar Schlemmer und Wassily Kandinsky. Im gesamten Œuvre von Alfred Erhardt spürt der Betrachter die Grundelemente der Bauhaus-Ausbildung wie das Naturstudium, die Auseinandersetzung mit der Materialbeschaffenheit, Raum-, Farb- und Kompositionslehre.

Rundschloss Rittergut Oberpöllnitz • 07819 Triptis • Siedlerstraße

Alfred-Ehrhardt-Haus • Strobelplatz 2 • 07819 Triptis • www.alfred-ehrhardt-stiftung.de • So. 14–17 Uhr

28 Neustadt an der Orla

1287 wurde die Stadt als „nova civitas" erstmalig urkundlich erwähnt. Das Zentrum der Stadt ist der recht große Markt. Hier entstand im Jahre 1465 das spätgotische **Rathaus**. Es wurde aus zwei unterschiedlichen Gebäudeteilen zusammengefasst. Der westliche Teil trägt eine Inschriftentafel mit der Jahreszahl 1465. Die ehemalige Ratswaage stammt aus dem Jahr 1597, der Erker der Südseite aus dem Jahre 1610. Der östliche Gebäudeteil hat einen Stufengiebel mit Blendmaßwerk und trägt reichen bauplastischen Schmuck. Ein Portal zum Marktplatz – der Eingang zur ehemaligen Trinkstube – ist im Gewände mit gotischen Sitznischen und Tierplastiken ausgestattet. Direkt darüber befinden sich die Fenster des Rathaussaales und der über alle Obergeschosse verlaufende Erker. Rechts neben dem Erker befindet sich der Eingang. Am Markt befinden sich eine Reihe schöner Bürgerhäuser mit Sitznischen- und spätgotischen Portalen.

Das schönste Bürgerhaus am Markt ist das **Lutherhaus** an der Ostseite des Marktplatzes – das steile Dach und der sehenswerte Erker fallen sofort ins Auge. In diesem Haus soll Martin Luther

Die Stadtpfarrkirche St. Johannes beherbergt einen Altar von Lucas Cranach d. Ä.

gewohnt haben. Die *Fleischbänke* sind ehemalige Verkaufsstände der Fleischer, die 1475 eingerichtet wurden. Ursprünglich sind es achtzehn Verkaufslauben gewesen, von denen aber nur noch neun intakt sind. Die *Fleischbänke* wurden errichtet, um zu gewährleisten, dass die Fleischpreise stabil blieben und die Fleischqualität und die Hygienebestimmungen eingehalten wurden. Die **Stadtpfarrkirche St. Johannes** wurde ursprünglich im späten 13. Jahrhundert als Kapelle gestiftet. Nach ihrer Erhebung zur Pfarrkirche begannen umfangreiche Bauarbeiten, die zunächst 1503 abgeschlossen waren. Im Laufe der nächsten Jahrhunderte wur-

de der Bau immer wieder verändert, bis schließlich in den Jahren 1893/94 eine groß angelegte Regotisierung stattfand. Der Chor weist wie die Kirchen in Jena und Kahla eine Besonderheit auf – unter dem Chorschluss befindet sich ein (heute verschlossener) Durchgang. Der Außenbau der Neustädter Kirche ist recht schlicht. Im Inneren erwartet den Besucher ein echter kunsthistorischer Höhepunkt: der Hauptaltar von Lucas Cranach d. Ä. Der Altar wurde 1510 auf der Leipziger Messe bestellt und zwei Jahre später geliefert. Natürlich steht in der Mitte dieses Altars Johannes der Täufer, ist ihm doch die Stadtkirche geweiht. Begleitet wird er von den Heili-

91

gen Simon und Thaddäus. Die drei Figuren sind plastisch ausgearbeitet, im Gegensatz zu den Tafeln der Flügel. Auf ihren Innenseiten sind links die Taufe Christi und rechts die Enthauptung Johannes des Täufers. Beide Szenen sind nach Holzschnitten Albrecht Dürers gearbeitet. Auf den Außenseiten des Altarflügels ist der Abschied Jesu Christi von Maria dargestellt. Das Besondere dieses Altars sind die vollplastisch ausgearbeiteten „Schreinwächter" – der heilige Georg und der heilige Florian. 1524 weilte Martin Luther in Neustadt und predigte in der Stadtkirche.

Am Kirchplatz befindet sich in einer ehemaligen Buchdruckerei das **Museum für Stadtgeschichte** – dort wurden von 1709 bis 1958 viele Bücher hergestellt. Im Hinterhaus wurde nach der Sanierung von 1995 bis 1997 das Stadtarchiv untergebracht. 13 Räume stellen dem Besucher die Stadtgeschichte vor – Schwerpunkte sind die Buchdruckerei, die Karussellproduktion von 1870 bis 1915 und das Gerberhandwerk. Ein weiterer Ausstellungsschwerpunkt sind Neustädter Künstler wie Heinrich Kiefer, Karl und Dorothea Herrmann, Gertrud Parusel und Heinrich Rudolf Ulbricht, die sich in der Künstlergruppe „Die Arnshaugker" gefunden hatten. Heinrich Kiefers Werke befinden sich übrigens auch in der Sammlungen der Burg Ranis, in der Kunstsammlung Gera und in der Staatlichen Bücher- und Kupferstichsammlung Greiz. Stolz ist man in Neustadt an der Orla auf die Sammlung sächsisch-thüringischer Landkarten und Ortsansichten aus dem 16. bis 19. Jahrhundert. Interessant nicht nur für Sammler ist der Ausstellungsteil, der sich den Zinngießern des 18. und 19. Jahrhunderts widmet.

Rathaus • Markt 1 • 07806 Neustadt (Orla) • Tel. (036481) 85101 • Mo./Do. 9–12/13–17 Uhr, Di. 9–12/13–18 Uhr, Fr. 9–12/13–15 Uhr, Mi. geschlossen, Mai–Sept. Sa. 9–12 Uhr

Stadtkirche St. Johannes • Kirchplatz 1 • 07806 Neustadt (Orla) • Tel. (036481) 51913 • Mo. 9–12 Uhr, Di. 9–12/14–16 Uhr, Do. 9–12 Uhr

Stadtmuseum • Kirchplatz 7 • 07806 Neustadt/Orla • Tel. (036481) 85125 • Di./Do. 14–17 Uhr, Fr. (Mai–Sept. 10–12/14–17 Uhr), Sa. 10–12/14–17 Uhr, So. 10–12/14–17 Uhr

29 Renthendorf

Hier befindet sich die Brehm-Gedenkstätte. Dieses Museum ist dem Leben und Wirken des „Vogelpastors" Christian Ludwig Brehm und des „Tiervaters" Alfred Edmund Brehm gewidmet. In der Ausstellung wird die Entwicklung der Ornithologie im 19. Jahrhundert nachgezeichnet und die Erfolgsgeschichte von „Brehms Tierleben" erzählt.

Brehm-Gedenkstätte Renthendorf • Dorfstraße 22 • 07646 Renthendorf • www.brehms-tierleben.de • Die aktuellen Öffnungszeiten sind auf der Internetpräsenz des Vereins einsehbar.

30 Pößneck

Wer zum Pößnecker Rathaus möchte, der muss sich wohl oder übel die zehn Prozent Steigung des Marktplatzes hinaufkämpfen. Aber es lohnt sich – das Pößnecker Rathaus ist eines der schöns-

Das spätgotische Rathaus in Pößneck mit überdachter Freitreppe im Stil der Früh-Renaissance

ten spätgotischen Rathäuser, die Thüringen zu bieten hat. Errichtet wurde es zwischen 1478 und 1499. Die überdachte Freitreppe wurde erst 1531 fertiggestellt. Ende des 19. Jahrhunderts wurde das Innere des Rathauses stark verändert, ähnlich wie die Neustädter Kirche neogotisch überformt. Im Rathaus befindet sich heute auch das Stadtmuseum. Hier wird der Museumsbesucher mit der Stadtgeschichte bekannt gemacht, er erfährt die Hintergründe der Rathausgeschichte, von den Klöstern und Kirchen der Stadt, über Goethe und seine Aufenthalte in Pößneck, die Porzellanfabrik „Conta & Böhme", Pößnecker Künstler und anderes mehr.

Rathaus • Markt 1 • 07381 Pößneck • Tel. (03647) 500-0 • www.poessneck.de • Di. 9–12/13–18 Uhr, Do. 9–12/13–16 Uhr

Stadtmuseum • Markt 1 • 07381 Pößneck • Tel. (03647) 500306 • www.poessneck.de • Mo., Mi., Fr. 9–12 Uhr, Di. 9–12/13–18 Uhr, Do. 9–12/13–16 Uhr

31 Ranis

Schon vor etwa 60.000 Jahren wurde hier gesiedelt. Reiche archäologische Funde wurden in der Ilsenhöhle unterhalb der Burg Ranis entdeckt. 1199 wurde die Burg erstmalig urkundlich erwähnt. Im 13. und 14 Jahrhundert entstand die heute noch in ihrem ursprünglichen Gebäudeensemble fast komplett erhaltene Burganlage mit Hauptburg, Torbefestigungen, Hungerturm, Wehrmauern sowie Wallgraben und Wirtschaftsgebäuden im Bereich der Vorburg. Burg Ranis wurde auf einem Felssporn und zum Teil auf großen

93

Fast vollständig erhalten und sehenswert ist die Burg Ranis

Substruktionen erbaut. In den Jahren 1956/57 wurde in der Burg ein Museum eingerichtet. In der ständigen Ausstellung finden sich die Themen Regionalgeologie, Seismologie, regionale Ur- und Frühgeschichte, die Burggeschichte und Kunst regionaler Künstler des 19. und 20. Jahrhunderts. Eine grundlegend neue Ausstellungskonzeption wird z.Z. erarbeitet. Außerdem kann der Besucher weitere Bereiche wie den Bergfried, Burgkeller und Hungerturm, die Burgküche und die Ilsenhöhle am Fuß des Burgfelsens besichtigen.

Museum Burg Ranis • 07389 Ranis • Tel. (03647) 505491 • www.stadt-ranis.de • Nov.–März Di.–Fr. 10–16 Uhr, Sa./So. 13–17 Uhr

32 Hohenwarte-Stausee

AKTIV-TIPP Das „Thüringer Meer" entstand durch den Bau der Staumauer zwischen 1936 und 1942. In den Fluten der angestauten Saale versank das Dorf Preßwitz; die 250 Einwohner des Ortes wurden umgesiedelt. Wer auf der 75 Meter hohen Staumauer steht, ist beeindruckt – nicht nur von der Größe des Bauwerks, sondern auch von der dadurch entstandenen Landschaft. Der Hohenwarte-Stausee gehört zur fünfstufigen, nahezu 80 Kilometer langen Saalekaskade. Hier am Stausee kann man die Ufer mit Sportbooten erkunden oder zu den Überresten einer alten Saalebrücke tauchen. Seit 1966 wird hier das „Blaue Band" im Langstreckenschwimmen „ausgeschwommen". Allen Wanderfreunden sei der wunderschöne Rundwanderweg um den Hohenwartestausee empfohlen. Die ganze Runde misst 75 Kilometer und hat einiges an Steigungen zu bieten. Weniger Geübte sollten sich für ein Teilstück entscheiden. Der Weg ist gekennzeichnet durch einen roten Kreis auf weißem Quadrat und kann in vier Teilstrecken abgelaufen werden. Der erste Abschnitt ist etwa 17,5 Kilometer lang und führt den Wanderer von der Staumauer nach Wilhelmsdorf. Der zweite Abschnitt startet in Wilhelmsdorf und endet nach ca. 16 Kilometern in Ziegenrück. Auf diesem zweiten Abschnitt sollte man nach etwa sechs Kilonetern einen Abstecher zum Bockfelsen machen. Von dort hat man einen herrlichen Blick auf die Saale und den gegenüberliegenden Saalberg. Zurück auf dem Rundwanderweg geht es weiter in Richtung „Drachenschwanz". Dieses Kulmschiefermassiv hat der Sage zufolge seinen Namen einem großen Drachen zu verdanken, der hier früher gelebt haben soll. Der dritte Abschnitt führt von Ziegenrück bis Neidenberga und ist 22 Kilometer lang. Auf dieser Strecke führt zwischen dem Hermannsfelsen und der Schleifenbergschutzhütte ein Weg nach Reitzengeschwenda. Wer möchte, kann diesen kleinen Umweg (Hin- und Rückweg etwa drei bis vier Kilometer) laufen und in Reitzengeschwenda das Volkskundemuseum besuchen. In dem nahezu ursprünglich erhaltenen Bauernhaus sind das bäuerliche Leben und die Regionalgeschichte Hauptthemen der Ausstellung. Außerdem wird der Besucher über den Naturpark „Obere Saale" informiert, mineralische und fossile Funde aus Thüringen werden gezeigt. Weiter geht es nach Neidenberga. In Neidenberga beginnt der letzte Abschnitt. Er führt über etwas

mehr als 18 Kilometer wieder zurück zum Parkplatz an der Staumauer.

33 Probstzella

ENTDECKER-TIPP In Probstzella erwartet den Thüringenreisenden eine echte Überraschung – der größte Hotel-, Restaurant- und Veranstaltungsbau eines Bauhausmeisters in Europa, das „Haus des Volkes". Erbaut wurde es von 1925 bis 1927 im Auftrag von Franz Itting als Hotel und Mehrzweckhalle. Beauftragt damit wurden Alfred Arndt und Ernst Gebhardt. Nicht nur das Gebäude, sondern auch die gesamte Innenausstattung stammt von Bauhauskünstlern. Wie so viele andere Gebäude wurde auch das Haus des Volkes nach dem zweiten Weltkrieg für andere Zwecke genutzt. Zu DDR-Zeiten arbeitete hier der Zoll. Seit 1995 steht das „Haus des Volkes" unter Denkmalschutz. Doch als das Gebäude 2003 an Privateigentümer verkauft wurde, schien der Verfall kaum noch aufzuhalten. Mit großem Engagement wurde die Sanierung und Restaurierung durchgeführt. Heute befinden sich hier ein Hotel und ein Restaurant. Der Veranstaltungssaal wird wieder für Theater- und Konzertaufführungen genutzt. Außerdem kann man die zentrale Ausstellung zur Entstehung des „Grünen Bandes Deutschland" erleben.

Bauhaushotel „Haus des Volkes" • Bahnhofstraße 25 • 07330 Probstzella • Tel. (036735) 46057/73850 • Mo.–Fr. ab 15 Uhr, Sa./So. ab 11 Uhr, auf Vorbestellung wird so gut wie alles möglich gemacht.

NORDTHÜRINGEN

In Nordthüringen erwarten den Reisenden wundervolle Landschaften. Der Kyffhäuser lockt mit seiner Sagenwelt, alten Burgen und dem tiefsten Brunnen der Welt. Kleine Residenzstädte beeindrucken mit großen Schlössern und kultureller Vielfalt. Das südliche Vorland des Harzes rund um die Rolandstadt Nordhausen lässt sich z. B. mit der Harzer Schmalspurbahn erkunden. Mit der Doppelkapelle der Burg Lohra hat sich in dieser Gegend ein wahres Kleinod der Romanik bewahrt.

Innerhalb der Thüringer Geschichte nehmen die ehemaligen kurmainzischen Gebiete – also grob umrissen das Eichsfeld und Erfurt – eine gesonderte Stellung ein. Im Eichsfeld hat sich eine reiche katholische Tradition bewahrt – der Interessierte wird im Eichsfeldischen Prozessionswege entdecken und auf Wallfahrtskirchen treffen.

Seltene Pflanzen- und Tierarten gibt es im Nationalpark „Hainich" – dem größten deutschen Laubwald – zu entdecken. Hier befindet man sich im Herzen Deutschlands.

Niedersachsen

Ellrich

Limlingerode

Bischofferode

Großbodungen

247

Worbis

Etzelsbach

Bleicherode

Deuna

Menteroda

Münchenlohra

Größlohra

Heilbad
Heiligenstadt

Leinefelde-

Dingelstädt

Effelder

Geismar
Hülfensberg

Asbach-Sickenberg

indewerra

Mühlhausen/
Thüringen

Schlotheim

Ebeleben

Westgr

Nordha

Nordh

Heringe

Sc
ha

Bad
Tennstedt

Bad
Langensalza

Herbslebe

Niederdorla

Talsperre
Seebach

249

Hessen

Treffurt

250

7

7

Eisenach

Nationalpark
Hainich

Talsperre
Tüngeda

Sonneborn

Waltershausen

Talsperre
Dachwig

Gotha

A38

A38

80

17

21

18

19

20

13

243

A38

12

14

15

16

4

249

8

84

25

27

247

28

176

26

84

247

E40

A4

84

19

88

7

7

247

7

4

81

4

22

23

24

249

247

SONDERSHAUSEN UND DAS KYFFHÄUSERGEBIET

Das Kyffhäusergebiet und seine ehemaligen Residenzstädte Sondershausen und Bad Frankenhausen bieten Kultur und Geschichte, Erholung und Sport, Bergbautraditionen und Landwirtschaft. Natürlich zieht der Kyffhäuser viele Touristen in die Region – doch man wäre nicht hier gewesen, hätte man nicht zum Beispiel das Barockdorf Bendeleben entdeckt, dem Erlebnisbergwerk „Glück auf!" in Sondershausen einen Besuch abgestattet oder einen der vielen wunderschönen Wanderwege des Kyffhäusers beschritten. Der Charme dieser Gegend, die nicht nur vom Kyffhäuser sondern auch von den Höhenzügen der Hainleite, Windleite, Schmücke und der Hohen Schrecke geprägt wird, lässt sich am besten bei ausgedehnten Wanderungen erleben.

Wer Kunst und Kultur in vollen Zügen genießen möchte, dem sind die Thüringer Schlossfestspiele wärmstens ans Herz gelegt. Ein Besuch in der „Sixtina des Nordens", dem Panoramamuseum in Bad Frankenhausen, ist ein Muss genauso wie ein Abstecher zur Reichsburg Kyffhausen und dem Kaiser-Wilhelm-Denkmal.

Reiseinformation

Sondershausen-Information • Markt 9 • 99706 Sondershausen • Tel. (03632) 788111 • www.sondershausen.de • Okt.–Mai Mo.–Fr. 9–18 Uhr, Sa. 10–12 Uhr, Juni–Sept. Mo.–Fr. 9–18 Uhr, Sa. 10–14 Uhr

1 Sondershausen

Sondershausen wurde erstmalig 1125 urkundlich erwähnt, man geht jedoch davon aus, dass auf dem heutigen Sondershäuser Stadtgebiet schon um 800 Menschen siedelten. 1356 geht Sondershausen durch Erbschaft von den Hohnsteiner an die Schwarzburger Grafen. Diese regierten hier bis zu ihrer Abdankung 1918.

Während des Dreißigjährigen Kriegs wurde Sondershausen schwer durch durchziehende Truppen und die Pest getroffen – mehr als die Hälfte der Sondershäuser fiel Krieg und Krankheit zum Opfer.

Sondershausens Geschichte ist geprägt durch den Kalibergbau, seinen Status als Garnisonsstadt, Verwaltungszentrum des Fürstentums Schwarzburg-Sondershausen, aber auch durch seine Entwicklung zur Musikstadt. Das Loh-Orchester war weit über de Landesgrenzen hinaus berühmt – bedeutende Musiker wie Franz Liszt, Max Bruch oder Max Reger wirkten hier.

Schloss Sondershausen

Über der Berg- und Musikstadt Sondershausen liegt das Schloss. Es präsentiert sich als eine unregelmäßige vierflügelige Schlossanlage – die kunsthistorisch bedeutsamste in Nordthüringen. Der Besucher erlebt hier einen im wahrsten Sinne des Wortes gewachsenen Schlosskomplex. Besonders sehenswert der ab 1695 errichtete **Riesensaal**, dessen Decke sechzehn mächtige antike Götter tragen, die schwere, reich stuckierte Decke, in deren Pla-

fonds Liebes-, Kampf- und Jagdszenen aus den „Metamorphosen" des Ovid gemalt sind. Im Nordflügel beeindrucken die **Schlosskapelle** mit Empore, Kanzel und Fürstenstuhl sowie das 1835 eingerichtete **Liebhabertheater**. Das sogenannte thüringische Bernsteinzimmer ist ein Höhepunkt des Rundgangs. Kalksteinplättchen aus der Region – natürlich alle einzeln von Hand geschliffen und poliert – verleihen dem Steinzimmer eine ganz eigene Aura.

Im **Schlossmuseum** wird die Geschichte des Hauses Schwarzburg präsentiert – besonders erwähnenswert sind die Ahnengalerie und vor allem die Goldene Kutsche. Die französische Prunkkarosse wurde 1710 in Paris gebaut und wahrscheinlich in den 1730er Jahren für das kleine Fürstentum Schwarzburg-Sondershausen gekauft. Vergleichbare Kutschen sind nur noch in St. Petersburg, Stockholm und Lissabon erhalten. Ein besonderer Höhepunkt der Ausstellungen ist die musikhistorische Sammlung, die die reiche musikhistorische Tradition der Residenzstadt dokumentiert.

In unmittelbarer Nähe des Schlosses befinden sich das **Achteckhaus**, der **Marstall** und das **Wagenhaus**. Das Achteckhaus wurde zu Beginn des 18. Jahrhunderts für ein Karussell errichtet. Prächtig war die Ausstattung – von zwei Emporen konnte man das Treiben im Zentrum des Hauses beobachten. Lazaro Maria Sanguinetti hat wahrscheinlich das Deckenfresko „Der Triumph der Venus" gemalt. Sanguinetti stammte wohl aus Genua und arbeitete in Böhmen auf

Schloss Wackenbarth, in Lothringen war er „premier peintre" des Herzogs Leopold. Das Fresko in Sonderhausen hatte wie das ganze Gebäude sehr gelitten, so dass es Mitte des 20. Jahrhunderts durch eine Kopie ersetzt wurde. 1999 musste der Fachwerkbau wegen akuter Einsturzgefahr gesperrt werden. Dank der Sanierungs- und Restaurierungsmaßnahmen der „Stiftung Thüringer Schlösser und Gärten" wurde sowohl das Achteckhaus als auch der Marstall vor dem Ruin gerettet. Das Gebäudeensemble wurde nach seiner Restaurierung 2004 zunächst von der 2. Thüringer Landesausstellung „neu entdeckt. Thüringen Land der Residenzen. 1485–1918" genutzt. Nach deren Ende zog hier die Thüringer Landesmusikakademie ein. Musikliebhaber können hier z.B. während der Thüringer Schlossfestspiele Sondershausen Konzerte hoffnungsvoller Nachwuchstalente erleben, denn Sondershausen führt mit Stolz den Beinamen Musikstadt, die Residenzstadt besitzt eine lange Musiktradition. Die bedeutendsten Kapellmeister in Sondershausen waren Max Bruch und Carl Schroeder. Letzterer gründete 1883 das Konservatorium. Die Hofkapelle wurde nach 1918 in Loh-Orchester umbenannt. Heute ist es ein Teil des Theaters Nordhausen/Loh-Orchester Sondershausen und spielt regelmäßig Konzertreihen. Seit 2006 werden mit jungen Sängern die Thüringer Schlossfestspiele Sondershausen aufgeführt – so kamen schon Werke wie „Die Hochzeit des Figaro", „Die Fledermaus" oder auch „Die Zauberflöte" zur Aufführung.

Schloss Sondershausen • Schloss 1 • 99706 Sondershausen • Tel. (03632) 622420 • www.sondershausen.de • Di.–So. 10–17 Uhr, öffentliche Führung Di.–So. 14 Uhr oder nach Voranmeldung

St. Trinitatis
1608 wurde auf den Fundamenten der gotischen Andreaskirche die Trinitatiskirche errichtet. 1620 waren die Bauarbeiten abgeschlossen. Nur ein Jahr später fiel auch die Trinitatiskirche einem verheerenden Stadtbrand zum Opfer. Nach einer notdürftigen Sicherung wurde das Gotteshaus in der zweiten Hälfte des 17. Jahrhunderts wieder aufgebaut. Im nördlichen Seitenschiff befindet sich der sogenannte Fürstenstand. Die dreigeschossige Fürstenloge ist reich ornamentiert – dargestellt sind die Wappen der Grafen von Schwarzburg-Sondershausen, der Grafschaft Barby und des Herzogtums Sachsen-Weimar sowie deren Monogramme und Kronen. Im stilistischen Kontrast dazu steht das fürstliche Mausoleum. Für dessen Errichtung in den Jahren von 1890 bis 1891 wurde die barocke Chorausstattung komplett entfernt und durch eine dem Zeitgeschmack entsprechende historische Ausmalung ersetzt. Die Fenster mit Geburt und Kreuzigung Christi wurden im gleichen Zeitraum in die Kirche eingefügt. Gestiftet wurden sie vom Fürstenpaar. Anfang der 30er Jahre des 20. Jahrhunderts wurden die 40 Jahre zuvor entfernten barocken Palmbaumausstattungen im Altarraum frei nachempfunden, wobei zwei von ehemals

vier Evangelisten und ein Gemälde mit der Grablegung Christi von 1690 Wiederverwendung fanden.

St. Trinitatis · Trinitatisplatz · 99706 Sondershausen · Tel. (03632) 782389 · www.trinitatisgemeinde-sondershausen.de · bei Stadtführung nach Voranmeldung: (03632) 788111

Erlebnisbergwerk „Glück Auf!"

1891 wurden die Schürfrechte erteilt. Im gleichen Jahr wurde die erste Tiefbohrung durchgeführt. Ein Jahr später fand man in mehr als 600 Meter Tiefe Kalisalze. Von da an wurden die Salze in Sondershausen abgebaut. Knapp hundert Jahre später – 1989 – wurde mit mehr als zwei Millionen Tonnen Rohsalzförderung das letzte Jahr mit voller Produktion absolviert. Die Förderanlagen wurden *peu à peu* in ein Erlebnisbergwerk umgewandelt. Salzrutsche, Lokstrecke, Kahnstrecke mit echten Spreewaldkähnen, ein Konzertsaal, Dinosaurierausstellung, eine genormte Kegelbahn und die Dauerausstellung über Heeresmunitionsanstalten in Kalischächten gehören heute zum Erlebnisbergwerk Sondershausen.

Erlebnisbergwerk · Schachtstraße 20 · 99706 Sondershausen · Tel. (03632) 655280 · www.erlebnisbergwerk.com · Fahrten: Di.–Fr. 11/14 Uhr, Sa. 10/14 Uhr, So. 11 Uhr, um Voranmeldung wird gebeten

2 Heldrungen

Bekannt ist Heldrungen für seine Festungsanlage. Deren Geschichte reicht bis in das frühe 13. Jahrhundert zurück. Gegen Ende des Dreißigjährigen Krieges wurde die Anlage von den schwedischen Truppen erobert und erlitt dabei starke Schäden. In der zweiten Hälfte des 17. Jahrhunderts wurden neue Bastionen durch den Baumeister Johann Moritz Richter angelegt. Diese haben

In der Wasserburg Heldrungen befindet sich heute eine Jugendherberge

sich bis heute erhalten und können zu jeder Zeit besichtigt werden. Führungen durch die Innenräume sollten beim Verein „Wasserburg Heldrungen" verabredet werden. Die Wasserburg beherbergt heute ein Café und eine Jugendherberge. Verschiedene Räume der Heldrunger Burg können für Feste und Veranstaltungen gemietet werden. Einer der bedeutendsten Gefangenen im Wasserschloss war Thomas Müntzer. Dieser wurde nach der im Bauernkrieg in der Schlacht bei Bad Frankenhausen im sogenannten Müntzer-Turm gefangen gehalten und gefoltert. Heute erinnert ein Denkmal der Künstler Hans-Hermann Richter und Johann-Peter Hinz an den Bauernführer.

Wasserburg Heldrungen • Schillerstraße 13 • 06577 Heldrungen • Tel. (034673) 91224 o. 91230 • www.wasserburg-heldrungen.de • Außenanlagen Di.–Fr. 9–16.30 Uhr, Sa. 13–16 Uhr, So. 9–12/14–16 Uhr

3 Bilzingsleben

Etwa anderthalb Kilometer südlich des Ortes fand man im ehemaligen Steinbruch „Steinrinne" altsteinzeitliche Reste eines von Jägern genutzten Rastplatzes. Offenbar war dieser Platz regelmäßig und über längere Zeit genutzt worden, so dass er heute zu den bedeutendsten paläolithischen Fundstätten Europas gehört. Durch den Abbau des Travertins im Steinbruch wurde die Bilzingslebener Fundschicht freigelegt. Aus ihr lassen sich detaillierte Rückschlüsse auf die Klimaverhältnisse, die Fauna und Flora der Zeit vor 370.000 Jahren ziehen. 1972 gelang eine archäologische Sensation. Bei Ausgrabungen wurden die ersten Überreste eines Urmenschen entdeckt. Der älteste „Thüringer", *Homo erectus bilzingslebenensis*, war gefunden worden. Mittlerweile sind 28 Schädelreste, ein Teilstück eines Unterkiefers und neun Zähne gesichert worden. Das Informationszentrum bietet seinen Besuchern Literatur und vor allen Dingen eine wunderbare Aussicht auf das Grabungsfeld, auch Getränke werden angeboten.

Ausgrabungsstätte „Steinrinne" Bilzingsleben • 06578 Bilzingsleben • Tel. (036375) 50249 • www.steinrinne-bilzingsleben.com • April–Okt. Di.–So. 10–16 Uhr, Nov.-März auf Anmeldung

4 Bad Frankenhausen

Im **Schloss**, das als Renaissance-Bau in der ersten Hälfte des 16. Jahrhunderts auf Wunsch Graf Günthers von Schwarzburg errichtet wurde, ist heute das Regionalmuseum untergebracht. Zu den Sammlungsschwerpunkten des Museums zählen die Geologie des Kyffhäusergebirges, die Naturkunde z.B. die Ökologie der Eichen-Misch-Wälder im Kyffhäuser und Darstellung verschiedener Biotope sowie die ur- und frühgeschichtliche Besiedlung der Kyffhäuserregion, früheisenzeitliche Salzsiederei, Burgen und Schlösser im Kyffhäuser, Salinenwesen, Bauernkrieg 1525, Geschichte der Perlmuttknopfindustrie und das Kur- und Badewesen von 1800–1997.

Die **Liebfrauenkirche** wird auch Oberkirche genannt. Eine Bauinschrift am Turm in der Nordostecke verkündet das

STADTGESCHICHTE
BAD FRANKENHAUSEN

Auch Bad Frankenhausen besaß eine Solquelle, die zur Förderung von Steinsalz genutzt wurde. In einer Urkunde von 998 werden die Salzquellen schon erwähnt, denn Kaiser Otto III. überlässt dem Kloster Memleben die Salzpfannen. Um diese herum wuchs die mittelalterliche Siedlung. Ab dem frühen 19. Jahrhundert verwendete man die Salzquellen für Heilzwecke. Dr. Wilhelm Gottlieb Manniske eröffnete 1818 das erste Kurhaus in der Stadt. 1927 wurde Frankenhausen offiziell der Titel „Bad" verliehen und elf Jahre später das erste Thüringer Solefreibad eröffnet. Die Bad Frankenhäuser Saline wurde 1949 geschlossen. Doch nicht nur mit Salzgewinnung und Kurbetrieb verdienten die Frankenhäuser ihren Lebensunterhalt. Im frühen 18. Jahrhundert hatten sich Knopfmacher in der Stadt angesiedelt. Auch der Weinbau spielte bis ins 19. Jahrhundert eine Rolle im Frankenhäuser Wirtschaftsleben. Mit dem Befall der Weinstöcke durch die Reblaus war dem Weinbau jedoch ein jähes Ende gesetzt. Doch dem Flieder, der ebenfalls an den Südhängen des Kyffhäuser wuchs, konnte dieser Schädling nichts anhaben. Die Frankenhäuser Stadtväter bestimmten für ihre Stadt kurzerhand den Beinamen „Fliederstadt" und münzten das jährliche Weinfest in ein Fliederfest um. Bis 1945 wurde dieses Volksfest veranstaltet. Erst 1992 wurde diese Festtradition wieder aufgenommen.

Baujahr 1382. Zu Beginn der 60er Jahre des 20. Jahrhunderts war das Dach des Gotteshauses so marode geworden, dass man es kurzerhand abdeckte und von nun an Gottesdienste unter freiem Himmel abhielt. Zumindest sicherte man die Umfassungsmauern der Kirche Ende der 60er Jahre. Doch die Neigung des Kirchturms hat nichts mit desolater Bausubstanz zu tun. Der Untergrund verursacht das allmähliche Abkippen nach Nordosten. Gips und Salz befinden sich im Erdreich unter der Kirche und mit der Zeit werden diese immer weiter ausgelaugt, so dass es zu Verwerfungen kommt. Bis Ende 2007 war der Turm seit Errichtung fast 4,5 Meter aus dem Lot gekommen. Damit ist der Oberkirchturm einer der schiefsten Türme Deutschlands.

Regionalmuseum Bad Frankenhausen • 06567 Bad Frankenhausen • Schloßstraße 13 • Tel. (034671) 62086 • www.bad-franken hausen.de • Mi.–So. 10–17 Uhr

Oberkirche Bad Frankenhausen • Schwedengasse 8 • 06567 Bad Frankenhausen • Tel. (034671) 7171 • www.oberkirchturm.de

5 Kyffhäuser

TOP-TIPP Zum Kyffhäuser gehören jedoch nicht nur seine Natur- und Kulturdenkmäler, sondern auch ein literarisches Denkmal – die „Kyffhäusersage". Nach ihr schläft Kaiser Friedrich I. Barbarossa mit seinen Gefolgsleuten in einer Höhle des Kyffhäuserberges solange, wie die Raben um den Kyffhäuser fliegen und erwacht irgendwann, um das Reich zu neuer Herrlichkeit zu führen.

Wie viele Denkmäler im Deutschland des letzten Viertels des 19. Jahrhunderts entstand das **Kyffhäuser-Denkmal** zu Ehren Kaiser Wilhelms I. Es ist in seiner Größe und Bedeutung vergleich-

Kaiser Barbarossa ruht am Fuße des Kaiser-Wilhelm-Denkmals auf dem Kyffhäuser

bar mit dem Völkerschlachtdenkmal in Leipzig, der Walhalla bei Donaustauf oder dem Hermannsdenkmal im Teutoburger Wald. Das Kaiser-Wilhelm-Denkmal wurde zwischen 1890 und 1896 nach Plänen des Architekten Bruno Schmitz errichtet. Schmitz ist als „Denkmalarchitekt" berühmt geworden. Zu seinem architektonischen Lebenswerk gehören auch das Denkmal am Deutschen Eck in Koblenz, das Kaiser-Wilhelm-Denkmal an der Porta Westfalica und das Völkerschlachtdenkmal in Leipzig. Das Kaiser-Wilhelm-Denkmal im Kyffhäuser lehnt sich in seiner äußeren Gestalt an romanische Architektur an – der Bau auf einem Bergsporn, grob behauene Steine als Synonym für Buckelquadermauerwerk, mächtige Rundbögen sind einige Elemente der Neoromanik. Ruft man sich die Kyffhäusersage ins Gedächtnis, so ergibt sich die Kernaussage des Denkmals – Kaiser Wilhelm I. hat mit der Reichseinigung von 1871 die Sage erfüllt, an Barbarossas Statt das Reich zu neuer Herrlichkeit geführt. Daher wurde Wilhelm I. auch oft „Weißbart auf Rotbarts Thron" genannt. Das Denkmal setzt sich aus mehreren „Bildzonen" zusammen. Die Basis bildet die Barbarossagrotte, an deren hinterer Wand Friedrich I. gen. Barbarossa über sechs Meter hoch in den Sandstein gemeißelt wurde. Der Bildhauer Nikolaus Geiger gestaltete die Figur leicht zusammengesunken, aber so als erwachte der Kaiser gerade. Lange scheint er geschlafen zu haben, denn der Bart reicht ihm fast bis zu den Füßen. In der nächsten Ebene erhebt

sich das elf Meter hohe Reiterstandbild Kaiser Wilhelms I. von Emil Hundrieser. Der als Feldherr dargestellte Hohenzollernkaiser reitet gemessenen Schrittes, zu seinen Füßen befindet sich ein germanischer Krieger und die Allegorie auf die Geschichte (bzw. die Geschichtsschreibung) mit einem Kranz aus Eichenlaub und einem Stift in den Händen – denn was nützen Ruhmestaten, wenn keiner von ihnen erfährt? Hinter dem Reitermonument erhebt sich der 57 Meter hohe Turm. Den im Wortsinn krönenden Abschluss des Denkmalturms bildet die fast sieben Meter hohe Kaiserkrone – 247 Stufen führen zu ihr hinauf. Belohnt werden die Mühen des Aufstiegs mit einer wundervollen Aussicht ins umliegende Land. Bei klarem Wetter bietet sich ein Blick vom Brocken bis zum Thüringer Wald. Auf dem Gelände des Denkmals wurde in den 30er Jahren des 20. Jahrhunderts ein Burgmuseum eingerichtet. Hier erfährt der Besucher alles Wesentliche zur Barbarossasage und zur Reichsburg Kyffhausen. Beeindruckend ist das Modell der Reichsburg. Es ermöglicht, die wahren Dimensionen einer solchen Burganlage zu erfassen. Außerdem werden

Europäischer Burgenbau

Trotz zahlreicher regionaler Unterschiede einigt Europas Burgen ein Grundbestand an unverzichtbaren Bestandteilen. Hierzu gehören z. B. die Außenmauer mit geschützter Toranlage, der Bergfried, der Palas und verschiedene Wirtschaftsgebäude. Auch im Hinblick auf Architektur und Gestaltungselemente lassen sich Parallelen ziehen.

zahlreiche Fundstücke der Ausgrabungen auf dem Burggelände präsentiert. Einen weiteren Schwerpunkt des Museums bildet das Kyffhäuser-Denkmal: seine Entstehung und die ideologische Vereinnahmung in der Weimarer Republik, in der Zeit des Nationalsozialismus und in der DDR.

Wenn man das Kyffhäuser-Denkmal besucht, so sollte man sich unbedingt die Reste der **Reichsburg Kyffhausen** ansehen. Ende des 12. Jahrhunderts (in der Regierungszeit Friedrich I. Barbarossas) wurde diese mächtige Burg fertiggestellt. Barbarossa gehörte zur Familie der Staufer – Herrscher aus diesem Geschlecht prägten die Geschicke der europäischen Geschichte während des 12. und 13. Jahrhunderts entscheidend. Sie regierten weite Teile des christlichen Abendlandes, so dass ein reger Kulturtransfer vonstatten ging und sich die Romanik als erste paneuropäische Stilepoche etablieren konnte. Heute ist die damals 600 Meter in der Länge messende staufische Burganlage zum Teil vom Kyffhäuser-Denkmal überbaut. Es blieb teilweise eine Ringmauer erhalten und das sogenannte Erfurter Tor: ein romanisches Kammertor ohne flankierende Verteidigungsanlagen. Genauso aufsehenerregend ist der 176 Meter tiefe Burgbrunnen – es ist der tiefste Burgbrunnen der Welt! In vielen Jahren wurde er geschaffen, um die Wasserversorgung auf der Reichsburg Kyffhausen abzusichern. Heute spu(c)kt der Brunnengeist für die Besucher. Gleich neben dem Brunnen werden in einem Film und auf Schautafeln Schacht- und Fördertechnologien dargestellt. Eine Kamerafahrt bis auf den Grund des Brunnens verdeutlicht, wie schwer die Arbeit der Bergmänner war. Der Barbarossaturm der **Oberburg** – die Ruine des quadratischen Bergfrieds, ist 17 Meter hoch und besitzt an der Basis etwa drei Meter dicke Mauern – beeindruckt den Besucher auf andere Art. Sein Grundriss misst etwa 10,8 × 10,2 Meter. An der Ostseite befinden sich in mehr als zehn Meter Höhe der Eingang und gleich daneben der Aborterker. An der Bergfriedruine ist das typisch staufische Buckelquaderwerk zu sehen, das Bruno Schmitz zu den nur grob zugehauenen Steinblöcken des Kyffhäuser-Denkmals inspirierte. Die Fundamente, die an den Bergfried anschließen, gehören wahrscheinlich zu einem Palas an der Südseite und einem Küchenbau an der Nordseite des Turms. Es lohnt ein Besuch des Bergfrieds, denn in ihm werden zwei kleine Ausstellungen zur Geschichte des Bergfrieds und zur Tradition der Bodenbilder am Kyffhäuser präsentiert. Die Bodenbilder werden seit 2001 in die Goldene Aue also am Fuße des Kyffhäusergebirges in den Boden gearbeitet. Es waren schon der Raub der Europa oder auch Pegasus oder der größte Liebesbrief der Welt in den Ackerboden gepflügt und gesät. Diese Bodenbilder sind die thüringische Variante der Geoglyphen von Nazca.

Ebenso sollte man die **Unterburg** besuchen. Ihre Ringmauer ist teilweise in Originalhöhe von zehn Metern erhalten. Auch sie besitzt ein romanisches Kammertor. Hat man dieses Tor durchquert, befindet man sich auf dem Areal der Unterburg. Der Rest des Bergfriedes, der Palas und die Kapelle sind baulich in die Ringmauer eingefügt. Ein besonderes Erlebnis haben all diejenigen, die hier ein Konzert oder eine Theaterveranstaltung erleben.

Die **Barbarossahöhle** hat eine Fläche von ca. 13.000 Quadratmetern und ist damit eine der großen für Besucher zugänglichen Höhlen. Die natürlichen Hohlräume faszinieren durch ihre schiere Größe und Schönheit – seltsame, bizarre Formen entdeckt man an Decken und Wänden, unglaublich klare Seen erblickt man im Schein des künstlichen Lichts. Um die Verbindung der Höhlen mit der Barbarossasage ganz „handfest" zu veranschaulichen, wurden im sogenannten Tanzsaal Tisch und Stuhl des Stauferkaisers aufgestellt. Ein Besuch lohnt sich fraglos!

Oberhalb von Bad Frankenhausen liegt das **Panoramamuseum** – von Spöttern auch „Elefantenklo" oder „Silo" getauft. Kunstfreunde nennen es die „Sixtina des Nordens". Weithin ist dieses imposante Gebäude sichtbar und wurde auf historischem Boden errichtet: Hier fand am 15. Mai 1525 die Schlacht bei Frankenhausen statt. In Frankenhausen scharten sich um Thomas Müntzer Stadtbürger, Salzarbeiter und Pfänner, in anderen Gegenden nahmen auch Bergknappen an den Auseinandersetzungen teil. Seit 1524 kämpften die Truppen, ein kriegerischer Höhepunkt ereignete sich in der blutigen Schlacht bei Frankenhausen: Fürsten- und Bauernheer trafen aufeinander – die vereinbarte Waffenruhe wurde von fürstlicher Seite gebrochen, die in Panik flüchtenden Aufständischen gnadenlos niedergemetzelt. Ihr

Im Panoramamuseum beeindruckt das Monumentalgemälde von Werner Tübke

Anführer Thomas Müntzer wurde gefangengenommen und zunächst in Heldrungen festgesetzt. Dort wurde er gefoltert, seine Hinrichtung geschah am 27. Mai in Mühlhausen. Auf diesem Schlachtfeld sollte also eines der musealen Prestigeprojekte der DDR verwirklicht werden.

Die Geschichte dieses Museumsprojektes beginnt 1971. In diesem Jahr verfestigte sich bei der SED-Bezirksleitung Halle die Idee, auf dem Schlachtfeld bei Frankenhausen ein Panorama mit dem Thema „Bauernkrieg" zu errichten. Dieser Gedanke kam nicht von ungefähr, denn 1975 stand das Bauernkriegsjubiläum bevor, das man mit einem solchen Prestigeobjekt gebührend aufwerten wollte. Es wurde ein Expertenteam mit der Konzeption beauftragt und letztlich entstand – vor allem aufgrund des bestechenden Talents des Künstlers Werner Tübke – ein ganz besonderes Werk. Das riesige Gemälde von etwa 1.700 (14 × 123 Meter) Quadratmetern Größe ist ein Simultanbild, geprägt durch Unmengen von Figuren, die Verwendung von ineinander verwobenen Perspektiven. Zur Realisierung des Auftrags bedurfte es weiterer Künstler, die in einer Art Trainingscamp sich die Malweise von Werner Tübke aneigneten. Mit Tübke waren an der Umsetzung die Maler Helmut Felix Heinrichs, Eberhard Lenk, Volker Pohlenz, Andreas Katzy und Matthias Steier beteiligt. Im Herbst 1987 war das riesige Bild fertiggestellt.

Seit der Eröffnung des Panoramamuseums haben Millionen Menschen dieses Monumentalwerk erlebt. Das Museum bietet neben dem Rundbild „Frühbürgerliche Revolution in Deutschland" ein interessantes Sonderausstellungsprogramm – Liebhaber zeitgenössischer Kunst kommen hier auf ihre Kosten. Mittlerweile konnte auch eine respektable Sammlung aufgebaut werden. Der Schwerpunkt liegt auf dem künstlerischen Gesamtwerk von Werner Tübke. Das Museum beherbergt weitere sehenswerte Sammlungen von Künstlern wie Heinz Zander oder Fabius von Gugel. Seit 2010 begrüßen auf dem Museumsvorplatz den Besucher vier Bronzeplastiken der Niederländerin Lotta Blokker. Das Museumsangebot wird ergänzt durch Veranstaltungen wie Konzerte, Lesungen, Theateraufführungen und ein Studiokino mit festem Jahresprogramm.

Kyffhäuser-Denkmal • 99707 Kyffhäuserland OT Steinthaleben • Tel. (034651) 2780 • www.kyffhaeuser-tourismus.de • Nov.–März Mo.–So. 10–17 Uhr, April–Okt. Mo.–So. 9.30–18 Uhr, letzter Einlass 30 Minuten vor Schließung

Panoramamuseum • Am Schlachtberg 9 • 99707 Bad Frankenhausen • Tel. (034671) 6190 • www.panorama-museum.de • Nov.–März Di.–So. 10–17 Uhr, April–Okt. Di.–So. 10–18 Uhr, Juli/Aug. zusätzliche Öffnungzeiten Mo. 13–18 Uhr, öffentliche Führungen zu jeder vollen Stunde

6 Göllingen

Hier befindet sich am Nordrand der Hainleite seit mehr als tausend Jahren das Kloster Göllingen. Schon aus der Ferne erblickt der Reisende den spätromanischen Westturm des ehemali-

Der spätromanische Westturm des ehemaligen Benediktinerklosters Göllingen

gen Benediktinerklosters St. Wigbert. Das Kloster Göllingen wird erstmalig im Jahr 1005/1006 in einer Urkunde erwähnt. Dendrochronologische Untersuchungen verweisen jedoch auf eine Entstehung in das ausgehende 10. Jahrhundert. Göllingen war eine Gründung des Hersfelder Stiftes, und so verwundert es nicht, dass das Tochterkloster dem Schutzheiligen der Stadt und des Stifts Hersfeld – dem Heiligen Wigbert/Wippertus – geweiht wurde, zumal wenn man sich daran erinnert, dass Göllingen am Flusslauf der Wipper liegt. Von der ehemals imposanten Klosteranlage sind heute noch der Westturm, die Krypta, Teile der Hauptapsis und der südlichen Chorwand der Klosterkirche erhalten. Eindrucksvoll ist die farbliche Gestaltung der Krypta – nicht nur durch (nachgewiesen) farbige Fassungen, sondern auch durch die Verwendung unterschiedlich farbigen Gesteins. So sind die Schäfte der Wandsäulen aus rotem Sandstein gearbeitet, während für die freistehenden Säulen heller Kalkstein verwendet wurde. Die Basen der Freisäulen waren wiederum rot bemalt, was mit dem Sandstein der Hufeisenbögen korrespondierte. Im romanischen Estrich der Krypta fand man Achate unterschiedlicher Größe. Der turmähnliche Westchor der Klosterkirche ist von bemerkenswerter künstlerischer Qualität. Die baulichen Reste des Klosters Göllingen lassen sich nur schwer mit den im mitteldeutschen Raum erhalten gebliebenen romanischen Bauten vergleichen. Immer

wieder werden Vergleiche mit niederrheinischer Architektur gezogen. Seit 1995 ist die „Stiftung Thüringer Schlösser und Gärten" Eigentümerin der Anlage und hat viel in die Restaurierung der überkommenen baulichen Reste investiert. Der Verein „Gesellschaft der Freunde der Klosterruine St. Wigbert Göllingen e.V." bemüht sich intensiv, das Gelände mit Leben zu füllen.

Kloster Göllingen • Klosterstraße 1 • 99707 Kyffhäuserland • Tel. (034671) 52689 • www. kloster-goellingen.de • Mo.–So. 10–16 Uhr

7 Barockdorf Bendeleben

Der Bendelebener Schlosspark ist eine gelungene Verbindung formaler Gartenanlagen mit Rondell, Lindenallee, Wasserspiel und Umfassungsmauern und der in der zweiten Hälfte des 18. Jahrhunderts aufkommenden englischen Landschaftsgartengestaltung mit Baumgruppen und Buschwerk, die wie zufällig auf Wiesen arrangiert sind. Auf sieben Teichen blühen Seerosen, und es eröffnen sich Sichtachsen in die Umgebung. Immer wieder setzen Einzelbäume wie Blutbuche, Silberpappel oder Gelbkiefer Akzente. Der Park umfasst heute etwa zwanzig Hektar. Wer in Bendeleben ist, sollte sich auch Zeit nehmen, um nach Gutspark und Orangerie die Kirche St. Pankratius aus dem späten 16. bzw. frühen 17. Jahrhundert anzuschauen. Ähnlich wie der Kirchturm der Oberkirche in Bad Frankenhausen ist auch der Turm von St. Pankratius aus dem Lot geraten, allerdings „nur" 1,13 Meter Richtung Westen. Im Inneren der Kirche befinden sich eine

Grabkapelle für die von Bendeleben und im Süden des Altarraumes eine reich geschmückte Loge. Die Kirche ist nur nach Voranmeldung zu besichtigen.

Schlosspark Bendeleben • Landstraße zwischen Sondershausen und Bad Frankenhausen • 99706 Bendeleben • www.barockes bendeleben.de • Schlosspark kann jederzeit besichtigt werden, Führungen nach Voranmeldung unter Tel. (034671) 66019

8 Ebeleben

Ebeleben besitzt eine der letzten noch nahezu ursprünglich erhaltenen Gartenanlagen. Der heutige Park geht auf das 18. Jahrhundert zurück und orientiert sich an den Prinzipien formaler französischer Gärten des Barock. Die Hauptachse verläuft in Ebeleben zwischen Palmen- und Orangeriehaus und dem oberen Parterre mit seinen drei runden Wasserbecken über das Schmuckparterre, die große Kaskade zum oberen Parterre mit Wasserbecken. Auf das Schloss ausgerichtet ist eine Nebenachse. Hier ist auch die kleine Kaskade zu finden. Dank der enthusiastischen Arbeit des „Fördervereins Schlosspark Ebeleben e. V." wird mit Unterstützung des Thüringischen Landesamtes für Denkmalpflege dem Park wieder zu altem Glanz verholfen. Ein Anfang war bereits durch die Aufnahme der Stadt Ebeleben, seit den 1990er Jahren Eigentümerin des südlichen Parkteils, in das Städtebauförderprogramm gemacht worden.

Schlosspark Ebeleben • Försterplatz • 99713 Ebeleben • Tel. (036020) 7870 • www. schlosspark-ebeleben.de

9 Westgreußen

Von 1974 und 1980 wurden auf dem Bergsporn über dem Tal der Helbe Befestigungsanlagen archäologisch untersucht – die sogenannte Funkenburg. Sie wurde vom 2. Jahrhundert v. Chr. bis zum 1. Jahrhundert n. Chr. bewohnt. Die fünfzig Hütten wurden nach Nordwesten von Gräben und einem Vor- und Hauptwall mit Palisaden geschützt. Das größte Haus maß 14 × 8 Meter. Archäologische Funde deuten auf Zuwanderung von Ostgermanen und Handelsbeziehungen zu Kelten und Römern. Bei einem Besuch der Funkenburg erlebt man ein interessantes Freilichtmuseum – die Rekonstruktion der Befestigungsanlagen, der Vor- und Hauptburg, Türme, Wälle und Palisaden. Im Bereich der Hauptburg entstanden Wohn- und Arbeitshäuser, Speicher, Öfen und Arbeitsgeräte – so kann man eindrucksvoll eisenzeitliche Alltagskultur nacherleben. Fischernetze knüpfen, Bogenschießen, Wollbearbeitung, Backen und Töpfern gehören zum museumspädagogischen Aktivprogramm.

Funkenburg • Rohnstedter Straße. 10 • 99718 Westgreußen • Tel. (03636) 704616 • www.funkenburg-westgreussen.de • Nov.– März Mo.–Fr. 9–17 Uhr, April-Okt. Mo.–Fr. 9–17 Uhr, Sa./So./Feiertage 10–17 Uhr

10 Weißensee

Stadtbildbeherrschend ist die mächtige landgräfliche Burganlage. Die Runneburg ist eine der größten erhaltenen deutschen Burganlagen. Die ovale Ringmauer umschließt ein Burgareal von anderthalb Hektar. Der Besucher betritt das Burggelände vom Marktplatz her durch ein spätromanisches Kammertor. Der Palas, der sich im Süden des Areals befindet, wurde in mehreren Bauphasen zwischen der zweiten Hälfte des 12. und zu Beginn des 13. Jahrhunderts errichtet. Dieser Burgteil wurde im 15. und 16. Jahrhundert baulich verändert, wie z. B. die Rechteckfenster an der Gebäudesüdseite belegen. Trotz der Veränderungen findet man im Palasbau noch viele Kapitelle, die in ihrer Ausformung den Palmettenkapitellen der Wartburg nahe stehen. Andere Kapitelle – wie Knollenblatt-, kleines und üppiges Rankenblattkapitell – erinnern in ihrer Machart an Arbeiten einer rheinländisch geprägten Werkstatt, die auch im Naumburger Dom tätig war. Die farbigen und polierten Säulenschäfte, die sich im Palas erhalten haben, heben die Bedeutung der Runneburg hervor. Die Verwendung solcher „Dekorationssteine" findet man in landgräflichen Burgen, was ein Hinweis auf die außergewöhnliche Stellung der Burg ist. Äußerst selten ist die in der Runneburg nachgewiesene Steinofen-Luftheizung. Bei Grabungen wurden 1989 in einem wiederentdeckten Brunnen viele mittelalterliche Funde zutage gefördert – Lederarbeiten, gedrechseltes Geschirr und Brakteaten (silberne Hohlpfennige). Seit 1996 befindet sich die Runneburg im Besitz der „Stiftung Thüringer Schlösser und Gärten", die sich seither bemüht, die Gebäude ihrer Bedeutung gemäß wieder instandzusetzen. Eine große Aufgabe, da die Burg nach dem zweiten Weltkrieg mehr oder minder dem Verfall preisgegeben war. Auf dem Burggelände befinden sich noch ein aus dem frühen 18. Jahrhundert stammendes Wagenhaus und das ehemalige preußische Kreishaus aus gelbem Backstein aus dem späten 19. Jahrhundert.

Von der Runneburg führt der Weg direkt zum Marktplatz mit dem historischen Rathaus sowie der St.-Peter-und-Paul-Kirche. Südlich der Runneburg in der Nähe des Alten Marktes befindet sich die Nikolaikirche. Das historische Rathaus ist ein mehrteiliger Komplex, dessen ältester Bauteil wohl um 1200 entstanden sein dürfte. Es ist eines der ältesten deutschen Rathäuser und das älteste im Freistaat Thüringen. Am Baukörper ablesbar sind noch heute die verschiedenen Bauphasen – von der Spätromanik bis zur Spätrenaissance finden sich Stilelemente.

Burg Weißensee/Runneburg • Runneburg 1 • 99631 Weißensee • Tel. (036374) 36200 • www.thueringerschloesser.de • Führungen: April–Okt. Di.–Fr. nach Anmeldung, Sa./So. 11–16 Uhr stündlich

11 Beichlingen

Die genaue Baugeschichte des Schlosses ist – trotz vieler Bauinschriften – nicht bis ins Letzte geklärt. Im 19. und 20. Jahrhundert wurde die Anlage behutsam restauriert. Das Schloss-Ensemble wurde nach der Enteignung der Grafen von Werthern durch Bildungseinrichtungen genutzt. Zunächst wurden hier nach dem Zweiten Weltkrieg sogenannte Neulehrer ausgebildet, dann folgten Kindergärtnerinnen, bis schließlich ab 1961 die Fach- bzw. Ingenieurschule für Veterinärmedizin eingerichtet wurde. Für die Ingenieurschule wurden im westlichen Bereich des Schlossareals Neubauten errichtet. Der Besucher betritt durch das „Kalte Tor" des Lehnshauses das Schlossareal – und sieht sich zunächst einmal den Bauten des 20. Jahrhunderts für die Ingenieurschule gegenüber. Die sehenswerten historischen Schlossgebäude befinden sich östlich des Lehnshauses: Im Hohen Haus ist in jedem Obergeschoss der südöstliche Raum prächtig gestaltet. Türrahmungen und Deckengestaltung sind durch Malereien bzw. Blauplastik hervorgehoben. Im zweiten Obergeschoss begegnet der Besucher Hermenportalen, Deckenfriesen und aufwendigen Stuckierungen – Bildnis-

medaillons, biblische und Jagdszenen sowie Rankenornamente schmücken die Räume. Die Bauinschrift verweist auf das Entstehungsjahr 1577. Damit wären die Stuckarbeiten die ältesten in Thüringen. Die Innenräume des Hohen Hauses sind ein herausragendes Beispiel für die Baukunst der Spätrenaissance. Durch die stilistische Verwandtschaft der Bauplastik mit Arbeiten an Erfurter Bürgerhäusern werden als Urheber des Beichlinger Bauschmucks Erfurter Künstler vermutet. Die Schlosskirche besitzt wie das Hohe Haus sehenswerte Stuckreliefs an Decke und Wänden.

Schloss Beichlingen • Schlossberg 1 • 99625 Beichlingen • Tel. (03635) 403642 • www. schloss-beichlingen.de • Führungen: Di.–Fr. 12–16 Uhr, Sa.–So. 13.30–15 Uhr

Schloss Beichlingen – malerisch gelegen am Höhenzug der Hohen Schrecke

NORDHAUSEN UND DER SÜDHARZ

Nordhausen, das Thüringer Tor zum Harz, blickt auf eine mehr als tausendjährige Geschichte zurück. Heute verbinden sich in der Stadt Nordhausen Tradition und Moderne – der Dom „Zum heiligen Kreuz" steht für die lange und bewegte Geschichte der Stadt, die Fachhochschule Nordhausen für Zukunft, Wissenschaft und Forschung.

Reiseinformation

Nordhausen Tourismus-Informationszentrum • Bahnhofsplatz 3 a • 99734 Nordhausen • Tel. (03631) 902154 • www.nordhausen-tourist.de • Mo.–Fr. 8–16 Uhr, Sa. und So. 8–11 Uhr

12 Nordhausen

Die allerersten Siedlungsspuren gehen bis in das Thüringer Reich zurück: Im 5./6. Jahrhundert existierte im heutigen Nordhäuser Stadtgebiet schon eine Siedlung. Der Legende nach soll sie der römische Kaiser Theodosius gegründet haben. Im Jahre 780 wurde eine karolingische Königspfalz auf dem Frauenberg errichtet. Die erste urkundliche Erwähnung datiert schließlich in das Jahr 927. Eine Burg wurde von König Heinrich I. etwa dort errichtet, wo sich heute der Nordhäuser Dom befindet. Die Stadt wuchs, kam zu Wohlstand. Reformation, Dreißigjähriger Krieg und die Nachwirkungen der napoleonischen Ära beeinflussten die Geschichte der Stadt. Bei den Bombardierungen Anfang April 1945 wurden mehr als 80 Prozent der Stadt zerstört. Nordhausen traf es hart, da seit 1943 in unmittelbarer Umgebung die Produktion der V1 und V2 stattfand. Nach dem Zweiten Weltkrieg wurde Nordhausen Schritt für Schritt wieder aufgebaut. Heute präsentiert sie sich wieder als liebens- und lebenswerte Stadt: Kultur, Natur und Bildung sind nur einige „Standortfaktoren". Nordhausen ist jüngster Hochschulstandort in Thüringen – 1998 wurde der Lehrbetrieb an der Fachhochschule aufgenommen. Seitdem werden hier Studierende etwa zu Ingenieuren der Energie- und Umweltinformatik, Umwelt- und Recyclingtechnik ausgebildet, werden Abschlüsse in Betriebswirtschaftslehre, Gesundheits- und Sozialwesen und Sozialmanagement angeboten.

A Altes Rathaus und Roland

Das Rathaus wurde 1360 errichtet und zwischen 1608 und 1610 im Stil der Renaissance umgebaut. Die heute mit steinernen Bogenwerk und Fenstern verschlossenen Arkaden des Alten Rathauses beherbergten früher Kaufmagazine. Im Zweiten Weltkrieg wurde das Rathaus schwer beschädigt – nur die Außenmauern blieben stehen. Zwischen 1949 und 1952 wurde das Alte Rathaus wieder aufgebaut. Das Rathausfoyer wird für Wechselausstellungen genutzt. An der Südwestecke steht der Nordhäuser Roland. 1993 wurde die Kopie geschaffen. Das Original von 1717 befindet sich im Foyer des Neuen Rathauses. Der mehr als drei Meter hohe Roland ist bildlicher Ausdruck für die bürgerlichen Freiheiten der Reichsstadt Nordhausen. Über dem Osteingang des Alten Rathauses befindet sich eine steinerne Wappentafel. Darauf wird die Legende der Stadtgründung durch den Kaiser Theodosius erzählt.

Rathaus • Markt 1 • 99734 Nordhausen • Tel. (03631) 6960 • www.nordhausen.de • Mo./Di. 8.30–15.30 Uhr, Do. 8.30–18 Uhr, Fr. 8.30–12 Uhr

B Tabakspeicher der Firma „Walter & Severin"

Der Speicher ist heute ein Museum mit mehr als 1.000 Quadratmeter Ausstellungsfläche. Der Besucher wird über die Entwicklung wichtiger Handwerkszweige informiert – Kautabakherstellung, Tabakverarbeitung und Branntweinherstellung werden vorgestellt. Ein weiterer Ausstellungsschwerpunkt ist die

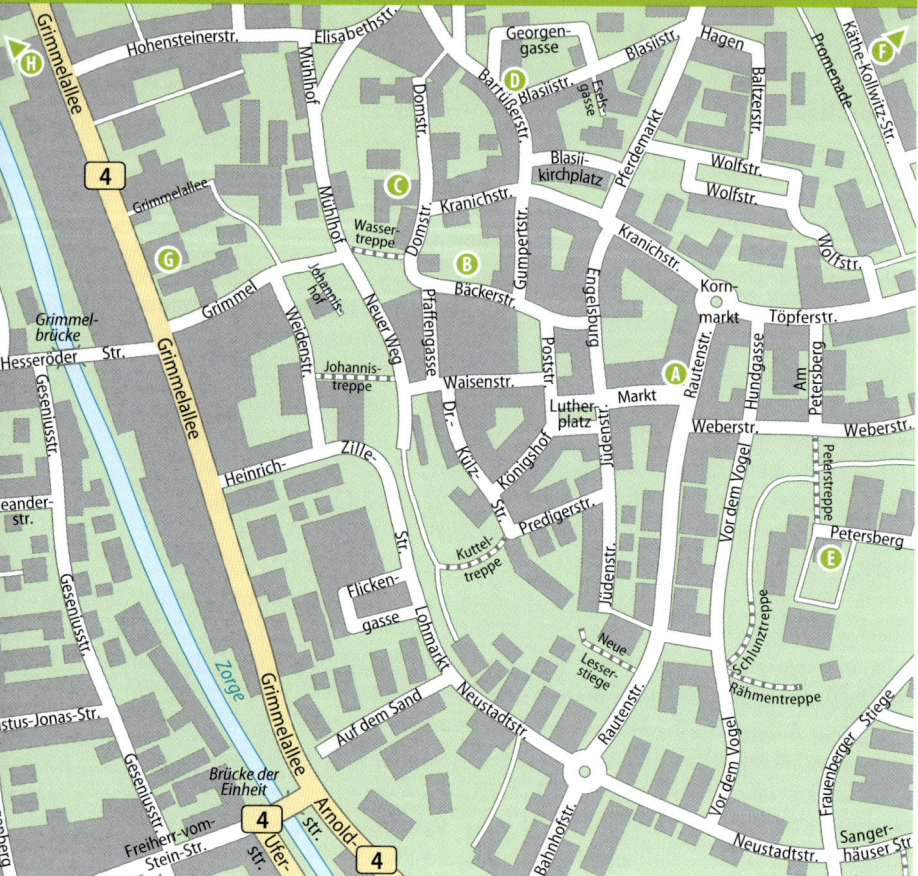

Sammlung archäologischer Fundstücke aus der Region. Besonderen Reiz übt der Bereich der Filmgeschichte auf die Besucher aus – alte Filme, historische Filmtechnik und der Kinosaal ziehen Jung und Alt in ihren Bann.

Tabakspeicher • Bäckerstraße 20 • 99734 Nordhausen • Tel. (03631) 982737 • www. nordhausen.de • Di.–So. 10–17 Uhr

Nordhäuser Dom

Dom „Zum Heiligen Kreuz" – so heißt er. Sein Name stammt wohl aus der Mitte des 11. Jahrhunderts. In dieser Zeit soll Kaiser Otto III. dem damaligen Damenstift (gegründet 961 von Königin Mathilde) die namengebende Kreuzreliquie geschenkt hat: ein Splitter vom Kreuz Christi: zwölf Millimeter lang und zwei Millimeter breit. Als nach der Reformation das Domstift verarmte, musste es die Reliquie an die Cyriaki-Kirche in Duderstadt verkaufen. Zu Beginn des 20. Jahrhunderts schenkte Papst Pius XI. dem Dom ein anderes Partikel vom Kreuz Jesu Christi.

Zu den ältesten Bauteilen des Doms gehören die romanische **Krypta** sowie die Reste eines romanischen Kreuzganges. Die Krypta wurde um 1130 erbaut. Sie ist annähernd quadratisch und besitzt drei nahezu gleichbreite Schiffe. Die sogenannten Hirsauer Nasen an den Kapitellen der Krypta zeigen den Einfluss der Hirsauer Bauschule. Zu Beginn des 13. Jahrhunderts wurde das Stift in ein reichsunmittelbares Domherrenstift umgewandelt. In dieser Zeit begann eine rege Bautätigkeit – so wurde der Chor des Domes 1267 geweiht.

Das Dominnere erweckt den Eindruck von Weite – das **Langhaus** ist dreischiffig und fünf Joche lang, wobei das Mittelschiff breiter angelegt ist als die Seitenschiffe. Ein Blick an die Decke zeigt das reiche Rippenwerk der Gewölbe: Das Mittelschiff wird überspannt von Stern-, die Seitenschiffe von Netzgewölben. Die Schlusssteine sind reliefiert und farbig gefasst. Gegen Ende des 13. Jahrhunderts entstanden die an den Längsseiten des Chores postierten Stifterfiguren – von West nach Ost stehen dort König Heinrich I., Kaiser Otto I., Kaiser Otto II. auf der Seite gegenüber befinden sich deren Gemahlinnen Mathilde (mit dem Modell des Doms), Adelheid und Theophanou.

Das **Chorgestühl** entstand gegen Ende das 14. Jahrhunderts. Es ist geschmückt mit Szenen von der Auferstehung Christi und den motivisch zugehörigen Szenen aus dem Alten Testament wie z. B. Jonas im Bauch des Fisches oder Isaak mit Abraham und Simson. Eine beachtenswerte Besonderheit sind die liturgischen Szenen aus dem Leben der Chorherren – wie der die Messe lesende Priester mit Ministranten oder der lesende Mönch. Die Gestaltung des Schnitzwerks beeindruckt durch die ausdrucksvolle Darstellung der Figuren. Auf ein Ausstattungsstück des Domes sei besonders hingewiesen – auf das **Tafelgemälde** „Madonna mit der Akelei", das im Langhaus an einem Pfeiler de Südseite angebracht ist. Man vermutet, dass es zu Beginn des 15. Jahrhunderts möglicherweise vom Meister Konrad von Soest geschaffen wurde.

Lange lag es unbeachtet in einem Sakristeischrank. Erst Ende des 19. Jahrhunderts wurde es entdeckt und wird nun schon seit vielen Jahrzehnten als Gnadenbild verehrt. Die Jungfrau Maria hält ihren Sohn auf dem Arm. Sie reicht ihm einen Apfel. Er hält in seiner Linken eine Akelei mit drei Blüten. Unter beiden befindet sich wie ein Querbalken in großen Lettern geschrieben der Name des Kindes: Jesus. Der Stifter des Bild kniet am rechten unteren Rand der Bildtafel und hält eine Schriftrolle in Händen: „… damit alle im Himmel, auf der Erde und unter der Erde ihre Knie beugen vor dem Namen Jesu und jeder Mund bekennt ‚Jesus Christus ist der Herr' – zur Ehre Gottes, des Vaters" (Paulus an die Philipper 2, 10–11).

Das Bildprogramm beeinhaltet für den Menschen des 21. Jahrhunderts nur noch schwer entschlüsselbare Anspielungen. Maria, die immer wieder auch als zweite Eva bezeichnet wurde, reicht Jesus Christus einen Apfel. Seit dem frühen Mittelalter bedeutet der Apfel in Zusammenhang mit Maria den Verweis auf die Erlösung von der Erbsünde. Die Akelei in der Hand des Kindes gehört wie rote Rosen, weiße Lilien und Walderdbeeren zu den im Mittelalter häufig dargestellten Pflanzen. Die Bedeutung der Akelei ist vielschichtig. Schon Hildegard von Bingen beschreibt sie als Heilpflanze. Außer Akelei wurde diese Blume auch Heiliggeist-Blume genannt, da ihre Blütenblätter wie ein Reigen von fliegenden Tauben aussehen. Die Dreizahl der Blüten ist eine Anspielung auf die Dreifaltigkeit.

Dom zum Heiligen Kreuz • Domstraße 5 • 99734 Nordhausen • Tel. (03631) 902343 • www.heiligeskreuz-nordhausen.de • Mo.–So. 9–16 Uhr

Ⓓ Flohburg

Diesen despektierlichen Namen gaben die Nordhäuser dem schönen Fachwerkbau, da zu Anfang des 20. Jahrhunderts hier ca. 80 Personen eine Unterkunft gefunden hatten. Heute ist das Gebäude Teil des Museums der Stadt Nordhausen. Von außen nicht erkennbar – die Flohburg ist eines der ältesten Häuser Nordhausens. Es besitzt noch einen romanischen Gewölbekeller. Seit 2012 ist in der Flohburg das neue Stadtgeschichtsmuseum untergebracht sein. In der neuen ständigen Ausstellung werden historische Objekte und moderne multimediale Inszenierung kombiniert, um von der Stadtgründung im 8. Jahrhundert bis zur Wende im ausgehenden 20. Jahrhundert die wichtigen historischen Ereignisse in Nordhausen zu präsentieren.

Museum Flohburg • Barfüßerstraße 6 • 99734 Nordhausen • Tel. (03631) 4725680 • www.nordhausen.de • Di.–So. 10–17 Uhr

Ⓔ Petersberg

Mitten in der Stadt steht der 62 Meter hohe Petri-Turm. Er ist die Nordhäuser Stadtdominante und kennzeichnet das Stadtzentrum. Der Turm ist das Überbleibsel der Petrikirche, die während der Bombardements am 3. und 4. April 1945 vernichtet wurde. Heute kann er im Rahmen von Stadtführungen bestiegen werden und bietet eine schöne

Unterwegs in Nordhausens historischer Altstadt

Aussicht auf Goldene Aue, Kyffhäuser und Harz. Rund um den Petri-Turm erstreckt sich der Petersberggarten. Vor den verheerenden Zerstörungen zum Ende des Zweiten Weltkrieges befand sich hier das seit dem 11. Jahrhundert besiedelte Petersbergviertel. Die Stadt wurde weitgehend wiederaufgebaut, doch das Petersbergviertel blieb eine innerstädtische Brache. Erst der Beschluss der Thüringer Landesregierung, eine Landesgartenschau in Nordhausen durchzuführen, bot die Möglichkeit zur Revitalisierung von etwa 47.000 Quadratmetern. Zur 2. Thüringer Landesgartenschau 2004 wurden hier grundlegende Umgestaltungen vorgenommen: Sport- und Spielmöglichkeiten, Heckengärten und Wasserspiele bieten Abwechslung und Er-

holung. Für die unterschiedlichsten Freizeitansprüche stehen ein Abenteuerspielplatz, ein Skaterparcour mit mehr als 1.400 Quadratmetern, ausgestattet mit Halfpipe, Radius-Curb, Pyramiden und Wedge-Ramp und diversen mobilen Elementen, einem Hochseilgarten und Kletterfelsen zur Verfügung. Die Anlagen sind kostenpflichtig.

❺ Kunsthaus Meyenburg

Nach aufwendiger Renovierung gehört seit 2002 das Kunsthaus Meyenburg zur Nordhäuser Museumslandschaft. Wo zuvor heimatkundliche Sammlungen zu sehen waren, werden nun Werke der „Ilsetraut-Glock-Grabe-Stiftung" präsentiert. Die Meyenburg ist eine 1907 erbaute Villa, in der heute sowohl

121

besagte Stiftung als auch die Städtische Kunstsammlung ihren Sitz hat. Die Architektur der Villa zeigt historistische wie Jugendstilelemente. Im Inneren wurden die Farbfassungen der Räume nach historischen Befunden gewählt: Kräftiges Rot, Grün und Blau bilden den Hintergrund für die ausgestellten Grafiken. Nebeneinander hängen hier Werke von Ernst Barlach, Max Ernst, Joan Miró, Henri Matisse, Lyonel Feininger, Jörg Immendorff, A.R. Penck und Horst Janssen. Arbeiten amerikanischer Künstler sind durch Andy Warhol ud Alexander Calder vertreten. Regelmäßig stehen Ausstellungen zum künstlerischen Schaffen von Künstlern oder Künstlergruppen wie Käthe Kollwitz oder der Worpsweder Künstlerkolonie auf dem Programm. Es werden aber auch kulturhistorische Themen von Literatur über Musik bis Design in den Blick genommen.

Kunsthaus Meyenburg • Alexander-Puschkin-Straße 31 • 99734 Nordhausen • Tel. (03631) 881091 • www.nordhausen.de • Di.–So. 10–17 Uhr

G Echte Nordhäuser Traditionsbrennerei

Das Kornbrennen hat in Nordhausen eine mehr als 500-jährige Tradition. Zeitweilig haben mehr als hundert Brennereien in der Stadt am Südharz existiert, was nicht weiter verwundert, wenn man bedenkt, dass man dem „Nordhisser Branntewyn" heilende Kräfte zuschrieb. Schlechte Laune, Sorgen im Allgemeinen und Weltschmerz im Besonderen und natürlich gegen

diverse Krankheiten sollte das Trinken des Branntweins helfen. In Maßen natürlich! Die Echte Nordhäuser Traditionsbrennerei wurde 1857 von Joseph Seidel gegründet. Sein Sohn ließ die Brennereigebäude fünfzig Jahre später in der Grimmelallee neu errichten. Wer die Traditionsbrennerei heute besucht, erlebt eine fachgerecht restaurierte Brennerei. Hier werden Geschichte und Technologie des Kornbrennens anschaulich dokumentiert: Von Steingutgefäßen bis zur Sammlung alter Branntweinflaschen, jedes Ausstellungsstück erzählt ein Stückchen der Nordhäuser Korngeschichte. Der Besuch der Traditionsbrennerei wird abgerundet durch eine Führung durch die Brennerei und den Fasskeller. Dass ein Besuch dieses Firmenmuseums lohnenswert ist, würdigte der „Museumsverband Thüringen e.V." mit dem Verleihen des „Thüringer Museumssiegels" im Jahr 2010.

Echte Nordhäuser Traditionsbrennerei • Grimmelallee 11 • 99734 Nordhausen • Tel. (03631) 636363 • www.traditionsbrennerei.de • Mo.–Sa. 10–16, Führungen Mo.–Sa. 14 Uhr (ohne Voranmeldung), Gruppenführung ab zwanzig Personen nach Vereinbarung, Dauer: ca. eine Stunde

H KZ-Gedenkstätte Mittelbau-Dora

Achtzehn Monate existierte das Lager – zunächst als Außenstelle des KZ Buchenwald, später als eigenständige Einrichtung. Während dieser anderthalb Jahre durchliefen etwa 60.000 Menschen aus 21 Nationen das „Arbeitslager". Mindestens 20.000 Menschen starben, „vernichtet durch Arbeit", umgekommen bei Luftangriffen oder auf den Todesmärschen. Die Häftlinge wurden zunächst für den Stollenvortrieb im Kohnstein und etwas später für die Produktion der „Vergeltungswaffen 1 und 2" – besser bekannt als V1 und V2 – eingesetzt. Am 11. April 1945 wurde das Konzentrationslager durch die US-Armee befreit. Für viele der befreiten Häftlinge kam jedoch jede Hilfe zu spät. Nach der Befreiung wurde das Lager für kurze Zeit als Lager für *displaced persons* genutzt. Hier warteten 14.000 zivile Zwangsarbeiter, Kriegsgefangene und überlebende KZ-Häftlinge auf ihre Rückkehr in die Heimat. Danach diente Dora als Auffangstation für vertriebene Deutsche aus den tschechoslowakischen Gebieten. Die Rote Armee nutzte Dora als sogenanntes Repatrierungslager für sowjetische und polnische Kriegsgefangene. Heute befindet sich auf dem ehemaligen Lagergelände die KZ-Gedenkstätte Mittelbau-Dora. Die Besucher werden in Dauerausstellungen, Führungen, Publikationen und Filmvorführungen über die Zeit des Lagers informiert. Für die vertiefende Beschäftigung mit diesem Kapitel deutscher und europäischer Geschichte stehen eine Bibliothek und eine Dokumentationsstelle zur Verfügung.

KZ-Gedenkstätte Mittelbau-Dora • Kohnsteinweg 20 • 99734 Nordhausen • Tel. (03631) 495820 • www.dora.de • März–Okt. Di.–So. 10–18 Uhr, Nov.–Febr. Di.–So. 10–16 Uhr

13 Limlingerode

Limlingerode ist ein kleines, romantisches Dorf, das dem Reisenden auf den ersten Blick hübsche Fachwerkhäuser und eine barocke Kirche zu bieten hat. Das Bächlein Sethe fließt mitten hindurch. Fast im Zentrum gibt es „'ne Art Kulturhaus und basta!" – so Sarah Kirsch. Die Dichterin wurde 1935 im heute wieder aufwändig sanierten Pfarrhaus geboren. Anfang der 2000er Jahre gelang es mit Mitteln des Landes Thüringen, der „Deutschen Denkmalstiftung" und des „Denkmalvereins Thüringen", das Haus vor dem Ruin zu retten. Seit dem 1. Dezember 2002 ist die Dichterstätte eröffnet. Seither herrscht reges kulturelles Treiben. Im ehemaligen Pfarrhaus werden Dichterlesungen gehalten, die „Limlingeröder Diskurse" durchgeführt (immer am letzten Juni-Wochenende jedes Jahres), Ausstellungen organisiert; es wird umfangreich publiziert – Literaturschaffende, Künstler und Studenten können sich in einer kleinen Wohnung im Obergeschoss einmieten, um in der Ruhe von Limlingerode zu arbeiten. Von Limlingerode führt der „Grüne Junipfad" zur ehemaligen innerdeutschen Grenze. Benannt wurde er nach Zeilen von Sarah Kirsch „Wer den Junipfad geht / der bleibt grün / Ewig."

Dichterstätte Sarah Kirsch in der ehemaligen Pfarre • Lange Reihe 11 • 99755 Hohenstein / OT Limlingerode • Tel. (03631) 9909 60 • www.dichterstaette-sarah-kirsch-online.de • jeder letzte Samstag im Monat 14–18 Uhr und nach Vereinbarung

14 Bleicherode

Das historische Rathaus von Bleicherode wurde um 1540/41 erbaut. An der

Außenfassade ist das Stadtwappen angebracht. 2011 wurde die Skulptur des „Schneckenhengsts" am Rathaus enthüllt. „Schneckenhengst" – mit diesem eigenwilligen Namen werden die Bleicheröder gerufen. Diese Bezeichnung erklärt sich durch die Zucht von Weinbergschnecken. Damit verdienten sich die Einwohner ihren Lebensunterhalt. Die Schnecken wurden von Leipzig in die Welt exportiert. Ein besonders „schlauer" Bleicheröder Kaufmann wollte zweimal kassieren und machte sich ein weiteres Mal auf den Weg in die Messestadt. Auf seinem Wege nach Leipzig büchsten die Schnecken aus. Seitdem haben die Bleicheröder ihren Spitznamen weg – „Schneckenhengste". Im Ratskeller (neben dem Rathaus) war 1754 sogar der preußische König Friedrich II. zu Gast. 1968 erwarb die Stadt Bleicherode ein Ackerbürgerhaus in der Hauptstraße. Darin wurde das Heimatmuseum eingerichtet. Die Ausstellung ist auf 300 Quadratmetern der Stadtgeschichte gewidmet. Zur Museumssammlung gehören mittlerweile mehr als 20.000 Objekte. Das Haus des Heimatmuseums ist das Geburtshaus des Sprachforschers und Professors Adalbert Merx. 1997 wurde Bleicherode in die „Deutsche Fachwerkstraße" aufgenommen.

Rathaus Stadt Bleicherode • Hauptstraße 37 • 99752 Bleicherode • Tel. (036338) 3530 • www.bleicherode.de • nur von außen zu besichtigen

Heimatmuseum • Hauptstraße 56 • 99752 Bleicherode • Tel. (036338) 456230 • Mo. 10–12/13–15 Uhr, Fr. 10–12 Uhr und nach Vereinbarung, Führungen nach Absprache

15 Großlohra

Die Burg Lohra birgt ein Juwel – eine romanische Doppelkapelle. Die Burganlage wurde von den Grafen von Lare (Lohra) Ende des 11. Jahrhunderts erbaut. Die heutige Anlage zeigt eine stetige Veränderung des Ensembles vom 12. bis ins 20. Jahrhundert. Die Kapelle der Burg Lohra wurde wohl zu Ende des 12. Jahrhunderts zur Doppelkapelle aufgestockt; die Oberkapelle jedoch im 17. Jahrhundert dem Zeitgeschmack des Barock angepasst. Äußerlich präsentiert sich die Doppelkapelle als schlichter Bau mit Satteldach und eingezogenem Chor. Heute ist die Mehrzahl der Rundbogenfenster erneuert – ein einziges Chorfenster zeigt noch einen monolithischen Rundbogensturz aus der Erbauungszeit. Die Westseite wurde vermauert, dabei wurde der wahrscheinlich ursprüngliche Eingang verschlossen. Seit 1992 kümmert sich der „Offene Häuser e.V." aus Weimar zum Teil in Zusammenarbeit mit dem „Arbeitskreis Denkmalpflege" um die Erhaltung der Burg Lohra. In der Burg werden günstige Übernachtungsmöglichkeiten für bis zu achtzig Personen angeboten.

Burg Lohra • Amt Lohra 6 • 99759 Großlohra • Tel. (036338) 48149 • www.openhouses.de • Kapelle jederzeit geöffnet

16 Basilika St. Gangolf in Münchenlohra

Sie wurde im späten 12. Jahrhundert als Klosterkirche für die damals ortsansässigen Benediktinerinnen erbaut. Das Kloster war von den Grafen von Lare ge-

Ein romanisches Kleinod – die Basilika St. Gangolf in Münchenlohra

stiftet worden. Nach der Reformation im 16. Jahrhundert und der Säkularisierung des Klosters verfiel es. Im 18. Jahrhundert wurde es zur preußischen Domäne. Während dieser Zeit wurden die Kirchtürme, die Westapsis, die Seitenschiffe und Nebenapsiden abgerissen. So verblieb nur das Hauptschiff mit den Kreuzarmen. Die Basilika wurde Ende des 19. Jahrhunderts von Carl Schäfer rekonstruiert. Sein Ziel war es, sich möglichst eng an das romanische Original zu halten. Besonders erwähnenswert ist die Krypta unterhalb des Chores. Dort ist noch das farbliche Konzept, das von Carl Schäfer für die gesamte Basilika entwickelt wurde, zu erleben. Seit 2011 werden Bemühungen unternommen, die farbliche Fassung der gesamten Basilika wiederherzustellen.

Der Marienaltar von St. Gangolf stammt aus der Altmark und wurde zu DDR-Zeiten nach Münchenlohra gebracht. Der Taufstein stammt aus dem 15. Jahrhundert. Die größere der beiden Glocken wurde im frühen 14. Jahrhundert gegossen und kam ebenfalls aus Sachsen-Anhalt nach Münchenlohra. Die kleinere stammt aus der Glockengießerwerkstatt von Peter Schilling in Apolda. Regelmäßig finden in St. Gangolf Abendgottesdienste, von Zeit zu Zeit auch Konzerte statt.

Pfeilerbasilika Münchenlohra • Dorfstraße Münchenlohra • 99759 Großlohra • Tel. (036338) 60236 • Mo.–So. 8–17 Uhr

HEILBAD HEILIGENSTADT UND DAS EICHSFELD

Das Eichsfeld mit dem Heilbad Heiligenstadt ist die katholische Enklave im ansonsten durch die deutsche Reformation geprägten, evangelischen Thüringen. Hier haben sich viele Traditionen wie Wallfahrten und Prozessionen erhalten, sind kleine Wallfahrtskirchen und Prozessionswege erhalten. Und auch Traditionshandwerke wie die Stockmacherei findet man noch hier.

Reiseinformation
Heilbad Heiligenstadt Tourist-Information • Wilhelmstraße 50 • 37308 Heilbad Heiligenstadt • Tel. (03606) 6771-41/42 • www.heilbad-heiligenstadt.de • Mo.–Fr. 9–17 Uhr, Mai–Okt. Sa./So. 10–12 Uhr, Nov.–April Sa. 10–12 Uhr

17 Heiligenstadt

Heiligenstadt wird erstmalig im 10. Jahrhundert urkundlich erwähnt. Das Eichsfeld gilt heute als „katholische Enklave" im ansonsten protestantischen Thüringen. So verhielten sich die Heiligenstädter während der deutschen Reformation und des Bauernkrieges auch zurückhaltend den Aufständischen gegenüber. Im 16. Jahrhundert wurde Heiligenstadt Verwaltungsmittelpunkt des Eichsfeldes.

Mit dem Heilbad verbinden sich Namen großer Künstler. Tilman Riemenschneider wurde um 1460 in Heiligenstadt geboren und gilt als einer der bedeutendsten Bildschnitzer und Bildhauer des Übergangs von der Gotik zur Renaissance. Die ersten fünf Lebensjahre verbrachte Riemenschneider in der Stadt, bevor die Familie nach Osterode am Harz umzog. Doch nicht nur Riemenschneider als Sohn der Stadt gehört zur Heiligenstädter Geschichte, auch die Dichter Theodor Storm und Heinrich Heine haben hier ihre Spuren hinterlassen. Storm lebte und arbeitete hier für acht Jahre, Heinrich Heine studierte in der Nähe – in Göttingen – und ließ sich in Heiligenstadt evangelisch taufen.

Eichsfelder Heimatmuseum im ehemaligen Jesuitenkolleg

Im Inneren des Gebäudes beeindruckt die reich geschnitzte, hölzerne Treppenanlage, die mit einem stuckierten und von Johann Martin Hummel gemalten Plafond geschmückt ist. Im Zentrum steht das von Engeln umge-

bene Christusmonogramm. Die acht Gewölbekappen tragen Medaillons. Diese zeigen Personifikationen von vier Erdteilen und die Porträts der Heiligen Aloysius, Stanislaus, Franciscus Borgia und Franciscus Regis. Der Jesuitenorden verließ Ende des 18. Jahrhunderts Heiligenstadt, heute befindet sich im Kolleg das Heiligenstädter Heimatmuseum. Es zeigt auf drei Etagen und knapp 1.200 Quadratmetern Ausstellungsfläche die Facetten der Eichsfelder und Heiligenstädter Kultur und Geschichte. Regionale, sakrale Kunst wird in zwei Ausstellungsräumen präsentiert. Beeindruckend sind drei Reliquienschreine neben Votivbildern aus dem 18. Jahrhundert, Schnitzplastiken und liturgischem Gerät. Das Mirakelbuch der „Maria von Elende" ist wohl eines der ältesten seiner Amt in Deutschland. Ergänzt wird dieser Ausstellungsteil durch das Thema „Wallfahrten und Prozessionen". Das erste Obergeschoss ist der Geschichte des Eichsfeldes gewidmet. Das zweite Obergeschoss zeigt Teile der volkskundlichen Sammlung und widmet sich dem bedeutendsten Sohn der Stadt: Tilman Riemenschneider. Zu sehen sind hier Kopien seiner Werke. Schließlich bildet die Vogel- und Naturaliensammlung von Sanitätsrat Strecker aus Dingelstädt den Abschluss des Museumsrundganges. Unter den mehr als 200 Vogelbälgen befindet sich auch ein *Ara tricolor*. Diese Papageienart gilt seit 1886 als ausgestorben und ist deshalb ein besonders wertvolles Objekt der Heiligenstädter Sammlungen. Seit 2001 gehört zum Museumsgebäude ein nach barockem Vorbild angelegter Garten.

Eichsfelder Heimatmuseum • Kollegiengasse 10 • 37308 Heilbad Heiligenstadt • Tel. (03606) 612618 • www.heilbad-heiligenstadt.de • Di.–Fr. 10–17 Uhr, Sa./So. 14.30–17 Uhr

St. Ägidien

Vor rund 1300 entstanden der Chor und die beiden anschließenden Joche. Eine Bauinschrift bezeugt den Baubeginn für die Turmanlage im Jahr 1370. Im Inneren fällt sofort der barocke Hochaltar im Chor ins Auge. Er wurde 1691 geschaffen, jedoch nicht für St. Ägidien, sondern für die Stiftskirche in Quedlinburg. 1944 wurde er von dort nach Heiligenstadt gebracht. Seit der Restaurierung 1976 gehören zum Altar Jesus Christus, flankiert von Paulus (mit seinem Attribut, dem Schwert) und Petrus mit dem Schlüssel. In der Bildzone darüber ist zentral Christus am Kreuz platziert. Daneben befinden sich Maria und Johannes. Bekrönt wird der Altar vom auferstandenen Jesus, zu dessen linker und rechter Seite erschrockene Grabwächter knien. Im nordöstlichen Seitenschiff befindet sich der Altar der vierzehn Nothelfer. Er wurde 1638 von Stadtschultheiß Johann Zwehl gestiftet. Er brachte mit dieser Stiftung seine tiefe Dankbarkeit über die Rettung vor den schwedischen Truppen im Dreißigjährigen Krieg zum Ausdruck. Der dreizonale Aufbau wird von einer Kreuzigung bekrönt. Das Giebelgebälk jeder der drei Ebenen wird von vier Aposteln getragen. In den dadurch entstehenden drei Bildfeldern sind in der Mitte von unten nach oben die Darstellung der Anbetung der Heiligen Drei Könige, Anna Selbdritt und die Madonna im Strahlenkranz platziert. In den jeweils äußeren Bildfeldern sind die Nothelfer eingestellt. An der Ostwand des südlichen Seitenschiffs befindet sich der Annenaltar. Der geschnitzte, dreiflügelige Klappaltar kam nach dem Zweiten Weltkrieg nach St. Ägidien. Davor befand er sich im Kloster Zella, genauso wie das Kreuz an der Chorsüdwand. Der Annenaltar aus dem 15. Jahrhundert trägt als Zentralfigur Anna Selbdritt. Diese hält Maria und das Jesuskind auf den Armen. Die zwölf Apostel flankieren die Szene. Johannes der Täufer, Johannes der Evangelist, Katharina und Barbara sind im separaten Aufsatz dargestellt.

St.-Ägidien-Kirche • Marktplatz 5 • 37308 Heilbad Heiligenstadt • Tel. (03606) 612319 • www.sankt-aegidien.de • Mo.–So. 8–17 Uhr

Literaturmuseum „Theodor Storm"

Storm in Heiligenstadt? Ja, Theodor Storm lebte hier mit seiner Familie von 1856 bis 1864. Als Jurist war er in Heiligenstadt als Kreisrichter tätig. 1988, zu seinem 100. Todestag, wurde das Literaturmuseum in einem der ältesten Häuser von Heiligenstadt eröffnet. Das sogenannte Mainzer Haus wurde 1436 erbaut. In ihm wird heute die Lebenswelt und Storms Schaffen seiner Heiligenstädter Zeit in der Dauerausstellung präsentiert. Außerdem werden auch die protestantische Taufe

Heinrich Heines in Heiligenstadt und die Beweggründe für diesen Schritt in den Blick genommen. Seit 2006 ergänzt die Storm-Ausstellung im Mainzer Haus ein Rosengarten. Gepflanzt wurden vornehmlich Rosen aus dem 19. Jahrhundert, sozusagen Zeitgenossen von Storm. Der Dichter ist als großer Gartenliebhaber bekannt gewesen, konnte dieser Leidenschaft in Heiligenstadt jedoch nicht nachgehen, was er in Briefen auch bedauernd zum Ausdruck brachte. Doch seine Liebe zu Blumen im Allgemeinen und Rosen im Besonderen findet sich in seinem literarischen Schaffen wieder. Blumen, ihre Farbe und ihr Duft dienen Storm dazu, Menschen oder Situationen zu beschreiben. Mehr als fünfzig verschiedene Arten benennt er in seinem Werk – die Rose erscheint mit Abstand am häufigsten in seinen Erzählungen, Novellen und Gedichten.

Literaturmuseum „Theodor Storm" • Am Berge • 37308 Heilbad Heiligenstadt • Tel. (03606) 613794 • www.stormmuseum.de • Di.–Fr. 10–17 Uhr, Sa./So. 14.30–16.30 Uhr

St. Marien mit der Annenkapelle

Die Marienkirche ist eine Gründung des Stifts St. Martin. Zunächst entstand um 1300 die westliche Doppelturmanlage. Der nächste bedeutende Schritt war die Errichtung des Langhauses. 1420 wurde der Altar im Chor geweiht. Ende des 19. Jahrhunderts wurde St. Marien umfassend restauriert bzw. so überarbeitet, wie man sich zu dieser Zeit eine gotische Kirche vorstellte – was dazu führte, dass die ehemals einfachen Chorfens-

ter Maßwerk erhielten und im Innenraum die barocke Ausstattung beseitigt wurde. Die spätgotische Malereien, die dabei zum Vorschein kamen, wurden durch eine Wandbespannung wieder verdeckt. Restaurierungsarbeiten in der zweiten Hälfte des 20. Jahrhunderts legten diese äußerst sehenswerten Fresken von 1506 an den Langhauswänden wieder frei: im südwestlichen Seitenschiff gemalte Teppichimitationen mit Rankenwerk und Blüten, die Heiligen Johannes Evangelista, Simon, Jakobus, Judas Thaddäus, Maria Cleophas, Joseph und

Heiligenstädter Palmsonntagsprozession

Das Eichsfeld ist bekannt für seine lebendige katholische Tradition. Über die Landesgrenzen hinaus berühmt ist die Palmsonntagsprozession von Heiligstadt. Tausende nehmen daran teil. Selbst zu DDR-Zeiten wurde dieser Brauch nicht gebrochen. Über Jahrhunderte zog die Prozession schon am Karfreitag durch die Stadt, seit 1734 ist sie auf den Palmsonntag verlegt. Mit überlebensgroßen Figuren in Tragegestellen bzw. mit Stangen abgestützt, ziehen die Teilnehmer durch die Straßen. Dargestellt werden einzelne Stationen der Passion Christi. Jährlich werden die Figuren mit neuen Gewändern eingekleidet. Allein die „Mater dolorosa", die Schmerzensmutter, trägt historische Gewänder. Jahr für Jahr beginnt der Zug um 14 Uhr in der Lindenallee, um über die obere Altstadt, den Heimenstein, die Klausgasse, die Wilhelmstraße und Göttinger Straße wieder in die Lindenallee zu ziehen. Dort enden die meisten Palmsonntagsprozessionen mit einer Andacht vor dem Bischöflichen Kommissariat.

Justus, Martin, ein nicht näher bestimmbarer Bischof und Antonius – alle auf einem Rasenstück vor einem Rankenteppich stehend. Den Abschluss bildet die Stigmatisierung des Heiligen Franziskus. Über dieser Szene sind die heiligen Petrus und Paulus gemalt. Die Stirnwand zeigt Jesus Christus als zwölfjährigen Knaben unter den Schriftgelehrten. Eine Marienkrönung bildet den Abschluss. Das Hauptwerk des Gotteshauses bildet der Flügelaltar im Chor. Die Mitteltafel zeigt eine Kreuzigungsszene, die flankiert wird von Heiligenfiguren der Innenflügel. Auf den Außenseiten der Altarflügel sind die Marter der Zehntausend und das Martyrium des heiligen Sebastian dargestellt. Im südöstlichen Seitenschiff befindet sich die Madonna von Elende. Das bronzene Taufbecken im Chor wurde 1492 geschaffen. Anstelle der Beine tragen das Becken drei Männer. Gegenüber dem Nordportal der Marienkirche steht die Annenkapelle. Etwa in der Mitte des 14. Jahrhunderts wurde sie auf dem Friedhof von St. Marien errichtet – wohl als Friedhofskapelle oder Beinhaus. Seit dem 16. Jahrhundert ist sie als Verehrungsort der heiligen Anna belegt. Über achteckigem Grundriss erhebt sich der kleine Bau – ihn schmücken krabbenbesetzte Wimperge, Kreuzblumen und Wasserspeier. Der polygonale Kapellenaufbau findet sich auch in der Johanneskapelle am Meißner Dom und auf der Zisterzienserklosterfriedhöfen von Schulpforta und Bad Doberan. In der Heiligenstädter Kapelle befinden sich eine Marienstatue und eine der Anna Selbdritt.

St.-Marien-Kirche mit St.-Annen-Kapelle · Lindenallee 44 · 37308 Heilbad Heiligenstadt · Tel. (03606) 52083 · www.sankt-marien-heiligenstadt.de · Mo.–So. 8–17 Uhr

18 Worbis

Die Bärenstadt Worbis liegt am Südhang des Ohmgebirges an der Wasserscheide zwischen Weser und Elbe. Aufgrund der zahlreichen schönen und gut erhaltenen Fachwerkhäuser aus dem 17. bis 19. Jahrhundert gehört Worbis zur „Deutschen Fachwerkstraße". In einem dieser Fachwerkbauten – dem ältesten erhaltenen Bürgerhaus der Stadt – befindet sich seit 1960 das Worbiser Heimatmuseum. Hier wird die Worbiser Stadtgeschichte vorgestellt. Ein besonderer Höhepunkt der Ausstellung ist die Schmetterlingssammlung des Worbiser Entomologen Lampert Rummel.

Am nordwestlichen Rand der Stadt Worbis befindet sich der Alternative Bärenpark. Auf diesem Gelände wurde bis 1995 der Tierpark Worbis betrieben. Der Verein „Bärenhilfe e. V." initiierte die Umgestaltung dessen zu einer weitläufigen Anlage. 1997 zogen die ersten drei Braunbären nach Worbis. Seit dem werden hier Braunbären aus Zirkus- und Käfighaltung aufgenommen. Besucher erfahren auf einem Bärenlehrpfad alles über deren Lebensweise. Das Service- und Informationszentrum wurde 2008 fertiggestellt.

Haus „Gülden Creutz · Rossmarkt 3 · 37339 Worbis · Tel. (03605) 2000 · www.leinefelde-worbis-tourismus.de, www.leinefelde-worbis.de · geöffnet nach Absprache

Bären aus Zirkus- und Käfighaltung können sich in Worbis wohlfühlen

Alternativer Bärenpark Worbis • Duderstädter Straße 36a • 37339 Worbis • Tel. (036074) 20090 • www.baer.de • März–Okt. Mo.–So. 10–18 Uhr, Nov.–Feb. Mo.–So. 10–16 Uhr

19 Burg Bodenstein

Sie ist die am besten erhaltene Burg des Eichsfeldes. Heute befindet sich auf Burg Bodenstein eine Familienerholungs- und Begegnungsstätte der Evangelischen Kirche Mitteldeutschlands; es werden Konzerte, Kabarettabende und Gesprächsabende durchgeführt. Die mittelalterliche Burganlage wandelte sich im Laufe der Jahrhunderte zu einem dreiflügeligen Fachwerkschloss. Erwähnenswert sind die Reste des Chinesischen Kabinetts mit Resten von Chinoiserie-Fresken und der von Heinrich Jobst im 17. Jahrhundert errichtete, mit reichem Stuck verzierte Festsaal.

Die Burgkapelle stammt aus den Jahren 1648 bis 1668 und wurde von Heinrich Jobst erbaut. Die Kapelle ist weitgehend original erhalten. Im Zentrum des Kapellenraums schwebt ein Taufengel. Der Altar zeigt das letzte Abendmahl. Darüber befindet sich die etwa 1740 geschaffene Orgel, in ihrem Prospekt das Wappen der Familie von Wintzingerode. Von der Kapelle führt eine kleine Treppe in einen kleinen Raum – die Empore für die gräfliche Familie und deren Gäste.

Burg Bodenstein • Burgstraße 1 • 37339 Bodenstein • Tel. (036074) 970 • www.burg-bodenstein.de • Burgführungen: So. 15 Uhr und nach Absprache

20 Großbodungen

Hier wurde im 13. Jahrhundert von den Herren von Bodungen eine Wasser-

131

burg mit wehrhaftem Charakter erbaut. Ende des 16. Jahrhunderts ging die Anlage in den Besitz der Grafen und späteren Fürsten von Schwarzburg-Sondershausen. Nach der Abdankung des letzten Schwarzburger Fürsten wurde die Burg 1920 in das Eigentum der Gemeinde Großbodungen überführt. Im Jahre 1994 kauften die Grafen von Westphalen-Fürstenberg die Anlage. Vier Jahre später wurden hier die ersten Ausstellungen sowie Vortrags- und Leseabende durchgeführt. Als Dauerausstellungen sind ein Mineralien- und Fossilienkabinett, mittelamerikanische Maya-Tonplastiken und archäologische Funde aus der Hasenburg-Region zu erleben. Nach Voranmeldung werden geführte Besichtigungen veranstaltet. In der Burggalerie finden regelmäßig Wechselausstellungen statt.

Galerie in der Burg • Dr. Gerlinde Gräfin von Westphalen • Fleckenstraße 41 • 37345 Großbodungen • Tel. (036077) 18934 • www.galerie-in-der-burg.de • Mi.–So. 14–18 Uhr, für Gruppen individuelle Öffnungszeiten

21 Etzelsbach

Dieser kleine Wallfahrtsort wurde 2011 durch den Besuch des Papstes Benedikt XVI. überregional bekannt. Verschiedene Wallfahrten werden hier regelmäßig abgehalten – die bekannteste ist die jährliche Pferdewallfahrt. Viele Pferdeeigentümer kommen am zweiten Sonntag nach der Heimsuchung Mariens nach Etzelsbach, um ihre Tiere segnen zu lassen. Im Zentrum der Verehrung steht das sogenannte Gnadenbild von Etzelsbach – eine Pietà, die der

Legende nach von einem Bauern, genauer gesagt, von seinen Pferden bei Arbeiten auf dem Feld gefunden wurde. Die Tiere weigerten sich, weiterzulaufen. Als der Bauer nachsah, warum sie nicht gehorchten, entdeckte er die Statue der Maria mit ihrem toten Sohn auf den Knien. Aufgrund dieser Geschichte liegt einmal im Jahr das besondere Augenmerk der Wallfahrenden auf den Pferden.

Kapelle Etzelsbach • 37308 Steinbach • Tel. (036085) 40305 • www.pfarramt-steinbach.de • Mo.–So. 8–20 Uhr

22 Stockmacherdorf Lindewerra

Seit mehr als 170 Jahren wird hier das Handwerk der Stockmacher ausgeübt. Im Jahr 1836 begann Wilhelm Ludwig Wagner, aus Eichenschößlingen Gehstöcke herzustellen. Das Stockmachermuseum zeigt die Entwicklung des Stockmacherhandwerks und veranschaulicht die Arbeitsschritte bei der Anfertigung eines Gehstockes. Anhand vielfältiger Objekte – Dokumente, Bilder, Arbeitsgeräte, historischen und neuen Stöcken – wird dem Besucher ein sehr anschauliches Bild der Geschichte dieses Handwerks vermittelt.

Stockmachermuseum • Straße der Einheit 2 • 37318 Lindewerra • Tel. (036087) 98300 • www.lindewerra.de • April–Okt. So. 13.30–17 Uhr

23 Grenzmuseum Schifflersgrund

Das Grenzmuseum Schifflersgrund liegt ebenso wie das Grenzlandmuseum an der ehemaligen innerdeutschen Grenze zwischen Hessen und Thürin-

Ein altes Handwerk, aber im Eichsfeld noch lebendig: die Stockmacherei

gen. Das Museum wurde am 3. Oktober 1991 eröffnet. Im Laufe seiner Entwicklung vergrößerten sich die Sammlungen. Heute informiert das Museum in sieben Abschnitten über das Ende des Zweiten Weltkrieges, die Entwicklung der Besatzungszonen, das Leben im Sperrgebiet und das Jahr 1989 in der DDR. Gesondert werden der Fluchtversuch von Heinz Josef Große und die Ergebnisse des Wanfrieder Abkommens dargestellt.

Grenzmuseum Schifflersgrund • Platz der Wiedervereinigung 1 • 37318 Asbach-Sickenberg • Tel. (036087) 98409 • www.grenzmuseum.de • Mo.–So. 10–17 Uhr

24 Wallfahrtskirche Hülfensberg

Dort, wo sich heute das 1860 gegründete Franziskanerkloster befindet, stand im 14. Jahrhundert eine Erlöserkirche. Ziel aller Wallfahrten ist das Hülfenskreuz. Dieses romanische Kreuz wird von den Gläubigen hoch verehrt. Es ist ein Triumphkreuz vom sogenannten Viernageltypus. Christus ist nicht als Leidender, sondern als König und Sieger über den Tod dargestellt. Goldgekrönt schaut er mit erhobenem Blick geradeaus. Er ist mit einem textilen Gewand ausgestattet, ähnlich dem Luccakreuz aus dem Dom zu Lucca. Um dieses Kreuz zu sehen, pilgern die Wallfahrer auf dem von Kreuzwegstationen gesäumten Prozessionsweg von Geismar zum Berggipfel hinauf, oder sie gehen vom Bebendorfer oder Döringsdorfer Parkplatz zur Gnadenstätte.

Wallfahrtsstätte Hülfensberg im Franziskanerkloster • Hülfensberg 1 • 37308 Geismar OT Bebendorf • Tel. (036082) 45500 • www.huelfensberg.de • Mo. 8.30–17 Uhr

MÜHLHAUSEN UND
DAS UNSTRUT-HAINICH-GEBIET

„Mulhusia turrita" – turmreiches Mühlhausen: Dieser Name leitet sich von den 59 Kirch- und Stadtmauertürmen ab. Nach Erfurt war Mühlhausen im Mittelalter die bedeutendste Stadt in Thüringen. Während viele Thüringer Städte unter den Bombardements im Zweiten Weltkrieg litten, blieb Mühlhausen nahezu unversehrt. Erst ein weiträumiger Abriss im Jakobiviertel brachte den Verlust von kostbarer Fachwerkarchitektur. Doch der heutige Besucher der Stadt ist immer noch stark beeindruckt vom mittelalterlichen Stadtensemble mit seinen elf Kirchen, der fast vollständig erhaltenen Stadtmauer und den wunderschönen Fachwerkhäusern. Diesen etwa fünfzig Bürgerhäusern verdankt Mühlhausen seine Mitgliedschaft in der „Deutschen Fachwerkstraße".

Reiseinformation
Mühlhausen Tourist-Information • Ratsstraße 20 • 99974 Mühlhausen • Tel. (03601) 404770 • www.muehlhausen.de • Mo.–Fr. 9–17 Uhr, Ostern–Okt. Sa./ So. 10–16 Uhr, Nebensaison Sa. 10–14 Uhr

25 Mühlhausen

967 wurde Mühlhausen erstmalig in einer Urkunde Ottos I. erwähnt. Bis ins 13. Jahrhundert war Mühlhausen bevorzugter Pfalz deutscher Könige und Kaiser. Etwa 1220 wurde das „Mühlhäuser Rechtsbuch", das älteste Stadtrechtsbuch in deutscher Sprache, niedergeschrieben. Mit der Zerstörung der Königspfalz im Jahre 1256 wurde Mühlhausen zur „Freien Reichsstadt". Etwa 150 Jahre später war in Thüringen nur Erfurt größer. In Mühlhausen lebten mit etwa 10.000 Menschen etwa genauso viel wie in Ulm, Nürnberg, Straßburg oder Basel. 1430 trat Mühlhausen gemeinsam mit Erfurt und Nordhausen der Hanse bei. Eng verbunden mit Mühlhausen sind Reformation und Bauernkrieg – in der Stadt fanden in den Jahren 1524 und 1525 sogenannte Bilderstürme statt. Vor den Stadttoren wurde der radikale Reformator Thomas Müntzer hingerichtet. Doch wegen der Parteinahme für den Führer im Bauernkrieg verlor Mühlhausen seinen Status als „Freie Reichsstadt": Die Reichsfreiheit gewann Mühlhausen allerdings im Verlauf des Schmalkaldischen Krieges von Kaiser Karl V. wieder zurück. Die mittelalterliche Blüte der Stadt erreichte Mühlhausen jedoch nicht wieder. Um 1600 fand noch einmal ein Aufschwung in Handel und Gewerbe statt. Gegen Ende des 16. Jahrhunderts gab es fast 800 Handwerksmeister in Mühlhausen. Die Stadt war besonders für seine Loh- und Weißgerber berühmt. Von musikhistorischer Bedeutung ist der Aufenthalt Johann Sebastian Bachs.

Er war in den Jahren 1707 und 1708 Organist an der Divi-Blasii-Kirche.

Ⓐ Rathaus

Das Mühlhäuser Rathaus entstand in seinem Kern etwa um 1300. Beeindruckend und von hoher kulturhistorischer Bedeutung sind die Rathaushalle, die große Ratsstube mit ihrer spätgotischen Ausmalung und das Reichsstädtische Archiv. Noch heute beeindrucken die Renaissance-Portale. In der Rathaushalle links sind Sonderausstellungen des Mühlhäuser Stadtarchivs zu erleben. Sie veranschaulichen die Mühlhäuser Geschichte und deren Protagonisten.

Rathaus • Ratsstraße 19 • 99974 Mühlhausen • Tel. (03601) 404770 • www.muehlhausen.de • Führungen Mo.–Fr. 11 Uhr (Treffpunkt: 1. Etage des Rathauses, Eingang Ratsstraße 19), am Wochenende im Rahmen der öffentlichen Stadtführungen

Reichsstädtisches Archiv • Ratsstraße 19 • 99974 Mühlhausen • Tel. (03601) 404770 • www.muehlhausen.de • Mo.–Fr. Führungen ab 11 Uhr

Ⓑ Kornmarktkirche

Heute befindet sich in diesem Kirchenbau das Bauernkriegsmuseum. Ursprünglich jedoch war der heute Kornmarktkirche genannte Bau die Klosterkirche St. Crucis des Franziskanerordens. Der schlichte Bau, der durch Maß und Proportion bestimmt wird, ist typisch für die sogenannte Bettelordenarchitektur. St. Crucis wurde auf einem den Franziskanern geschenktem Gelände errichtet. Der Baubeginn wird in die Mitte des 13. Jahrhunderts

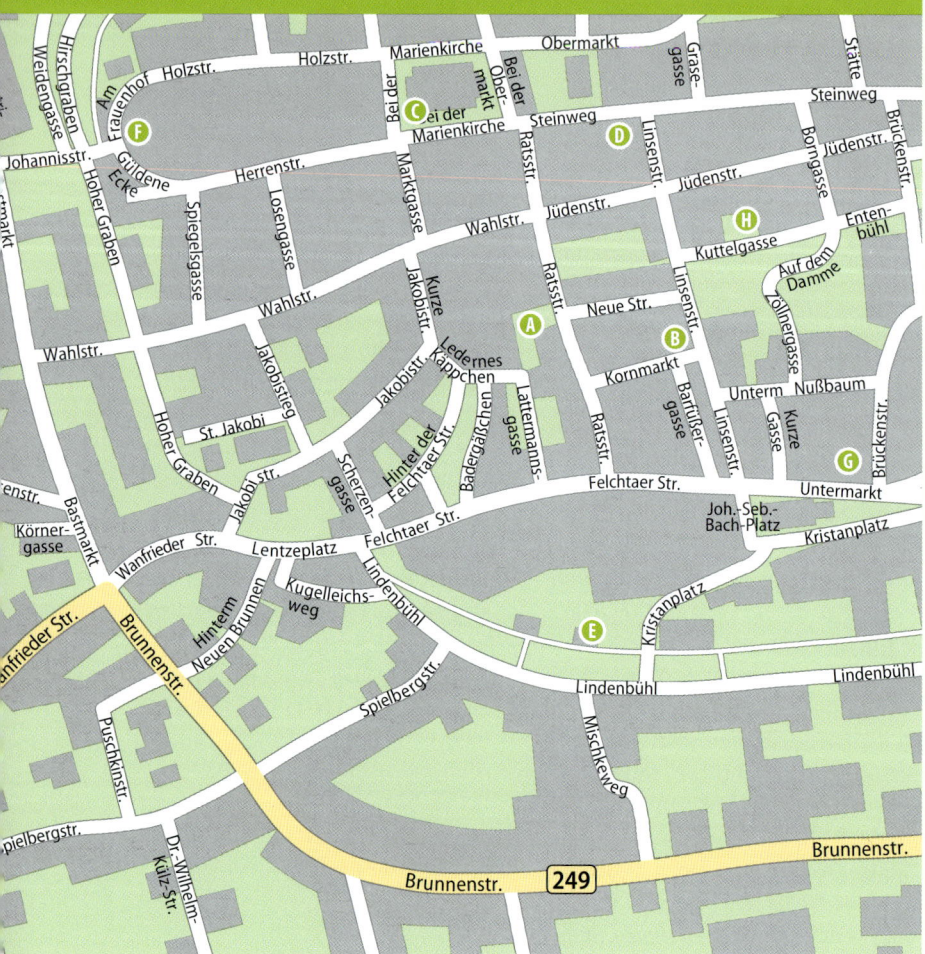

datiert. Im Jahr 1802 wurde das Gotteshaus säkularisiert. Danach waren hier die städtische Waage und das Kornmagazin untergebracht. Später entstanden Wohnungen und Büros. In den Jahren 1973 bis 1975 wurde die Kornmarktkirche restauriert und von da an als Museum genutzt. Die Ausstellung unterrichtet den Besucher über die Reformation in Deutschland, die Zeit des Deutschen Bauernkrieges, seine Aus- und Wechselwirkungen in Hinblick auf die deutsche Nationalgeschichte. Seit 2008 gehört zur Kornmarktkirche ein nach den Ideen des mittelalterlichen Gelehrten Albertus Magnus gestalteter Klostergarten. Zum „Zweckverband Mühlhäuser Museen" gehören ebenfalls die Marienkirche, die Allerheiligenkirche, die historische Wehranlage und das Museum am Lindenbühl.

Bauernkriegsmuseum – Kornmarktkirche • Kornmarkt • 99974 Mühlhausen • Tel. (03601) 85660 • www.muehlhaeuser-museen.de • Di.–So. 10–17 Uhr

C Marienkirche

Die Marienkirche ist nach dem Erfurter Dom die zweitgrößte Hallenkirche in Thüringen. Sie wurde 1975 säkularisiert und in ein Museum umgewandelt. St. Marien wurde 1243 erstmalig urkundlich erwähnt. In diesem Jahr wurde die Marienkirche an den Deutschen Orden übertragen. Im 14. Jahrhundert wurde der Vorgängerbau durch den heutigen Bau ersetzt. Bis ins 16. Jahrhundert wurde an St. Marien gebaut. Ende des 19. Jahrhunderts begann man mit Restaurierungsarbeiten, und

mit dem Anfang des 20. Jahrhunderts vollendeten Mittelturm besitzt Mühlhausen den mit knapp 87 Meter Höhe höchsten Kirchenturm in Thüringen. St. Marien hatte in der Stadt eine zentrale Bedeutung: Im Mittelalter wurden an dieser Stelle kaiserliche Urteile verkündet. Thomas Müntzer predigte in der Kirche. Heute befindet sich hier die Müntzer-Gedenkstätte. Im Inneren der Marienkirche erlebt der Besucher die reiche sakrale Ausstattung und erfährt alles Wissens- und Sehenswerte zum Kirchenbau. Herzstück der Ausstellung ist der dem Leben und Wirken Thomas Müntzers gewidmete Museumsteil.

Marienkirche • Bei der Marienkirche • 99974 Mühlhausen • Tel. (03601) 85660 • www.muehlhaeuser-museen.de • Di.–So. 10–17 Uhr

D Allerheiligenkirche

Sie wurde nach 1256 als Bußleistung für die Zerstörung der Mühlhäuser Königspfalz erbaut. Urkundliche Ersterwähnung fand Allerheiligen 1287. Der gotische, chorlose Bau ist schlicht ausgeführt. Im 20. Jahrhundert war Allerheiligen dem endgültigen Verfall nahe, doch in den Jahren 1958 bis 1989 wurde die Kirche grundlegend restauriert und damit gerettet. Nun ist in ihr die Museumsgalerie untergebracht. Ein Teil der ständigen Ausstellung ist der Bau- und Restaurierungsgeschichte der Kirche gewidmet. Der Schwerpunkt liegt jedoch auf der Sammlung Thüringer und zeitgenössischer Kunst. Auch das Wechselausstellungsprogramm wird häufig von Themen aus der zeitgenössischen Kunst bestimmt.

137

Jakobikirche • Jakobistraße/Jacobistieg • 99974 Mühlhausen • Tel. (03601) 886411 • www.muehlhausen.de • ab Herbst Mo.–Di., Do.–Fr. 10–18 Uhr, Sa. 10–12 Uhr

Ⓔ Museum am Lindenbühl

Das Museum am Lindenbühl ist das vierte Zweckverbandsmuseum. In der zweiten Hälfte des 19. Jahrhunderts wurde dieses Gebäude als Gymnasium im Stile der Neorenaissance errichtet. Ab 1947 war hier das Mühlhäuser Heimatmuseum untergebracht. Es ging aus dem 1879 gegründeten Gewerbemuseum hervor. Heute kann man längst nicht mehr von einem Heimatmuseum sprechen. Im Juli 2014 wurden nach der grundhaften Sanierung die ersten beiden neuen Bereiche der Dauerausstellung wiedereröffnet: Die Exposition zur Ur- und Frühgeschichtlichen Besiedlung des Unstrut-Hainich-Kreises sowie die Abteilung zur jüngeren Kunstgeschichte Thüringens. Das Sonderausstellungsprogramm wird bestimmt von historischen Spezialthemen sowie kultur- und industriegeschichtlichen Fragen.

Museum am Lindenbühl • Kristanplatz 7 • 99974 Mühlhausen • Tel. (03601) 85660 • www.muehlhaeuser-museen.de • Di.–So. 10–17 Uhr

Ⓕ Historische Wehranlage

Der mittelalterliche Stadtmauerring ist noch nahezu vollständig erhalten. Im 19. Jahrhundert wurden nahezu alle Stadttore abgebrochen, allein das Innere und das Äußere Frauentor blieben stehen. Von der knapp 2,8 Kilometer langen Mauer wurden fast 50 Hektar Fläche umschlossen. Etwas mehr als zwei Kilometer sind noch heute erhalten. Vom Frauentor aus kann der Besucher heute ungefähr 330 Meter Wehranlage besichtigen. Der Rabenturm mit seiner Aussichtsplattform bietet einen wunderbaren Rundblick über Mühlhausen und seine Umgebung.

Historische Wehranlage • Am Frauentor • 99974 Mühlhausen • Tel. (03601) 85660 • www.muehlhaeuser-museen.de • April–Okt. Di.–So. 10–17 Uhr

Ⓖ Divi-Blasii

Die Blasiuskirche wurde im Zusammenhang mit der Schenkung an den Deutschen Orden 1227 erstmalig urkundlich erwähnt. Divi-Blasii wurde als dreischiffige, kreuzförmige Hallenkirche errichtet. Im 13. Jahrhundert begann der Bau des Gotteshauses durch den Deutschen Orden. Stilistisch gibt es deutliche Parallelen zu französischen Vorbildern gotischer Kathedralen. Besonders die Maßwerksrose beeindruckt, ist sie doch vergleichbar mit der des nördlichen Querschiffs von Notre Dame in Paris. Die Chorfenster wurden in der ersten Hälfte des 14. Jahrhunderts geschaffen. Im Polygonscheitel an zentraler Stelle befindet sich das Christusfenster, flankiert von zwei Apostelfenstern, desweiteren gehören zum Bildprogramm ein Prophetenfenster, zwei Heiligenfenster, ein Weltgerichtsfenster dazugehörend die klugen und törichten Jungfrauen. Zur Ausstattung der Divi-Blasii-Kirche gehören heute der vierflügelige Hochaltar – ein Schnitzaltar aus dem ausgehenden 15. Jahrhundert. Vor goldenem Hintergrund unter architektonischen Baldachinen die Krönung Mariens. Die Reliefs in den vier Flügeln stellen die Verkündigung, die Geburt Christi, Noli me tangere und die Himmelfahrt Mariens dar. Die Rückseiten der inneren und äußeren Flügel sind bemalt mit Aposteln und Heiligen. Beachtenswert auch die Grabmäler im Chor – bspw. das des Kristan von Sammland (gest. 1245) oder des Dietrich von Ammern (gest. 1352). Ein Jahr war Johann Sebastian Bach Organist der Divi-Blasii-Kirche. An seinen, verglichen mit anderen Stationen seines Musikerlebens, „Kurzaufenthalt" erinnert vor der Kirche seit 2009 eine Bronzeplastik von Klaus Friedrich Messerschmidt. Die Orgel, auf der Bach spielte, ist nicht mehr vorhanden, doch wurde auf der westlichen Empore mit der 1959 eingeweihten Schuke-Orgel die Orgeldisposition Bachs umgesetzt.

Bach-Kirche Divi Blasiisa • Untermarkt • 99974 Mühlhausen • Tel. (03601) 446516

• www.muehlhausen.de • Di.–Do., Sa. 10–17 Uhr, Fr. 11–18 Uhr, So. 11–17 Uhr, durch Konzerte und Gottesdienste kann es zu geänderten Öffnungszeiten kommen, Mo. geschlossen

ⓗ Synagoge

Archivalien belegen eine Synagoge in Mühlhausen im späten 14. Jahrhundert. Der Bau der heutigen Synagoge wurde 1840 begonnen, ein Jahr später wurde sie eingeweiht. Knapp einhundert Jahre später wurde sie bei den Pogromen geschändet. 1947 wurde sie der thüringischen jüdischen Landesgemeinde zurückgegeben. Während der DDR-Zeit blieb sie erhalten und wurde am 9. November 1998 wieder eingeweiht. Die Synagoge dient heute auch als Gemeindehaus und Begegnungsstätte. Hier werden Ausstellungen durchgeführt, die Bibliothek kann genutzt werden.

Mühlhäuser Synagoge • Jüdenstraße 24 • 99974 Mühlhausen • Tel. (03601) 404770 • www.muehlhausen.de • Führungen in der

Mühlhausen – Stadt der Türme und Tore

Synagoge können bei der Tourist Information Mühlhausen reserviert werden.

26 Nationalpark Hainich

Die Gesamtfläche des Hainich beträgt ca. 16.000 Hektar. Der Nationalpark nimmt davon etwa die Hälfte – 7.500 Hektar – ein. Der Hainich ist das größte zusammenhängende Laubwaldgebiet Deutschlands und seit Juni 2011 Teil der UNESCO-Weltnaturerbestätte „Buchenurwälder der Karpaten und alte Buchenwälder Deutschlands"; ein Muschelkalk-Höhenzug, dessen höchste Erhebung der Alte Berg (494 Meter) ist. Im Hainichwald dominiert die Rotbuche. Begleitet wird sie von Arten wie Eschen, verschiedenen Ahornen, von Linden und den Elsbeeren. Nadelholz machen vom Gesamtbaumbestand nur etwa drei Prozent aus. Ein besonderes Erlebnis ist der Hainich-Nationalpark im Frühjahr und im Herbst. Im

Frühling verzaubern die Frühblüher die Wälder, im Herbst nimmt den Betrachter die Färbung der Blätter gefangen. Ein ganz spezielles Erlebnis bietet der Baumkronenpfad an der Thiemsburg. Auf ihm gelangen Besucher in Bereiche des Nationalparks, die ihnen am Boden unzugänglich bleiben. In zwei Schleifen können sich die Parkbesucher auf dem Pfad mit einer Gesamtlänge von etwas mehr als 500 Metern bewegen. Wer möchte, der kann an einer Führung teilnehmen. In das Angebot des Nationalparks sind verschiedene Ausstellungen integriert – die Themenvielfalt ist groß: Je nach Interesse kann man sich mit den eher künstlerischen Aspekten in der Natur oder mit allem Wissenswerten über Flora und Fauna beschäftigen. Unbedingt sollte man einen der Erlebnispfade abgelaufen sein – an unterschiedlichen Stationen werden interaktiv wichtige Wissensinhalte ver-

Ein besonderes Erlebnis ist der Spaziergang durch die Baumkronen im Nationalpark Hainich

mittelt. Auch der märchenhafte Aspekt kommt nicht zu kurz – auf dem Feensteig kommt man Zauberern, Riesen und Waldfrauen ganz nah! Bei all den lehrreichen Aspekten des Hainich-Nationalparkes wurden jedoch Spaß und Spiel nicht vergessen. Speziell für Kinder wurde der Wildkatzenkinderwald eingerichtet, und auf dem Waldspielplatz wünscht sich so manche Mutter, so mancher Vater angesichts von Kletterlabyrinth und Kriechtunnel, 20 Jahre jünger zu sein.

Nationalpark Hainich • Bei der Marktkirche 9 • 99947 Bad Langensalza • Tel. (03603) 39070 • www.nationalpark-hainich.de • Nov.–März 10–16 Uhr, April–Okt. Mo.–Fr. 10–19 Uhr, Sa./So./Feiertage 10–16 Uhr, Info Behringen: Mo.–So. 8–20 Uhr, Nationalparkzentrum: Ausstellung und Baumkronenpfad ganzjährig geöffnet (außer 24./31. Dez.)

27 Niederdorla

Nach der Wiedervereinigung wurde der georgrafische Mittelpunkt Deutschlands gesucht und in Niederdorla gefunden. Damit jeder Reisende diesen Ort schnell und unkompliziert findet, ist er mit dem Mittelpunktstein und der Kaiserlinde gekennzeichnet. Vielleicht sollte man diesen Ort im Zusammenhang mit dem Mittelpunktsfest aufsuchen – denn seit 1990 wird in Niederdorla das „Fest am Mittelpunkt Deutschlands" gefeiert. Abgesehen vom Mittelpunktsfest lohnt ein Besuch von Niederdorla auch wegen des am nördlichen Ortsrand gelegenen „Opfermoores". Hier befand sich an einem flachen See seit dem 6. Jahrhundert v. Chr. eine Kultstätte, die auch nach der Christianisierung der hier lebenden Völker noch vereinzelt bis in das 11. Jahrhundert genutzt wurde. Grabungen in der Mitte des 20. Jahrhunderts haben Aufschluss über die unterschiedlichen Phasen der Kultstätte gebracht. Zum Teil kann der Besucher des Opfermoores die archäologischen Funde vor Ort im Opfermoor-Museum betrachten. Die Rekonstruktion von Kultstätten und Heiligtümern in der Freilichtausstellung lassen längst vergangene Zeiten lebendig werden. Der Alltag der „alten Germanen" wird im Rahmen der Museumspädagogik anschaulich gemacht: Kleidung und Waffen, Kochen und Backen wie vor Tausenden von Jahren sowie Bogenschießen sind nur einige Themen, die dabei aus germanischer Sicht dargestellt werden. Wer weitere Artefakte der Grabungen sehen möchte, kann diese in Mühlhausen im Museum am Lindenbühl finden. Ein anderer Teil befindet sich im Ur- und Frühgeschichtsmuseum in Weimar.

Opfermoor Vogtei • Schleifweg 11 • 99986 Vogtei OT Niederdorla • Tel. (03601) 756040 • www.opfermoor.de • Mo.–Fr. 10–16 Uhr, Sa./So. 10–17 Uhr

28 Kur- und Rosenstadt Bad Langensalza

Die Kurstadt besitzt eine wunderschöne und zu einem großen Teil restaurierte Altstadt. Dass diese Stadt als eine der Thüringer Waidstädte zu Wohlstand gekommen war, lässt sich schon an der Ausdehnung der befestigten Altstadt erkennen. Der Waidhandel verlor rapide an Bedeutung, als Indigo als Blaufärbemittel für Textlien im großen Stil nach Europa kam. Doch trotz des Niedergangs des Waidanbaus und -handels wurde die Langensalzaer Waidgilde erst 1811 aufgelöst. Vergleichbar mit Mühlhausen war auch in Langensalza eine Fläche von fast 50 Hektar durch Wehranlagen – **Stadtmauer** und **Wälle** – geschützt worden. Eine erste Schutzanlage wurde Mitte des 14. Jahrhunderts erweitert – von den ehemals 24 Türmen und sieben Toren sind heute neun Türme und das Klagetor erhalten. Ein Teil der Wälle wurde in der Neuzeit in städtische Grünanlagen umgewandelt.

Das Stadtbild wird dominiert von der **Marktkirche St. Bonifatius** mit ihrem 81 Meter hohen Kirchturm. Sie steht in der Nachfolge der Marburger Elisabethkirche; das Mittelschiff mit seinen parallel verlaufenden Rippen hat Ähnlichkeit mit einer baulichen Lösung Peter Parlers für den Prager Veitsdom. Der Baukörper ist durch die Verschiebung des Chores aus der Achse im Erscheinungsbild nicht ganz homogen. Das große Gewändeportal an der Westseite ist im Gegensatz zum restlichen Baukörper nicht aus einheimischem Travertin, sondern aus Sandstein gearbeitet. In den Mittelpfeiler ist eine Armenbüchse eingelassen. Ursprünglich war dieses Portal reich mit Figuren geschmückt. Diese scheinen jedoch den Bilderstürmen in Folge der deutschen Reformation zum Opfer gefallen zu sein. Allein die Baldachine zeigen den ehemals vorhanden Figurenschmuck des Gewändes an. Das Tympanon trägt jedoch seine Darstellung des Jüngsten Gerichtes noch. Es ist wohl gegen Ende des 14. Jahrhunderts entstanden und erinnert stilistisch an die Parler-Plastik im Prager Veitsdom und auf der Karlsbrücke. In St. Bonifatius lohnt ein Blick an die Decke – im Mittelschiff ist schönes Netzrippen-, in den Seitenschiffen Schlingstern- und im Turmuntergeschoss ein Rautensterngewölbe ausgebildet. Die Decke des Nonnenchores trägt reiche Bemalung, in deren Zentrum das Lamm Gottes steht.

Das **Rathaus** ist urkundlich erstmalig im ausgehenden 13. Jahrhundert belegt. Vorgängerbauten aus dem 14. und 16. Jahrhundert wurden bei Bränden fast vollständig – bis auf den gotischen Turm – zerstört. Der heutige Bau entstand in der Mitte des 18. Jahrhunderts. Beachtenswert ist an der Westseite die Skulptur des sogenannten Finnemännchens. An der West- und Südseite des Rathauses waren früher die Fleischbänke platziert. Hatte ein Fleischer mit Larven des Bandwurms verseuchtes Fleisch verkauft, so musste er sich darunterstellen. Das Finnemännchen ist also eine Art Pranger speziell für Fleischer gewesen.

Zur Geschichte der Stadt Bad Langensalza gehört die Rosenzucht und -kultivierung. Dieser wesentliche Aspekt wird durch den **Rosengarten** mit Rosenmuseum Rechnung getragen. Etwa um 1870 begann die Rosengeschichte in Langensalza. Zwischen 1954 und 1989 wurden hier 88 neue Züchtungen hervorgebracht. 1999 entstand vor dem Klagetor ein Rosengarten mit 450 verschiedenen Rosensorten und -arten.

Ehemals Lustschloss, heute Sitz der Touristinformation und Veranstaltungsort

Rathaus • Marktstraße 1 • 99947 Bad Langensalza • Tel. (03603) 8590 • www.badlangensalza.de • Mo.–Fr. 8–12 Uhr, Di. 13–18 Uhr, Do. 14–16 Uhr

Marktkirche St. Bonifacii • Bei der Marktkirche 1 • 99947 Bad Langensalza • Tel. (03603) 846402 • www.kirchenkreis-muehlhausen.de • April–Okt. Mo.–So. 14–16 Uhr, Nov.–März auf Anfrage

Rosenmuseum • Vor dem Klagetor 3 • 99947 Bad Langensalza • Tel. (03603) 834424 • www.bad-langensalza.de • Mai–Okt. Mo.–So. 10–19 Uhr

AKTIV-TIPP Nicht nur in Bad Langensalza, auch in den umliegenden Dörfern und Gemeinden wurde Rosenzucht betrieben. Es lohnt sich unbedingt eine Wander- oder Fahrradtour in die Umgebung. Fahrradfreunde sollten einmal eine ca. 16 Kilometer lange Tour im Osten von Bad Langensalza fahren. Von der Kurstadt aus geht es in Richtung Merxleben. Am Kirchberg unter den alten Kastanien hat man eine schöne Sicht auf Bad Langensalza. Der Weg führt nun weiter am Schlachtfeld von 1866 nach Nägelstedt. Das Gesicht des Dorfes ist geprägt durch die Kirche St. Georg, das Rittergut und den Komturhof. Von hier sollte man einen Abstecher in das Unstruttal östlich von Nägelstedt nicht versäumen. Durch die Aue im Westen des Dorfes geht es, vorbei an den Schwefelquellenhäuschen, wieder zurück nach Bad Langensalza. Wer zu Fuß die Umgebung erkunden möchte, dem sei ein Spaziergang oder auch eine längere Wanderung in der Fahner Höhe empfohlen. Sie ist ein ausgewiesenes Landschaftsschutzgebiet. Im Frühjahr ist das Flächennaturdenkmal Blütengrund ein wundervolles Erlebnis – Zehntausende von Märzenbechern bedecken zu dieser Zeit den Waldboden.

143

MITTELTHÜRINGEN

Beschreibt man Thüringen, so spricht man über seine lange Geschichte, seine schönen Landschaften, die reizvolle Natur und – natürlich – über das reiche kulturelle Erbe. In der Mitte Thüringens findet sich all dies in hoch konzentrierter Form. Große Schlösser mit reichen Schatzkammern: Gotha und sein barockes Universum, Weimar, die Klassikerstadt und Wiege des Bauhauses, Erfurt, die Stadt der Kirchen, Klöster und der Universität – sie locken ins Herz Thüringens. Es empfiehlt sich, wiederzukommen, denn jedes Mal wird man Neues entdecken. Doch von den Städten sollte man unbedingt ins Umland fahren – märchenhafte Höhlen, ein Sauriererlebnispfad, romanische Klosterruinen oder technische Denkmale wie der Ohrdrufer Tobiashammer lassen jede Tour zum Erlebnis werden.

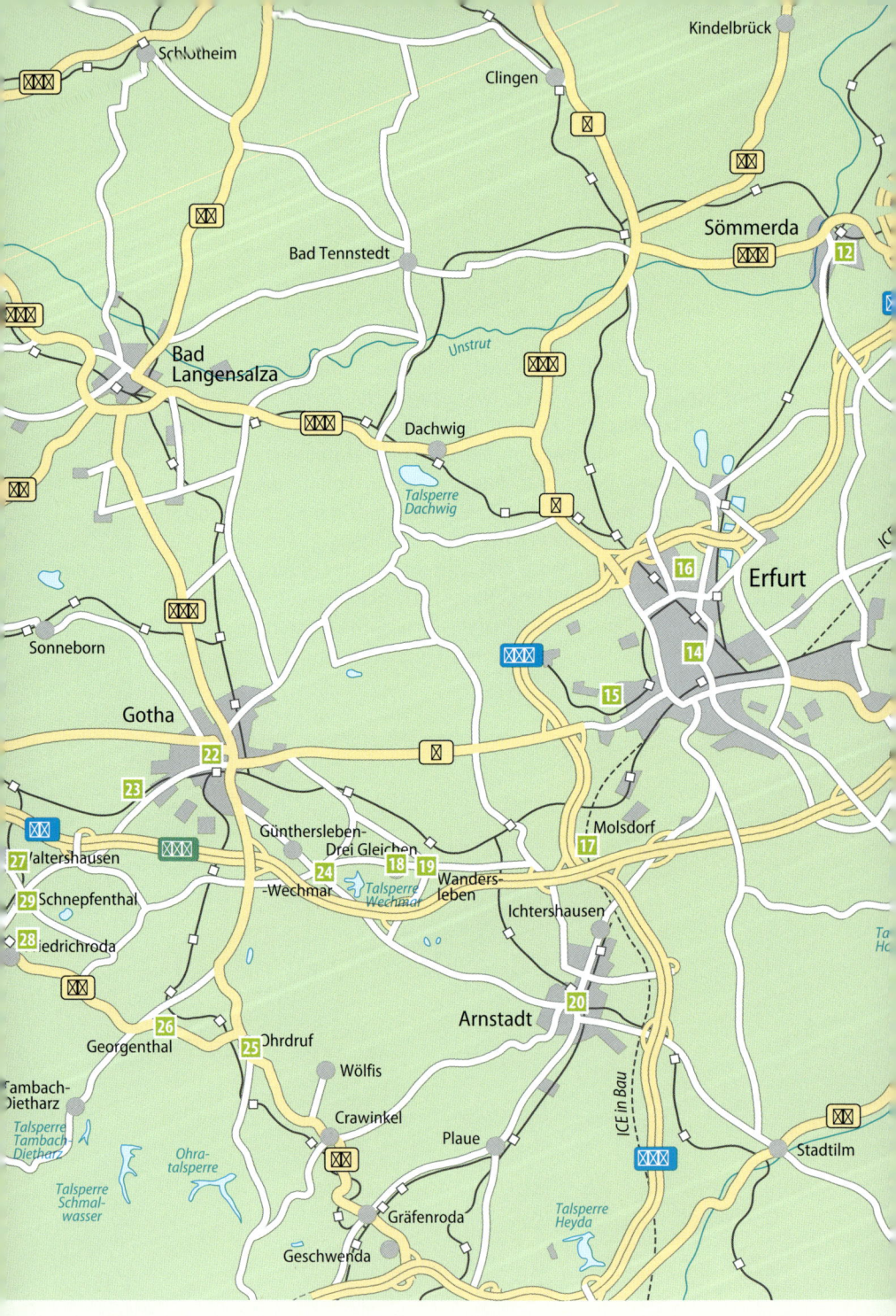

MITTELTHÜRINGEN

WEIMAR UND UMGEBUNG

Die Stadt Weimar hat viele Titel: Universitätsstadt, Kulturstadt Europas und seit 2008 auch „Ort der Vielfalt". Nach Erfurt, Jena und Gera ist Weimar mit etwa 65.000 Einwohnern die viertgrößte thüringische Stadt, sie ist zudem diejenige mit dem höchsten Bevölkerungswachstum im Freistaat. Doch „dergleichen wie weite Wege [gibt es] nicht, unsere Größe beruht im Geistigen" lässt Thomas Mann Kellner Mager in „Lotte in Weimar" über den Ort sagen. Daran hat sich bis heute nicht viel geändert. Weimar liegt an einem Bogen der Ilm südöstlich des Ettersberges, des mit 478 Metern höchsten Berges im Thüringer Becken.

Reiseinformation

weimar GmbH Tourist-Information Weimar • Markt 10 • 99423 Weimar • Tel. (03643) 7450 • www.weimar.de • April–Okt. Mo.–Sa. 9.30–19 Uhr, So./Feiertage 9.30–15 Uhr, Nov.–März Mo.–Fr. 9.30–18 Uhr, Sa./So./Feiertage 9.30–14 Uhr

1 Weimar

Weimar war seit 1572 Hauptstadt von Sachsen-Weimar bzw. Sachsen-Weimar-Eisenach. Dies war der erste Staat Deutschlands, der sich eine Verfassung gab (1816). Von 1920 bis 1948 war Weimar die Hauptstadt des Landes Thüringen. 1999 war sie die Kulturhauptstadt Europas. In Ehringsdorf, einem Stadtteil im Südosten Weimars, wurde 1925 das Skelett des Ehringsdorfer Urmenschen gefunden, dessen Alter auf etwa 200.000 bis 250.000 Jahre geschätzt wird. Dabei handelt sich um die fossilen Überreste einer etwa 20- bis 30-jährigen Frau. Im selben Steinbruch wurden bereits 1908 menschliche Schädelknochen entdeckt. Weimar hat viel erlebt – das Goldene und das Silberne Zeitalter, den Nationalsozialismus und die DDR. Jeder Zeitabschnitt hinterließ seine ganz spezifischen Zeugnisse. Teile davon sind offizielles Weltkulturerbe: Die Bauhaus-Bauten in Weimar und Dessau, die klassischen Stätten Weimars und Goethes handschriftlicher Nachlass wurden in die Welterbeliste der UNESCO bzw. in das „Register des Gedächtnisses der Menschheit" aufgenommen.

A Stadtschloss

So wie sich das Stadtschloss heute präsentiert, ist es über ca. 500 Jahre „gewachsen". Der letzte große Brand brach in der Nacht zum 5. Mai 1774 aus. Erst fünfzehn Jahre später begann der Wiederaufbau. Die einberufene Schlossbaukommission wurde von Johann Wolfgang Goethe geleitet. In dieser Zeit entstand die klassizistische Innenausstattung z. B. des Festsaals und des Treppenhauses. Der berühmte Architekt Clemens Wenzelaus Coudray zeichnete ab 1816 für die Planung des westlichen Schlossflügels verantwortlich. Erst 1847 waren die Arbeiten mit der Einweihung der Schlosskapelle beendet. Im Westflügel befanden sich die Privaträume der großherzoglichen Familie. Außerdem ließ Großherzogin Maria Pawlowna zwischen 1835 und 1847 die sogenannten Dichterzimmer, Memorialräume zu Ehren von Christoph Martin Wieland, Johann Gottfried Herder, Friedrich Schiller und Johann Wolfgang Goethe, einrichten. Ab 1923 wurde das Weimarer Stadtschloss als Museum genutzt. Noch heute befinden sich in der Residenz – außer im Südflügel – die Museumsräume. Hier werden Teile der großherzoglichen Kunstsammlung mit Objekten aus dem Mittelalter bis in die Zeit um 1900 präsentiert. In der Galerie sind Kunstwerke von Lucas Cranach, Caspar David Friedrich, Johann Heinrich Wilhelm Tischbein, August Rodin und Max Beckmann versammelt. Besucher beeindrucken die ausgestellten Teile des Brautschatzes der Zarentochter Maria Pawlowna.

Stadtschloss Weimar • Burgplatz 4 • 99423 Weimar • Tel. (03643) 545400 • www.klassik-stiftung.de • Nov.–März, Di.–So. 9.30–16 Uhr, April–Okt. Di.–So. 9.30–18 Uhr, Führungen Sa. 11 Uhr

B Herzogin Anna Amalia-Bibliothek

Traurige Berühmtheit erlangte sie durch den Brand am 2. September 2004. Ge-

gründet wurde die Bibliothek 1691 durch Herzog Wilhelm Ernst. Zu ihren Beständen gehören ca. 2.000 mittelalterliche und frühneuzeitliche Buchhandschriften, 427 Inkunabeln, eine beachtenswerte Sammlung von Flugschriften aus der Zeit der deutschen Reformation, eine Reihe von Stammbüchern und Bibeln sowie 10.000 historische Landkarten, 27 Globen und die weltweit umfangreichste Faust-Sammlung, des weiteren u. a. die Bibliotheken der Familie von Arnim, Lizsts, Nietzsches und die Privatbibliothek Goethes. Der Sammlungsschwerpunkt der Bibliothek liegt auf der deutschen Kultur- und Literaturgeschichte von der Mitte des 18. bis zur Mitte des 19. Jahrhunderts. Der vom Brand 2004 stark betroffene Rokokosaal ist heute wieder zu besichtigen.

Herzogin Anna Amalia Bibliothek und Rokokosaal • Platz der Demokratie 1 • 99423 Weimar • Tel. (03643) 545400 • www.klassik-stiftung.de • Einzelbesucher: Di.–So. 9.30–14.30 Uhr • Besucherzahl ist limitiert, Tickets können vorbestellt werden. Gruppen: Di.–So. 15/15.30/16 Uhr, Führungen bis 20 Personen, nur mit Anmeldung

C Park an der Ilm

Fälschlicherweise wird dieser Park „Goethepark" genannt. Auch wenn er einen Teil seiner Bekanntheit dem Goethe-Gartenhaus verdankt und der Dichter an seiner Gestaltung großen Anteil hatte, ist der Name eine unzulässige Verkürzung. Die Anlage umfasst etwa 48 Hektar – etwa 1,6 Kilometer zieht sie sich an der Ilm entlang. Die bekanntesten Gebäude des Parks sind das Goethe-Gartenhaus und das Römische Haus. In den

Jahren 1945/46 wurde ein sowjetischer Ehrenfriedhof eingerichtet.

D Musterhaus „Am Horn"

Das Musterhaus entstand anlässlich der ersten Bauhaus-Ausstellung im Jahr 1923. Der Entwurf wurde unter der Leitung von Georg Muche ausgearbeitet. Die gesamte Ausstattung des Hauses stammt aus den Werkstätten des Bauhauses. Konzeptionell orientiert sich der Bau an einem zentralen Raum, um den sich kleinere Räume für die Familie gruppieren. Der Freundeskreis „Bauhaus-Universität Weimar e. V." übernahm 1999 die Trägerschaft der Anlage „Am Horn". Seitdem wird das Musterhaus als Gästehaus und Ausstellungsort genutzt.

Haus am Horn • Am Horn 61 • 99425 Weimar • Tel. (03643) 904063 • www.hausamhorn.de • Mi., Sa./So. 11–18 Uhr, Führungen im Rahmen des Bauhaus-Spaziergangs möglich

E Historischer Friedhof

Der Friedhof wurde 1818 eröffnet. Immer wieder wurde der Gottesacker erweitert. Der alte Baumbestand macht einen Teil der besonderen Atmosphäre dieser städtischen Grünfläche aus. Auf dem heute historischen, nicht mehr für Beerdigungen genutzten Teil befinden sich die Gräber bekannter Weimarer Familien. Die Fürstengruft wurde nach Plänen von Clemens Wenzeslaus Coudray zwischen 1823 und 1828 in der Hauptachse des Historischen Friedhofs errichtet. In der Fürstengruft sind seit 1827 bzw. 1832 auch die Grablegen von Friedrich Schiller und Johann

Wolfgang Goethe untergebracht. Auf dem Historischen Friedhof befindet sich die russisch-orthodoxe Grabkapelle der Großfürstin Maria Pawlowna. Die Grabkapelle wurde in den Jahren 1860 bis 1862 errichtet. Heute nutzt die Russisch-orthodoxe Kirche Deutschlands die Kapelle für Gottesdienste.

Historischer Friedhof mit Fürstengruft • Am Poseckschen Garten • 99423 Weimar • Tel. (03643) 545400 • www.klassik-stiftung.de • Nov.–März Di.–So. 10–16 Uhr, April–Okt. Di.–So. 10–18 Uhr

❺ Museum für Ur- und Frühgeschichte

Das Museum zeigt die historische Entwicklung Thüringens von der Menschwerdung bis zum Mittelalter. Höhepunkte der Ausstellung sind die altsteinzeitlichen Funde aus Bilzingsleben und Ehringsdorf, das bronzezeitliche Häuptlingsgrab von Leubingen und das Grab der germanischen Fürstin von Haßleben.

Museum für Ur- und Frühgeschichte • Humboldtstraße 11 • 99423 Weimar • Tel. (03643) 818331 • www.thueringen.de • Di. 9–18 Uhr, Mi.–Fr. 9–17 Uhr, Sa./So./Feiertage 10–17 Uhr

❻ Goethes Wohnhaus

Das Haus am Frauenplan wurde 1709 errichtet. Goethe zog hier im Jahre 1782 als Mieter ein. 1794 bekam er es von Herzog Carl August von Sachsen-Weimar-Eisenach geschenkt. Nun begann es Goethe nach seinen Vorstellungen umzubauen – eine großzügige Treppenanlage, Skulpturennischen, Stuckfriese nach antikem Vorbild zeugen vom klassizistischen Kunstideal Goethes. Heute werden in achtzehn Räumen nicht nur originale Möbel und Haushaltsgegenstände ausgestellt. Besondere Beachtung verdienen die zahlreichen Objekte aus Goethes unterschiedlichen Sammlungen wie Handzeichnungen, Gemälde, Plastiken, Bronzen, Majoliken, Münzen, auch seine Privatbibliothek. Im Hintergrund des

Das Wittumspalais in Weimar in direktem Blickkontakt mit DNT und Goethe-Schiller-Denkmal

Hauses befindet sich der Hausgarten. Er wurde von Christiane von Goethe gepflegt und versorgte die Familie mit Obst und Gemüse. Der Besucher erlebt heute den Garten, wie er Anfang des 19. Jahrhunderts bestand. Allerdings waren statt der Rasenflächen damals Gemüsebeete angelegt.

Goethe-Nationalmuseum mit Goethes Wohnhaus • Frauenplan 1 • 99423 Weimar • Tel. (03643) 545400 • www.klassik-stiftung. de • Nov.–März Di.–So. 9.30–16 Uhr, April– Okt. Di.–Fr., So. 9.30–18 Uhr

H Schillers Wohnhaus

Das Haus wurde 1777 gebaut und 1802 von Schiller gekauft. Familie Schiller lebte bis 1826, in diesem Jahr starb Charlotte Schiller, darin. 1847 wurde das Schillerhaus städtisches Eigentum und erste öffentliche Dichtergedenkstätte in Deutschland. Das Schiller-Wohnhaus zeigt dem Besucher Objekte aus dem Nachlass des Dichters. Die Geschichte des Hauses, der Alltag der Familie sind Themen der ständigen Ausstellung, zusätzlich wird über das Leben Friedrich Schillers in Thüringen (in Bauerbach, Rudolstadt, Jena und Weimar) informiert. Das Schiller-Museum im Hintergrund des Wohnhauses ist einer der wenigen Museumsneubauten der DDR. Es wurde 1988 fertiggestellt. Heute finden hier wechselnde Ausstellungen statt.

Schillers Wohnhaus und Schiller-Museum • Schillerstraße 12 • 99423 Weimar • Tel. (03643) 545400 • www.klassik-stiftung.de • Nov.–März Di.–So. 9.30–16 Uhr, April–Okt. Di.–Fr., So. 9.30–18 Uhr, Führungen Mi./Fr./ Sa. 13 Uhr

I Wittumspalais

Das Wittumspalais erhielt seinen Namen von seiner Bewohnerin Herzogin Anna Amalia von Sachsen-Weimar-Eisenach. Die geborene Prinzessin von Braunschweig-Wolfenbüttel kam durch die Ehe mit Ernst August II. Constantin nach Weimar. Das Wittumspalais erwarb sie nach dem großen Schlossbrand von 1774 von ihrem Minister, dem Freiherrn Jakob Friedrich von Fritsch. Nachdem die Herzogin in das Palais eingezogen war, ließ sie es nach ihren Vorstellungen umgestalten. Die Fresken im Festsaal und in den Privaträumen in der ersten Etage gehen auf Adam Friedrich Oeser zurück. Höhepunkte des Rundgangs im Hause sind das Tafelrundenzimmer – der Speisesaal, in dem die Geselligkeiten stattfanden – und der Grüne Salon, das ehemalige Wohnzimmer der Herzogin. Die frühklassizistische Einrichtung ist authentisch, so dass sich Besucher ein gutes Bild von den Lebensumständen der Herzogin Anna Amalia gegen Ende der 1780er Jahre machen können. Zum Museum wurde das Haus gegen Ende des 19. Jahrhunderts – Großherzog Carl Alexander ließ es einrichten.

Wittumspalais • Am Palais 3 • 99423 Weimar • Tel. (03643) 545400 •, www.klassik-stiftung. de • Nov.–März Di.–So. 10–16 Uhr, April– Okt. Di.–So. 10–18 Uhr

J Bauhaus-Museum

Der heutige Ausstellungsort des Bauhaus-Museums ist ein Provisorium. Seit 1995 ist es in der Kunsthalle am

Theaterplatz untergebracht. Hier wird mit mehr als 200 Exponaten die Entwicklung des Staatlichen Bauhauses in Weimar nachgezeichnet. Zu den herausragenden und bekanntesten Ausstellungsobjekten gehören die Gemälde von Lyonel Feininger und Paul Klee, die Wiege von Peter Keler, die Tischlampe von Wilhelm Wagenfeld oder die Kombinationsteekannen von Theodor Bogler. Die „Klassik-Stiftung Weimar" bereitet derzeit den Bau eines neuen Museums vor, das sich in der Nähe des Weimarhallen-Parks, des Neuen Museums und im Hintergrund des Landesverwaltungsamtes befinden soll. Der Standort ist im Moment noch eine innerstädtische „Leerstelle", doch ist ein Architekturwettbewerb unter Beteiligung von mehr als 500 in- und ausländischen Büros durchgeführt worden. In Zukunft wird sicher ein Großteil der mittlerweile mehr als 10.000 Exponate, die in das unmittelbare Umfeld des Bauhauses gehören, in der neuen Ausstellungshalle zu sehen sein.

Bauhaus-Museum Weimar • Theaterplatz 1 • 99423 Weimar • Tel. (03643) 545400 • www. klassik-stiftung.de • April–Okt. Mi.–Mo. 10–18 Uhr, Nov.–März Mi.–Mo. 10–16 Uhr, regelmäßige Führung Mo., So. 13 Uhr

Ⓚ Deutsches Nationaltheater Weimar

Eines der bekanntesten Denkmäler Weimars – wenn nicht sogar Deutschlands – ist das Goethe-Schiller-Denkmal auf dem Theaterplatz. Dort stehen sie seit 1857, geschaffen von Ernst Rietschel. Kopien dieses Denkmals befinden sich heute in Cleveland, Milwaukee und San Francisco und seit Neuestem auch in Shanghai. In ihrem Rücken befindet sich das Deutsche Nationaltheater und die Staatskapelle Weimar – oder einfach nur das DNT. Am DNT gibt es die Sparten Sprech-, Musik- und Tanztheater. Das Haus bespielt insgesamt sechs Bühnen im Weimarer Stadtgebiet. Das Theaterhaus wurde im frühen 20. Jahrhundert zum Schauplatz politischer Ereignisse: Monatelang tagte hier 1919 die Deutsche Nationalversammlung, um die Reichsverfassung zu verabschieden. Einige Jahre später veranstalteten hier die Nationalsozialisten ihre Parteiversammlungen. 1926 wurde sogar der erste Reichsparteitag der NSDAP nach Aufhebung ihres Verbotes hier abgehalten. Im Herbst 1944 wurde das Theater geschlossen. Man funktionierte es zu einer Rüstungsfabrik um. Ein amerikanischer Bombenangriff am 9. Februar 1945 traf das Theater so schwer, dass nichts bis auf die Fassade stehenblieb. Als erstes deutsches Theater war es nach dem Zweiten Weltkrieg wieder aufgebaut worden und wurde 1948 mit „Faust I" wiedereröffnet. Am 28. August 1949 – dem 200. Geburtstag Goethes – hielt Thomas Mann seine „Ansprache an die Deutschen". Er war 1949 das letzte Mal in Weimar, alle Einladungen, wieder in die Stadt der Dichter und Denker zu kommen, schlug er aus. Das DNT war zu DDR-Zeiten ein Ort bedeutender Klassiker-Inszenierungen. Am Weimarer Theater

Das berühmte Denkmal für Goethe und Schiller vor dem Deutschen Nationaltheater

wurde auch Musikgeschichte geschrieben – Wagner wurde hier uraufgeführt, Richard Strauß hatte hier ein Engagement.

Deutsches Nationaltheater und Staatskapelle Weimar • Theaterplatz 2 • 99423 Weimar • Tel. Karten (03643) 755334, Tel. Zentrale (03643) 7550 • www.nationaltheater-weimar.de

Ⓛ Stadtkirche St. Peter und Paul

In der spätgotischen, dreischiffigen Hallenkirche St. Peter und Paul – im Volksmund heißt sie nur Herderkirche – hat schon Martin Luther gepredigt, Johann Sebastian Bach musiziert, Johann Gottfried Herder war hier als Hofprediger, Oberkonsistorialrat, Generalsuperintendent und Pastor tätig. Hauptattraktion ist der Flügelaltar von Lucas Cranach d. Ä. wie dem d. J. Dieser Altar gilt als eines der bildlich-programmatischen Hauptwerke der deutschen Reformationszeit. Während der Bombardierungen des Zweiten Weltkrieges erlitt das Gotteshaus großen Schaden, konnte aber 1953 wieder eingeweiht werden. Neben regelmäßigen Gottesdiensten finden in der Kirche Orgelkonzerte, Ausstellungen und Gastkonzerte namhafter Künstler statt. Herders Wohnhaus steht im Hintergrund der Stadtkirche. Noch heute wohnt dort der Superintendent. Daher ist nur der Herdergarten hinter dem Haus der Öffentlichkeit zugänglich. Gerade im Sommer, wenn sich viele Touristen in Weimars Gassen und Straßen tummeln, findet man hier eine kleine Oase der Ruhe. Die Bepflanzung und die Beetstruktur des Hausgartens wurde anhand verschiedener Archivalien rekonstruiert.

Stadtkirche St. Peter und Paul/Herderkirche • Herderplatz • 99423 Weimar • Tel. (03643) 851518 • www.ek-weimar.de • April–Juni Mo.–Sa. 10–18 Uhr, So. 11–18 Uhr, Nov.–März Mo.–Sa. 10–12/14–16 Uhr, So. 11–12/14–16 Uhr,

Ⓜ Jakobskirche und Jakobsfriedhof

Der Vorgängerbau der heutigen Jakobskirche wurde Anfang des 18. Jahrhunderts wegen Baufälligkeit abgerissen und ein Neubau veranlasst. Als der Schlossbrand 1774 die Schlosskapelle zerstört hatte wurde die Jakobskirche Hofkirche. 1806 ließen sich in der Sakristei Goethe und Christiane Vulpius trauen. Das Areal rund um die Jakobskirche wurde seit dem 12. Jahrhundert für Begräbnisse genutzt. Heute befinden sich hier die Gräber von Lucas Cranach d. Ä., Carl August Musäus und Christiane Vulpius. Im Kassengewölbe befand sich Schillers erste Grabstätte.

Jakobskirche und Jakobsfriedhof • Am Jakobskirchhof • 99423 Weimar • Telefon (03643) 904575 • www.ek-weimar.de • April–Okt. Mo.–Sa. 10–16 Uhr, So. 10–16 Uhr, Nov.–März Mo.–So. 10–15 Uhr, Fr. 12 Uhr Mittagsmusik

Ⓝ Stadtmuseum Weimar

Das Haus wurde als klassizistisches Wohn- und Geschäftshaus für den Weimarer Verleger Friedrich Justin Bertuch erbaut. Seit 1954 ist hier das Stadtmuseum untergebracht. In der jetzigen Dauerausstellung wird in 17 Abteilungen die Stadtgeschichte Weimars von den ersten erdgeschichtlichen Zeugnissen bis 1990 erzählt. Der Fundus des Stadtmuseums umfasst mehr als 100.000 Exponate, von denen nur ein Bruchteil präsentiert werden kann. Die Sonderausstellungen des Stadtmuseums finden in der Harry-Graf-Kessler-Kunsthalle am Goetheplatz statt. Für Kinder- und Jugendgruppen werden vielfältige museumspädagogische Angebote organisiert.

Stadtmuseum Weimar • Karl-Liebknecht-straße 5–9 • 99423 Weimar • Tel. (03643) 82600 • stadtmuseum.weimar.de • Di.–So. 10–17 Uhr

❶ Neues Museum Weimar

Der Museumsbau wurde von Josef Zitek entworfen und 1869 als erster Thüringer Museumsbau eröffnet. Im März 1945 wurde das Gebäude bei Bombenangriffen stark beschädigt und verfiel bis zum Ende der DDR zusehends. In den Jahren 1996 bis 1998 wurde der Museumsbau saniert. Wesentliches „baufestes" Ausstellungsstück ist die Prellergalerie im ersten Obergeschoss des Hauses. Im Museum werden Wechselausstellungen gezeigt sowie wichtige Sammlungsbestände, die Positionen zeitgenössischer Kunst markieren, präsentiert.

Neues Museum • Weimarplatz 5 • 99423 Weimar • Tel. (03643) 545400 • www.klassik-stiftung.de • Jan.–März, 16. Okt.–Dez. Di.–So. 11–16 Uhr, April–15. Okt. Di.–So. 11–18 Uhr

❷ Deutsches Bienenmuseum

Das Museum wurde Ende der 1950er Jahre im historischen Landgasthof „Zum Goldenen Schwan" eingerichtet. Es geht auf die Sammlung des Bienenforschers Ferdinand Gerstung zurück. Heute erlebt der Besucher eine Ausstellung mit den Schwerpunktthemen „Die Biologie der Biene", „Geschichte der Imkerei" und „Moderne Imkerei". Etwa 1.500 Objekte sind in die Ausstellung integriert. Etwas ganz Besonderes sind die historischen Figurenbeuten, die spannende Geschichten über die Thüringer Region erzählen können. Zum Museum gehören ebenso ein Hofladen und ein Museumsgarten. Im Garten befinden sich historische und heutige Bienenweidepflanzen.

Deutsches Bienenmuseum • Ilmstraße 3 • 99425 Oberweimar • Tel. (03643) 901032 • www.lvthi.de • April–Okt. Di.–So. 10–18 Uhr, Nov.–März Di.–So. 10–17 Uhr

❸ Haus Hohe Pappeln

Henry van de Velde ließ das Haus 1907/08 nach eigenen Entwürfen am Stadtrand von Weimar errichten. Auch der Garten um das Haus wurde von ihm entworfen. Die Familie lebte von 1908 bis 1917 in diesem Haus. Aufgrund der wachsenden Ausländerfeindlichkeit im Zuge des Ersten Weltkriegs musste van de Velde Weimar verlassen und das Haus verkaufen. Seitdem wechselten die Eigentümer häufig. Seit 2002 wird Haus Hohe Pappeln durch die „Klassik-Stiftung Weimar" genutzt. Die Beletage ist als musealer Bereich eingerichtet.

Haus Hohe Pappeln • Belvederer Allee 58 • 99425 Weimar • Tel. (03643) 545400 • www. klassik-stiftung.de • Mai–Okt. Di.–So. 11–17 Uhr

4 Schloss und Park Belvedere

Ursprünglich war Belvedere ein Jagdschloss, erbaut zwischen 1724 und 1744. Der Zentralbau mit seinem Turm und den seitlichen, überkuppelten Pavillons beherrscht die Gesamtanlage. Östlich und westlich wurden die Kavaliershäuser angeordnet, im Osten entstand die Orangerie. Nach dem Tod des Herzogs Ernst August I. von Sachsen-Weimar im Jahre 1748 begann der Verfall der Parkanlage. Doch sie erlebte ihre Renaissance mit den Sommeraufenthalten von Herzogin Anna Amalia. Der 43 Hektar große Park wurde von Carl August von Sachsen-Weimar-Eisenach und Goethe für Pflanzenstudien genutzt. Allmählich entstand ein Botanischer Garten mit beinahe 8.000 unterschiedlichen Pflanzenarten. Ab 1811 waren Carl Friedrich von Sachsen-Weimar-Eisenach und dessen Gattin die russische Großfürstin Maria Pawlowna federführend in Belvedere. Für seine Frau ließ der Erbherzog den sogenannten Russischen Garten anlegen. Dieser sollte an den „Höchsteigenen Garten" der Zarenfamilie in Pawlowsk bei St. Petersburg erinnern. Anfang der ersten Hälfte des 19. Jahrhunderts wurde die Parkanlage zu einem Landschaftspark englischer Prägung mit besonderen Ausblicken, Parkarchitekturen und Denkmälern umgestaltet. Vorschläge von Fürst Pückler-Muskau flossen in die Parkgestaltung ein. Das Schloss beherbergt heute Teile der Kunstsammlungen der Klassik-Stiftung: Gemälde des 17. bis frühen 19. Jahrhunderts, Gläser, Porzellane, Fayencen und Möbel. In den Kavaliershäusern befinden sich Übungs- und Lernräume für Sänger, Gitarristen und Akkordeonisten der Hochschule für Musik „Franz Liszt".

Schloss und Park Belvedere • 99425 Weimar-Belvedere • Tel. (03643) 545400 • www.klassik-stiftung.de • April–Okt. Di.–So. 10–18 Uhr, Park ganzjährig frei zugänglich, Orangerie Belvedere, Pflanzensammlung Langes Haus • Jan./Feb. Mi.–So. 11–16 Uhr, März/April Mi.–So. 11–17 Uhr

5 Gedenkstätte Buchenwald

Das KZ war eines der größten Lager in Deutschland. Es existierte von Juli 1937 bis April 1945. In diesen Jahren waren etwa 250.000 Menschen aller europäischer Nationalitäten in Haft. Etwa 56.000 starben an den Folgen der Lagerhaft und schwerster körperlicher Arbeit oder wurden umgebracht. Am 11. April 1945 befreiten die US-amerikanischen Truppen das Lager. Seit dem 8. April hatten die Häftlinge ihre „Evakuierung" sabotiert, um möglichst viele Häftlinge durch die Befreiung vor dem sicheren Tod zu retten. Nach der Übernahme des Geländes durch die sowjetischen Truppen wurde in Buchenwald von 1945 bis 1950 das Speziallager Nr. 2 betrieben. In ihm starben ca. 7.000 Menschen. 1958 wurde die „Nationale Mahn- und Gedenkstätte Buchenwald" eröffnet. Heute umfasst die Ausstellung der „Stiftung KZ Buchenwald" unter-

Die Figurengruppe von Fritz Cremer vor dem Glockenturm in der Gedenkstätte Buchenwald

schiedliche Bereiche. Die Ausstellung in der ehemaligen Effektenkammer zeigt anhand von Relikten, Bilddokumenten die Lagerrealität, zeichnet die Lebensläufe von Tätern und Opfern nach. Im restaurierten Desinfektionsgebäude ist die Kunstausstellung „Überlebensmittel–Zeugnis–Kunstwerk–Bildgedächtnis" untergebracht. Sie präsentiert in vier Abteilungen die Kunst aus Konzentrationslagern, die Zeit nach der Befreiung, Reminiszenzen (Józef Szajna) und zeitgenössische Objekte. Gegenüber dem Gräberfeld des Speziallagers wird in einem neuen Ausstellungsgebäude durch Relikte, Fotos und Zeitzeugenberichte die Zeit des sowjetischen Lagers Nr. 2 vergegenwärtigt. Auch die Geschichte der Gedenkstätte wird in einer Ausstellung dokumentiert. Die Stiftung bietet eine umfangreiche gedenkstättenpädagogische Begleitung an. Auch Führungen für Einzelpersonen werden durchgeführt. Da Führungen generell stark nachgefragt werden, empfiehlt sich eine vorherige telefonische Nachfrage.

Gedenkstätte Buchenwald • 99427 Weimar-Buchenwald • Tel. (03643) 4300 • www.buchenwald.de • alle Außenanlagen – das ehemalige Lagergelände, der ehemalige SS-Bereich, die Gräberfelder des Internierungslagers sowie das Mahnmal. Mo.–So. bis zum Einbruch der Dunkelheit, Öffnungszeiten der Museen April–Okt. Di.–So. 10–18 Uhr, Nov.–März 10–16

6 Schloss und Park Ettersburg

ENTDECKER-TIPP Seit dem 17. Jahrhundert ritten hier die Weimarer Herzöge zur Jagd. Zu Beginn des 18. Jahrhunderts wurde ein Jagdschloss errichtet. Bevor Herzogin Anna Amalia Tiefurt für sich entdeckte, verbrachte sie die Sommer der Jahre 1776 bis 1780 auf Schloss Ettersburg. Hier traf sich schon ein literarisch-musischer Kreis. Im 19. Jahrhundert wurde die Umgebung des Schlosses nach Plänen von Carl Eduard Petzold umgestaltet. Der von ihm angelegte Landschaftspark war etwa sechs Hektar groß. Hermann Pückler-Muskau regte die Erweiterung einer Schneise des alten Jagdsterns an. Noch heute heißt sie der Pücklerschlag. Im Rahmen des Kulturstadtjahres Weimar 1999 wurde das Projekt „Zeitschneise" durchgeführt. Walther Grunwald verband mit der Wiederfreilegung einer alten Jagdschneise des Ettersberges das Schloss Ettersburg mit dem ehemaligen KZ Buchenwald.

Schloss und Park Ettersburg • Am Schloss 1 • 99439 Ettersburg • Tel. (03643) 7428420 • www.schlossettersburg.de

7 Schloss und Park Tiefurt

Prinz Friedrich Ferdinand Constantin von Sachsen-Weimar-Eisenach (zweitgeborener Sohn der Herzogin Anna Amalia und „kleiner" Bruder von Carl August) wohnte ab 1776 gemeinsam mit seinem Erzieher Karl Ludwig von Knebel in Tiefurt. Beide begannen, einen englischen Landschaftsgarten anzulegen. Nach Constantins Abreise aus Weimar im Jahre 1781 verlegte Herzogin Anna Amalia ihren Sommersitz nach Tiefurt. Nun griff auch sie in die Parkgestaltung ein. Es entstanden das Leopold-Denkmal, der Kenotaph für den früh verstorbenen Constantin, das Mozart-Denkmal und der Herder-

Ettersburg – das ehemalige Jagdschloss der Weimarer Herzöge

stein sowie der Musentempel und das Teehaus. In Tiefurt trafen sich Angehörige der Weimarer Hofgesellschaft. Es entwickelte sich ein ähnlich geselliges Leben wie schon auf Ettersburg. Man veranstaltete Aufführungen, literarische Abende und schrieb das „Journal von Tiefurt". Mit dem Tod Anna Amalias 1807 verlor Tiefurt seine Bedeutung. Erst mit der umfassenden Erneuerung und Umgestaltung des 21 Hektar großen Parks zwischen 1846 und 1850 durch den Weimarer Hofgärtner Eduard Petzold erhielt Tiefurt seinen Stellenwert zurück. Einige Kunstwerke im Schloss Tiefurt erinnern an die Italienreise der Herzogin Anna Amalia.

Schloss und Park Tiefurt · Hauptstraße 14 · 99425 Weimar-Tiefurt · Tel. (03643) 545400 · www.klassik-stiftung.de · April–Okt. Di.–So. 10–18 Uhr, Park ganzjährig frei zugänglich

8 Oßmannstedt

Im Jahr 1797 erwarb Christoph Martin Wieland das Gut samt Park und lebte dort sechs Jahre mit seiner Familie. Als er 1813 verstarb, wurde er seinem Wunsch gemäß neben seiner Frau im Oßmannstedter Park begraben. Ein dreiseitiger Obelisk kennzeichnet die Grabstätte. Im Park ist noch die ursprüngliche barocke Grundstruktur – Boskett, Parterre, Wald – zu erkennen. Die Terrassierung des Geländes ist gut erkennbar. Die barocke Grotte und das große Wasserbecken sind in der Nähe des Wohnhauses angelegt worden. In den Gebäuden des Gutes befindet sich heute das Wielandmuseum. Der Besucher erlebt in historischen Räu-

men Leben und Werk des Dichters vor dem Hintergrund der aktuellen Forschungssituation. Das Wielandgut beherbergt zudem die „Weimar-Jena-Akademie", die neben kulturellen Seminaren auch Übernachtungsmöglichkeiten und Tagungsräume bietet. Außerdem befindet sich dort die „Arbeitsstelle Wieland-Edition". Hier erarbeiten Wissenschaftler eine historisch-kritische Gesamtausgabe von Wielands Werken, die sogenannte Oßmannstedter Ausgabe.

Gutspark Oßmannstedt · Wielandstraße 16 · 99510 Oßmannstedt · Tel. (03643) 545400 · www.klassik-stiftung.de · Gutspark ganzjährig frei zugänglich

9 Bad Berka

AKTIV-TIPP Die Stadt liegt südlich von Weimar, umgeben von einem 150 Quadratkilometer großen Landschaftsschutzgebiet. Nach dem verheerenden Stadtbrand von 1816 wurde der Stadtkern einheitlich wieder aufgebaut. Berkas Geschichte als Bad begann 1807. In diesem Jahr wurde die sogenannte Stahlquelle, der heutige Goethebrunnen, entdeckt. Die Jenaer Professoren Döbereiner und Kieser werden mit der Untersuchung des Heilwassers beauftragt. Die „Badtauglichkeit" Berkas wird im Jahre 1812 von Goethe geprüft, im Anschluss bewilligt Herzog Carl August 2.000 Taler für die Errichtung des Bades. Unbedingt empfehlenswert sind Wanderungen in Bad Berkas Umgebung – so zum Beispiel der etwa neun Kilometer lange Kneipp-Rundweg. Die Wanderung beginnt natürlich bei den

Kneipp-Anlagen am Goethebrunnen. Der Rundweg ist gekennzeichnet durch ein blaues Kneipp-Symbol auf weißem Grund. Der Wanderer geht durch den Dammbachsgrund. Am Carl-Alexander-Platz erinnert ein steinerner Obelisk an das 25. Regierungsjubiläum des Großherzogs. Das Naturkneippbecken wird von der Carl-Friedrich-Quelle gespeist. Weiter durch den Dammbachsgrund geht es bis zur Hubertusquelle. Die nächste Station ist die Diesterwegquelle, von dort geht es zum Kneippbecken am Gottesbrünnlein. Oberhalb des Gottesbrünnleins befindet sich der Bad Berkaer Rhododendrongarten. 1957 wurde hier eine Versuchspflanzung von Moorbeetkulturen angelegt. In den Monaten Mai und Juni bezaubern die großen Rhododendronbüsche mit ihrer Blütenpracht. Von dieser kleinen Gartenoase im Wald geht es vorbei am Herthasee in Richtung Freibad. Von dort ist es nur eine kurze Strecke bis zum Ausgangspunkt Goethebrunnen.

10 Leutenthal

Besonders für Familien mit Kindern ist dies ein lohnender Umweg, denn hier befindet sich die „Mechanika da Vinci". Familien und Schulklassen sind immer wieder begeistert. Spielerisch werden hier physikalische Gesetze vermittelt durch dampfbetriebene Modelle, mechanische Konstruktionen für Bewegungsumwandlungen nach Skizzen von Leonardo da Vinci und in Handwerkerhäuschen, in denen geschnitzt, gebohrt, gedrechselt und getöpfert

werden kann – ganz ohne Strom, allein durch einen mechanischen Antrieb.

„Mechanika da Vinci" • Am Windmühlberg • 99439 Leutenthal • Tel. (036451) 60435 • www.mechanika-da-vinci.de • Mo.–So. 9–18 Uhr

11 Liebstedt

Viele Reisende kommen wegen der Ordensburg nach Liebstedt. Nachdem die Stiftsvögte – die Herren von Liebstedt – ausgestorben waren, errichtete 1331 der Deutsche Orden in Liebstedt eine Komturei. Die von den Herren von Liebstedt errichtete Wasserburg wurde Ende des 15. Jahrhunderts unter Hartmann Sommerlat, dem Landkomtur der Ordensballei Thüringen, maßgeblich umgebaut. Der Deutschen Orden wurde zu Beginn des 19. Jahrhunderts aufgehoben. Liebstedt wurde in Folge zum Kammergut und mit der Gründung des Landes Thüringen zum Staatsgut. Der Besucher der Ordensburg kann hier viele Feste erleben – wie Ritterspektakel oder das Back- und Wurschtfest.

Ordensburg Liebstedt • Berggasse 95 • 99510 Liebstedt • Tel. (036462) 30900 • www.ordensburg-liebstedt.de • Di.–Do. 8–12 Uhr, Sa./So. 12–17 Uhr, Führungen nach Voranmeldung

12 Sömmerda

Auf dem Marktplatz befindet sich die Evangelische Bonifatiuskirche. Der Bau der großen, einschiffigen Kirche wurde 1462 begonnen. An der Südseite befindet sich eine überdachte Treppe, besonders bemerkenswert ist das

Gottvaterrelief. Im Inneren der Kirche findet sich ein schönes, zweifach wandelbares Altarretabel, das gegen Ende des 15. Jahrhunderts in einer Erfurter Werkstatt entstand. Ein Wandelaltar ist ein Flügelaltar, der mehrere Flügel besitzt und unterschiedliche Ansichten zeigen kann – für Werktage, Sonn- und Feiertage. Auf dem Sömmerdaer Wandelaltar sind im Mittelschrein eine Marienkrönung und vier Reliefs mit Szenen aus dem Leben Mariens dargestellt. Zur Ausstattung des Altars gehören Prophetenbüsten und Heilige. Auf die bemalten Altarflügel sind Szenen der Passion, Auferstehung und Himmelfahrt Christi und das Jüngste Gericht gemalt. In der zweiten Wandlung sind die Heiligen Maria, Bonifatius, Adolar und Eoban dargestellt.

Am Stadtring hat sich ein Teil der historischen Stadtmauer erhalten – hier befindet sich im Erfurter Tor eine Galerie. Regelmäßig werden hier Ausstellungen von Künstlern und Kunsthandwerkern durchgeführt. Im Dreysehaus befindet sich die Stadtbibliothek und das Historisch-Technische Museum. Im Museum wird das Leben und Werk von Nicolaus von Dreyse dargestellt. Zur Ausstellung gehört eine kleine Sammlung historischer Waffen. In der Ausstellung wird deren Herstellung erklärt. Desweiteren wird die Wohn- und Arbeitswelt des 19. Jahrhunderts vorgestellt sowie die industrielle Entwicklung des Ortes anhand der Entstehung der Fabrik „Rheinmetall Sömmerda", des Büromaschinenwerkes Sömmerda, nachgezeichnet.

St.-Bonifatius-Kirche • Marktplatz 5 • 99610 Sömmerda • Tel. (03634) 6906968

Historisch-Technisches Museum im Dreysehaus • Weißenseer Straße 15 • 99610 Sömmerda • Tel. (03634) 6929855 • www.drey sehaus.de • Di./Do. 9–18 Uhr, Fr. 9–16 Uhr, So 14–17 Uhr

13 Camposanto von Buttstädt

Der Alte Friedhof von Buttstädt, der sogenannte Camposanto, wurde Ende des 16. Jahrhunderts eingerichtet und gegen Ende des 19. Jahrhunderts geschlossen. Das Tor trägt die Jahreszahl 1592. Diese Friedhofsanlage ist einmalig in Thüringen, denn andere Anlagen, die sich z.B. in Arnstadt oder Gera befanden, sind heute nicht mehr existent. Im mitteldeutschen Raum sind ansonsten nur noch der hallesche Stadtgottesacker und der Eisleber Kronenfriedhof erhalten. In den frühen 1990er Jahren sicherte man das vom Verfall bedrohte Friedhofsgelände. Eine Reihe qualitätvoller Grabmale aus der Zeit der Renaissance bis zum Biedermeier dokumentieren eindrucksvoll die Stilepochen der Grabmalskulptur. Der Förderverein „Alter Buttstädter Friedhof e.V." bemüht sich um Erhalt, Pflege und Publikation dieses besonderen Ortes. In Buttstädt werden im Übrigen regelmäßig der Tauben- und der Pferdemarkt abgehalten, dieses Privileg geht bis auf das 17. Jahrhundert zurück. Der Pferdemarkt findet durch bürgerliches Engagement seit 1982 wieder jährlich am ersten Juliwochenende statt.

Alter Buttstädter Friedhof • Zum Alten Friedhof 31a • 99628 Buttstädt • Tel. (036373) 90196 • www.alter-friedhof-buttstaedt.de

ERFURT UND UMGEBUNG

Erfurt – die Landeshauptstadt des Freistaates – blickt auf eine mehr als 1.000-jährige und bewegte Geschichte. Durch die Jahrhunderte hat die Stadt immer wieder den Wechselfällen der Geschichte standgehalten. Heute präsentiert sie einen der schönsten mittelalterlichen Stadtkerne in Deutschland. In ihm sind nicht nur Kirchen, Klöster und wunderschöne Fachwerkhäuser zu entdecken. Mariendom, Severikirche, Krämerbrücke sind die Wahrzeichen der Stadt. Doch nicht nur alte Gemäuer prägen das Stadtbild. Erfurt ist jung – auch dank seiner wiedereröffneten Universität und der Fachhochschule Erfurt.

Reiseinformation

Erfurt Tourismus & Marketing GmbH • Benediktsplatz 1 • 99084 Erfurt • Tel. (0361) 66400 • www.erfurt-tourismus.de • Jan.–Nov. Mo.–Sa. 10–18 Uhr, So. 10–15 Uhr, Dez. Mo.–Fr. 10–19 Uhr, Sa. 10–18 Uhr, So. 10–15 Uhr

14 Erfurt

Erfurt entwickelte sich im Mittelalter zu einem geistlichen und wirtschaftlichen Zentrum im Thüringer Raum. Gefestigt wurde Erfurts Wirtschaft vor allem durch den Waidanbau und Waidhandel. Erfurt lag mitten im Anbaugebiet dieser Färberpflanze und war der wichtigste Waidhandelsplatz im Heiligen Römischen Reich Deutscher Nation. Im 14. und 15. Jahrhundert lebten zwischen 15.000 und 20.000 Menschen in Erfurt – damit war sie neben Köln, Regensburg, Magdeburg und Lübeck eine mittelalterliche Großstadt. Die hohe Anzahl von Kirchen in Erfurt brachte ihr den Beinamen „die Turmreiche" ein.

1392 erhielt die Erfurter Universität von Papst Urban VI. ihr Privileg. Damit ist sie mit Köln und Heidelberg eine der ältesten, deutschen Universitäten. Als „Bologna des Nordens" erwarb sich Erfurt einen Ruf, der sich weit verbreitete. Die Erfurter Universität war um 1500 ein humanistisches Zentrum. Hier ließ sich 1501 Martin Luther immatrikulieren, Ulrich von Hutten lebte 1505 bis 1506 in Erfurt, Adam Riese von 1522 bis 1525. 1802 wurde Erfurt unter preußische Landeshoheit gestellt, 1808 versammelten sich die europäischen Fürsten, Könige und Kaiser zum „Erfurter Fürstenkongress". Während dieser Versammlung wurde die Neuordnung Europas unter französischer Hegemonie festgeschrieben. Nachdem die Preußen Erfurt zurückgewonnen hatten, wurde nicht nur die Stadt zur Festung ausgebaut und der Regierungsbezirk Erfurt gebildet, sondern auch die Universität Erfurt geschlossen.

A Rathaus und Fischmarkt

Bis 1869 wurden alle alten Gebäudebestandteile, die im Laufe der Jahrhunderte zu einem Gebäudeensemble verwachsen waren, abgerissen. Zwischen 1870 und 1874 entstand nach Plänen des Stadtbaumeisters Theodor Sommer das dreigeschossige und dreiflügelige neogotische Rathaus. Die Repräsentationsfassade ist auf den Fischmarkt ausgerichtet. Sie ist akzentuiert mit überwölbten Spitzbogenarkaden im Erdgeschoss. Im Giebel befindet sich das Erfurter Stadtwappen. Der Festsaal des Rathauses wurde zwischen 1878 und 1882 mit Bildern der Stadt- und Regionalgeschichte ausgemalt. Der Fischmarkt wird erstmalig 1293 urkundlich erwähnt – das „forum piscorum" ist wahrscheinlich der älteste Erfurter Handelsplatz. Die heutige Bebauung mit seinen repräsentativen Bürgerhäusern stammt größtenteils aus dem 16. Jahrhundert. Besonders verwiesen sei auf die Häuser „Zur güldenen Krone", „Zum Roten Ochsen", „Zum breiten Herd", das sogenannte Gildehaus und „Zum Paradies und Esel". Der „Rote Ochse" gehört zu den frühesten Beispielen aus dem 16. Jahrhundert, bei denen antikisierende Schmuckformen verwendet wurden. Am „Breiten Herd" ist die Fassade mit Personifikationen der fünf Sinne nach Vorlagen des Frans Floris aus Antwerpen geschmückt. Das Gildehaus entstand erst Ende des 19. Jahrhunderts, nachdem dort drei

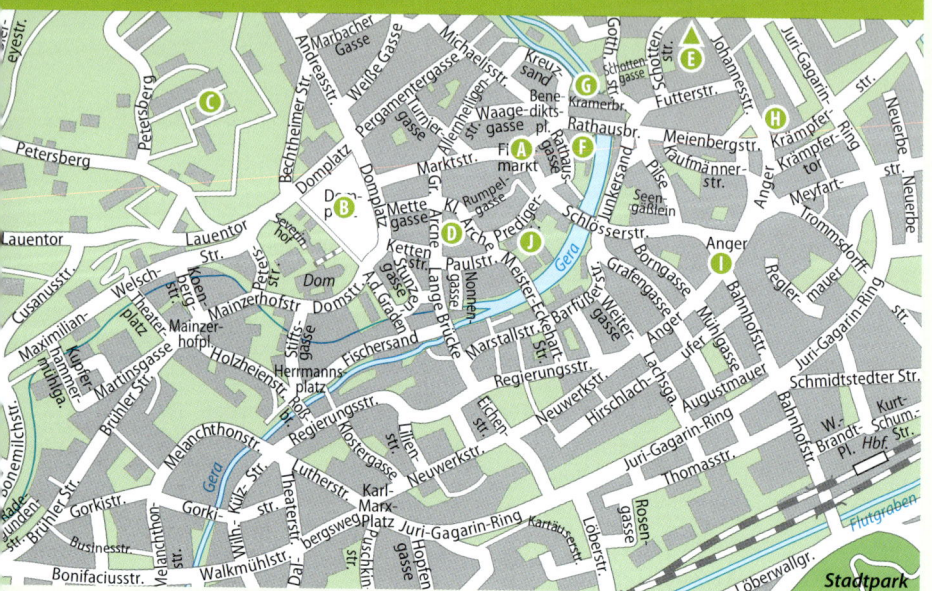

🅐 **Rathaus und Fischmarkt** ▸ 165

🅑 **Dombezirk** ▸ 167

🅒 **Zitadelle Petersberg – Peterskirche** ▸ 166

🅓 **Naturkundemuseum** ▸ 170

🅔 **Augustinerkloster** ▸ 170

🅕 **Alte Synagoge** ▸ 171

🅖 **Krämerbrücke** ▸ 172

🅗 **„Haus zum Stockfisch" – Stadtmuseum** ▸ 173

🅘 **Angermuseum** ▸ 173

🅙 **Predigerkirche St. Johannes Evangelist** ▸ 173

Vorgängerbauten abgerissen worden waren.

Rathaus • Fischmarkt 1 • 99084 Erfurt • Tel. (0361) 6550 • www.erfurt.de • Mo./Di./Do. 8–18 Uhr, Mi. 8–16 Uhr, Fr. 8–14 Uhr, Sa/So/ Feiertage 10–17 Uhr

Ⓑ Dombezirk

TOP-TIPP Über die 70 Domstufen geht es hinauf in den Dombezirk – zum Dom St. Marien und zur katholischen Pfarrkirche St. Severi. Die beiden Kirchbauten stehen sehr eng beieinander – an der schmalsten Stellen trennen die beiden Bauten nur knapp fünf Meter. Beide wuchsen von ihrer Ersterrichtung an aufeinander zu. Um den Platz zu erweitern, wurden riesige Steinmauern errichtet – die sogenannten Kavaten. Dadurch war es möglich, dass die Prozessionen um den Chor des Doms herumgeführt werden konnten. Im obersten Bereich der Kavaten wurde 1353 die Krypta geweiht, in der die Gebeine des Heiligen Eoban und des Heiligen Adolar aufbewahrt waren.

Der **Dom St. Marien** ist eine dreischiffige Halle mit mächtigem Langchor und Chorflankentürmen. Während der französischen Besatzungszeit in den Jahren 1806 bis 1814 wurde der Dom profaniert und verwüstet; die Kampfhandlungen, die das Benediktinerkloster auf dem benachbarten Petersberg schwer in Mitleidenschaft zogen, zerstörten auch viele stiftseigene Gebäude auf dem Domberg. Schon von außen deutlich sichtbar ist die beeindruckende Größe der Maßwerkfenster des Langchores. Der Bau des Chores wurde in der Mitte des 14. Jahrhunderts begonnen. Die Chorflankentürme sind älter – sie sind noch von der Romanik geprägt, doch ist dies nur bei ganz genauem Hinsehen zu erkennen, da sie architektonisch sehr stark in den Bereich zwischen Chor und Langhaus eingebunden sind. Um 1330 wurde das **Triangelportal** errichtet, durch das man noch heute das Gotteshaus betritt. Der Grundriss des Portals ist dreieckig – dadurch entstehen gleich zwei Eingänge in die Kirche. Beide sind als aufwändige Figurenportale gearbeitet. Das nordöstliche zeigt die Apostel, am Trumeau eine Marienfigur und im Tympanon eine Kreuzigungsgruppe. Am nordwestlichen Portal sind die klugen und törichten Jungfrauen dargestellt. Im Kircheninneren beeindrucken die fünfzehn großen farbigen **Kirchenfenster**. Zwölf der fünfzehn Fenster sind noch original mittelalterlich verglast – eine Seltenheit auf deutschem Gebiet.

Von Norden nach Süden sieht der Betrachter das Heilig-Kreuz-Fenster, Bonifatiusfenster, Eustachiusfenster, Katharinenfenster, Apostelmartyriumsfenster, Passionsfenster, ehemaliges Marienfenster, Genesisfenster, Abrahamfenster, Jakobfenster, Josephfenster und Tiefengrubenfenster. Es ist, als ob keine Wand aus Stein mehr existiert – innen und außen scheint die Kirche allein durch farbige Glasfenster getrennt. Besonders sehenswert ist das Chorgestühl, das im 14. Jahrhundert entstand und reiches Schnitzwerk trägt. Zum Teil sind vollplastische Darstellungen zu sehen – wie z. B.

167

eine Marienfigur. Der barocke Hochaltar des Chores entstand zum Ende des 17. Jahrhunderts. Im **Nordturm** befindet sich (heute hinter Glas) eine kleine romanische Stuckmadonna – sie ist eine der wenigen romanischen Kunstwerke, die sich im Dom erhalten haben. Etwa zur gleichen Zeit – um 1160 – entstand auch der sogenannte Wolfram, eine etwa 1,50 Meter hohe Bronzefigur. Sie ist mit dem Braunschweiger Löwen die einzige erhaltene gegossene Großbronze des Mittelalters.

Im **Südseitenschiff** befindet sich ein Gemälde von Lucas Cranach d. Ä. Es stellt die Verlobung der heiligen Katharina dar. Die **Gloriosa** – die schönste Glocke der Welt – hängt im mittleren Chorturm und ist die größte freischwingende Glocke des Mittelalters. Ohne Klöppel wiegt sie mehr als elf Tonnen und ist über zweieinhalb Meter hoch. Zwei Tage dauerte es, bis man die direkt vor Ort gegossene Glocke im Kirchturm hinaufgezogen hatte. Wer sie hören möchte, der muss am 25. Dezember, zu Neujahr, am Dienstag vor Ostern, Ostersonntag, Pfingstsonntag, am 15. August oder am 10. November zur Priesterweihe oder Bistumswallfahrt vor Ort sein, denn die Gloriosa wird nur noch neun Mal im Jahr geläutet.

Hat man den Dom wieder verlassen, sollte man auch unbedingt in die **St.-Severi-Kirche** gehen. Die fünfschiffige doppelchörige Hallenkirche begann man im 13. Jahrhundert zu bauen und hatte die Bauarbeiten wohl erst in der zweiten Hälfte des 14. Jahrhunderts abgeschlossen. Im nördlichen Seitenschiff

steht ein spätgotisches Taufbecken mit großem Baldachin aus Sandstein – in seiner Qualität sucht es seinesgleichen in Thüringen. Im Südseitenschiff ist der **Severisarkophag** aufgestellt. Es ist das Hauptwerk des sogenannten Meisters des Severisarkophages und wohl um 1360/70 entstanden. Zu den kostbarsten Kunstwerken der Severikirche zählt das Alabasterrelief von 1462. Es zeigt den Erzengel Michael wie er auf seinem linken Arm eine Seele trägt. Mit seinem rechten ist er dabei, den Teufel abzuwehren. Der Meister dieses Kunstwerks ist unbekannt, aber die Wissenschaft geht davon aus, dass von seiner Hand auch Arbeiten aus dem Halberstädter und Magdeburger Dom stammen.

Dom St. Marien • Domstufen 1 • 99084 Erfurt • Tel. (0361) 6461265 • www.dom-erfurt. de • Mai–Okt. Mo.–Sa. 9.30–18 Uhr, So. 13– 18 Uhr, Nov.–April Mo.–Sa. 9.30–17 Uhr, So. 13–17 Uhr, Die Dom-Information ist Mo.–Sa. 12–13 Uhr geschlossen. Während der Gottesdienste können die Kirchen nicht besichtigt werden.

Ⓒ Zitadelle Petersberg – Peterskirche

Die Zitadelle Petersberg wurde im Jahre 1664 nach der zurückgewonnenen Stadtherrschaft durch die Kurmainzer befestigt. Zunächst wurden alle Wohnbauten auf dem Petersberg beseitigt, um die Bastionäranlage erbauen zu können. Bis 1726 waren alle Befestigunsanlagen errichtet. Durch die Beschießung im Jahre 1813 erlitten die Befestigungsanlagen Schaden und wurden im Anschluss aus- bzw. umgebaut. Bis 1963 wurde das Gelände militärisch genutzt und war demzufolge der Öffentlichkeit nicht zugänglich. Die Zitadelle Petersberg ist ein wichtiges militärarchitektonisches Bauwerk des 17. Jahrhunderts, da es neben Mainz, Würzburg und Kronach eine der wenigen erhalten gebliebenen Befestigungsanlagen aus dieser Zeit ist.

Die ehemalige Peterskirche ist ursprünglich die Klosterkirche des Benediktinerordens St. Peter und Paul. Die Kirche enthüllt ihre Bedeutung erst auf den zweiten Blick, da ihre Gestalt durch die Umnutzung einige Veränderung erfahren hat – so wurden der Kubatur nicht angemessene Fensteröffnungen hineingebrochen und Einbauten vorgenommen. Wann das Benediktinerkloster gegründet wurde, ist nicht klar erwiesen. Doch sicher ist, dass ein auf dem Petersberg angesiedeltes Ka-

nonikerstift 1060 in ein Benediktinerkloster umgewandelt wurde. Es nahm bald durch zahlreiche Stiftungen und aktive Äbte eine herausragende Stellung unter den Thüringer Klöstern ein. Im 13. Jahrhundert gelangte das Skriptorium des Klosters zu hoher Blüte. Die Manuskripte vom Petersberg waren gefragt, so dass sich heute Handschriften in Sammlungen in Hamburg, London und auch im Vatikan finden. Die Klosterschule des Benediktinerordens auf dem Petersberg war eine der fünf Ordensschulen, aus denen die Erfurter Universität entstand.

Das Kloster überstand die deutsche Reformation, doch während des Dreißigjährigen Krieges wurde es zwischen 1632 und 1635 geschlossen. Die endgültige Aufhebung des Klosters und Versteigerung des Inventars erfolgte

Eingangsportal der sternförmigen Bastion Petersberg

1803. Alle Klostergebäude einschließlich der Kirche brannten bei Artilleriebeschuss im Jahre 1813 aus, danach wurden die Gebäude bis auf die Kirche abgetragen – daher lässt sich, im Vergleich zu anderen romanischen Klöstern, nur noch wenig über die Klosteranlage berichten. Laut einiger Archivalien wurde der Bau der Peterskirche im Jahre 1103 begonnen. Vierzig Jahre später wurden im Chor und im Langhaus Nebenaltäre geweiht. Im Jahre 1147 erfolgte die Gesamtweihe. In den folgenden Jahrhunderten wurde immer wieder in den Baukörper verändernd eingegriffen – der folgenschwerste Eingriff war die Abtragung des Obergadens und der Türme bis auf die Höhe der Seitenschiffe in den Jahren 1814 bis 1820, so dass der heute so gedrückte Eindruck des Kirchenbaus entstanden ist. Bis ins Jahr 1991 wurde er als Lagerhaus genutzt.

Archäologische Grabungen haben zwei Bauphasen unterschieden. Die zweite setzte wahrscheinlich um 1127 ein und führte zur heute noch sicht- bzw. rekonstruierbaren Bauausführung. Das große Quaderwerk ist mit äußerster Sorgfalt und Präzision gearbeitet, so dass man den Bau der Peterskirche mit der von Paulinzella durchaus auf eine Stufe stellen kann. Der Innenraum ist durch das Einziehen einer Zwischendecke und das Abtragen des Obergadens vollständig seiner ursprünglichen Wirkung beraubt. Zumindest lässt sich am Grundriss ablesen, dass sich die Baumeister am Grundriss der Hirsauer Klosterkirche orientierten. Heute befindet sich in der Peterskirche das „Forum Konkrete Kunst". Die ständige Ausstellung wird durch regelmäßige Ausstellungen um immer neue Aspekte moderner Kunst ergänzt.

Zitadelle Petersberg • Petersberg • 99084 Erfurt • www.petersberg.info • Tel. (0361) 4171402 • Peterskirche, Ausstellung „Konkrete Kunst" Mi.–So. 10–18 Uhr

BStU, Außenstelle Erfurt • Petersberg Haus 19 • 99084 Erfurt • Tel. (0361) 55190 • www.bstu.bund.de • Mo.–Do. 8–17 Uhr, Fr. 8–14 Uhr

ⓓ Naturkundemuseum

Das Naturkundemuseum in der Großen Arche 14 ist mehrfach ausgezeichnet worden – 2004 mit dem „Thüringer Museumspreis" und 2007 mit dem „Heinz-Sielmann-Ehrenpreis". Eine große Eiche – etwa 350 Jahre alt und 14 Meter hoch – reckt sich über alle Geschosse. Das Naturkundemuseum wurde bereits 1922 gegründet und 1995 im ehemaligen Waidhändleranwesen in der Großen Arche wieder eröffnet. Die Ausstellung zeigt neben der Fauna und Flora des Thüringer Beckens auch bedrohte Tier- und Pflanzenarten – ganz dem Straßennamen „Große Arche" verpflichtet. Nicht nur Kinder können hier viel über unsere Natur und Umwelt erfahren.

Naturkundemuseum • Große Arche 14 • 99084 Erfurt • Tel. (0361) 6555680 • www.naturkundemuseum-erfurt.de • Di.–So. 10–18 Uhr

ⓔ Augustinerkloster

Das Augustinerkloster Erfurt ist eine

der bedeutenden Lutherstätten in Thüringen. Außer in Eisenach – mit dem Lutherhaus und der Wartburg – verbrachte Luther hier in Erfurt prägende Jahre in Thüringen. In Erfurt studierte er an der Universität zunächst Jurisprudenz, später Theologie; im Augustinerkloster lebte er von 1505 bis 1511 als Novize und Mönch. Zehn Jahre später, im Jahr 1521, kehrte Luther noch einmal zurück, um die evangelische Lehre zu predigen. Die ehemalige Augustinerklosterkirche ist seit 1525 evangelische Pfarrkirche. 1850 tagte hier das deutsche Unionsparlament. Der Bau des Augustinerklosters begann im Jahre 1277 und wurde wohl – zumindest berichten das die Chroniken – 1324 vollendet. Im 15. Jahrhundert wurden der Glockenturm, das „Alte" und das „Neue Priorat" errichtet, um 1500 die Bibliothek erbaut, der Waisenhausflügel entstand im 17. Jahrhundert. Von 1840 bis 1846 wurde der Westflügel der Klausur nach Plänen von Karl Friedrich Schinkel umgebaut. Im Zweiten Weltkrieg erlitt das Kloster schwere Schäden. Bei der Bombardierung starben 267 Menschen in den Kellern der Klosterbibliothek. In den Jahren 1946 bis 1957 wurden die Kirche, der östliche Klausurflügel und der Waisenhausflügel wieder aufgebaut, der westliche Klausurflügel und das Alte Priorat erst in den Jahren 1978 bis 1990. Der Innenraum der Klosterkirche ist hoch und schmucklos. Die Fenster fallen dem Betrachter daher sofort ins Auge – sie sind etwa 700 Jahre alt, entstanden zwischen 1300 und 1330. Im mittleren Fenster wird die Geschichte Jesu Christi erzählt. Das nördliche Fenster zeigt Löwen, Papageien und Rosetten, das südliche Fenster mit seinen verschlungenen Ornamenten wurde im 19. Jahrhundert stark ergänzt. In der Nordwand der Kirche werden Szenen aus dem Leben des heiligen Augustinus erzählt. Die mittelalterliche Ausstattung der Kirche ist fast vollständig verloren.

Evangelisches Augustinerkloster zu Erfurt • Augustinerstraße 10 • 99084 Erfurt • Tel. (0361) 576600 • www.augustinerkloster.de • Mo.–Fr. 8–18 Uhr, Sa./So. 8–16 Uhr, Feiertage 10–14 Uhr

Augustinerkirche • Augustinerstraße 10 • 99084 Erfurt, Tel. (0361) 576600 • www.augustinerkloster.de • Führungen April–Okt. Mo.–Sa. 9.30/11/12.30/14/15.30 Uhr, Nov.–März Mo.–Fr. 9.30/11/12.30/14/15.30 Uhr, Sa. 9.30/11/12.30/14 Uhr, So. 11 Uhr

🄵 Alte Synagoge

In der Waagegasse befindet sich die Alte Synagoge von Erfurt. Jüdisches Leben ist seit der ersten Hälfte des 12. Jahrhunderts in Erfurt bezeugt. Ein höchst interessantes und frühes Zeugnis dafür ist der sogenannte Judeneid aus dem späten 12. Jahrhundert. Dieses Dokument beschreibt die rechtliche Stellung der Juden in Erfurt. Jedoch wurden sie in der Mitte des 14. Jahrhunderts zeitweilig und ein Jahrhundert später schließlich endgültig vertrieben. Doch dendrochronologische Untersuchungen bewiesen, dass dieser mittelalterliche Bau der Synagoge schon gegen Ende des 11. Jahrhunderts entstanden sein muss. Nach einem Pogrom in der ersten Hälfte des

13. Jahrhunderts wurde sie wieder aufgebaut. Nach den Gewaltexzessen gegen Juden in Folge der Pestkatastrophe gab es in der Mitte des 14. Jahrhunderts zunächst keine Juden mehr in Erfurt – die Synagoge fiel an die Stadt. Danach gelangte sie in Privatbesitz und wurde Jahrhundertelang als Lagerhaus, Tanzhaus und auch Kegelbahn genutzt. Erst Ende des 20. Jahrhunderts erwarb die Stadt Erfurt nach Bekanntwerden der kulturhistorischen Bedeutung des Gebäudes das Areal wieder, sanierte und restaurierte die Alte Synagoge und eröffnete dort ein Museum. Unter anderem ist dort der sagenhafte Erfurter Schatz ausgestellt, der durch einen Zufall von Bauarbeitern im Jahre 1998 bei Schachtarbeiten entdeckt wurde. Der Schatz – das sind mehr als 3.000 französische Silbermünzen, 14 Silberbarren, mehr als 600 Goldschmiedearbeiten wie Ringe, Broschen und Gewandschmuck. Dazu gehört auch ein jüdischer Hochzeitsring, von dessen Art nur noch ein weiterer auf der Welt existiert. Der Erfurter Schatz ist – so der wissenschaftliche Konsens – vor dem „Judensturm" von 1349 entstanden. Übrigens entstand mit der Neuen Synagoge der einzige Synagogenneubau der DDR in Erfurt.

Alte Synagoge • Waagegasse 8 • 99084 Erfurt • Tel. (0361) 6551520 • www.juedisches-leben.erfurt.de • Di.–So. 11–18 Uhr

⑥ Krämerbrücke

Die Krämerbrücke ist eine der ältesten Furten über das Flüsschen Gera. Ursprünglich bestand die Brücke aus Holz und war wohl schon im 8. Jahrhundert durch hölzerne Buden bebaut. Die Via

Mittelalterliches Ambiente erlebt man bei einem Spaziergang über die Erfurter Krämerbrücke

Regia kreuzte hier den Fluss. Nach mehreren Bränden wurde im Jahr 1325 der hölzerne Bau durch sechs steinerne Brückenbögen ersetzt. Man baute an beide Brückenköpfe eine Kirche – doch nur die im Osten, die Ägidienkirche, blieb erhalten. Die Benediktikirche im Westen der Brücke wurde 1810 abgerissen. Nach dem verheerenden Brand 1472 entstanden die heutigen Brückenhäuser, die jedoch im 18. Jahrhundert aus ursprünglich 62 kleinen Fachwerkhäusern zu heute 32 zusammengefasst wurden. Mehrere kleine Brände brachten zusätzlich Veränderungen im Baubestand der Krämerbrücke. Wer ein Haus der Krämerbrücke von innen erleben möchte, der kann das Haus Nr. 31 (heute das „Haus der Stiftungen") besichtigen.

Krämerbrücke • 99084 Erfurt • www.kraemerbruecke.de

ⓗ „Haus zum Stockfisch" – Stadtmuseum

Der Namensgeber – der Stockfisch – befindet sich in einem Bildfeld über dem Giebel des Portals. Ursprünglich standen auf dieser Parzelle mehrere Häuser, diese wurden jedoch zu Beginn des 17. Jahrhunderts von Waidhändler Paul Ziegler zusammengefasst und neu bebaut. Der Innenausbau verzögerte sich allerdings bis in das ausgehende 17. Jahrhundert. Nachdem gegen Ende des 18. Jahrhunderts die Besitzerfamilie wechselte, wurde das Haus nach barocken Vorstellungen umgebaut. Heute beherbergt das „Haus zum Stockfisch" das Erfurter Stadtmuseum. Es zog 1974

in die Räume dieses Hauses. Heute erlebt der Besucher 1.000 Jahre Erfurter Stadtgeschichte in der Ausstellung.

Stadtmuseum Erfurt „Haus zum Stockfisch" • Johannesstraße 169 • 99084 Erfurt • Tel. (0361) 6555644 • www.stadtmuseumerfurt.de • Di.–So. 10–18 Uhr

ⓘ Angermuseum

Dort, wo der Anger noch wie ein Platz wirkt und nicht wie eine Fußgängerzone, befindet sich gegenüber einer neuzeitlichen Einkaufspassage das Angermuseum. Das Gebäude wurde zu Beginn des 18. Jahrhunderts auf Wunsch des Mainzer Statthalter Philipp Wilhelm von Boyneburg errichtet. Hier entstand der Pack- und Waagehof, der die „Große Waage" in der Michaelisstraße ersetzte. Schon 1886 zog das Angermuseum in die Gebäude. In ihm werden mittelalterliche Kunst, Kunst des 19. Jahrhunderts wie zum Beispiel die Weimarer Malerschule, aber auch Werke von Joseph Anton Koch, Caspar David Friedrich, Carl Blechen oder Friedrich Nerly gezeigt. Etwas Besonderes ist der von Erich Heckel gestaltete Raum der „Lebensstufen". Die Ausstellung des Angermuseums zeigt ebenfalls Sammlungsbereiche des Kunsthandwerks wie Fayencen, Glas, Porzellan, Möbel und Schmuck.

Angermuseum Erfurt • Anger 18 • 99084 Erfurt • Tel. (0361) 6551651 • www.angermuseum.de • Di.–So. 10–18 Uhr

ⓙ Predigerkirche St. Johannes Evangelist

Ursprünglich war die Kirche als Klosterkirche für den Dominikanerorden errichtet worden, jedoch wie so viele Klöster im Zuge der deutschen Reformation aufgehoben worden. Die Kirche wurde 1559 zur evangelischen Hauptpfarrkirche in Erfurt; seit 1588 ist die gesamte Klosteranlage in städtischem Besitz. Bis auf einen Kreuzgangflügel wurde der Rest des Klosters zwischen dem 17. und dem 19. Jahrhundert abgetragen. Der Bau der großen Basilika ohne Querschiff wurde in der zweiten Hälfte des 13. Jahrhunderts begonnen und erst im 15. Jahrhundert vollendet. Das ursprünglich nach Westen ausgerichtete Hauptportal der Kirche ist heute ohne Skulpturenschmuck. Über dem Portal befindet sich ein fünfbahniges Fenster mit Maßwerkrosette. Das Innere der Predigerkirche eröffnet sich dem Eintretenden als ein weiter hoher Kirchenraum, der im Osten durch einen Lettner den Laien- vom klerikalen Raum trennt. Im Chor befindet sich heute ein großer Altar mit zwei beweglichen Flügeln – ein Wandelaltar – aus dem Jahre 1492. Ursprünglich war dieser Altar der Hauptaltar der Paulskirche. Der Altar zeigt auf den Außenseiten die Apostel Petrus und Paulus. Nach der ersten Wandlung sieht sich der Betrachter Bildern der Passion Christi sowie der Himmelfahrten Mariae und Christi gegenüber. Die Flügel zeigen nach der zweiten Wandlung Reliefszenen mit der Geburt Christi, der Anbetung der Könige, der Auferstehung und der Ausgießung des Heiligen Geistes. Auf dem Mittelteil ist eine Beweinung Christi zu sehen. Diese war jedoch im Original nicht vorhanden – die Szene wurde während der Reformation für eine Marienkrönung eingesetzt. An den Seitenschiffwänden, am Lettner und den Chorschranken sind heute eine Reihe sehr qualitätvoller Grabsteine und Epitaphe angebracht. Diese waren ursprünglich in den gesamten Kirchenraum integriert und wurden erst für Baumaßnahmen in den 1960er Jahren an ihre jetzige Position gebracht. Einen Eindruck vom Ursprungszustand kann man sich nur im Binnenlangchor machen. Südlich der Predigerkirche befand sich der Kreuzgang des Dominikanerklosters. Auf seine Maße kann man vom erhalten gebliebenen östlichen Klausurflügel und den Abbruchspuren an der Kirchensüdwand schließen.

Predigerkirche • Predigerstraße 5 • 99084 Erfurt • Tel. (0361) 5626214 • www.predigerkirche.de • Di.–Sa. 11–16 Uhr, So. 12–16 Uhr

15 „egapark Erfurt"

Der „egapark Erfurt" wurde 1961 eröffnet. Er umfasst eine Fläche von etwa 36 Hektar und präsentiert die lange Gartenbautradition von Erfurt, die schon im späten 18. Jahrhundert ihren Anfang nahm und heute nicht „nur" mit ortsansässigen Traditionsfirmen fortgeführt wird, sondern auch durch den „egapark Erfurt" und das Deutsche Gartenbaumuseum. Mittlerweile steht das Gelände unter Denkmalschutz. Auf seinem Gelände sind zu erleben: das mit ca. 6.000 Quadratmetern größte Blumenbeet Europas, ein Rosengarten mit Wasserspielen, ein japanischer Fels- und Wassergarten, die Gräser- und Staudenschau, tropische Pflanzenschauhäuser mit Schmetterlings- und Orchideenhaus, ein riesiger Spielplatz mit einem Wasserbereich und Kinderbauernhof, ein Skulpturengarten mit wechselnden Ausstellungen sowie die historische Cyriaksburg mit ihrem Aussichtsturm. Im Jahresverlauf gibt es im „egapark Erfurt" für Blumen- und Pflanzenliebhaber immer neue Höhepunkte wie die Kirsch- und Rhododendronblüte im Japanischen Garten im April, die Pfingstrosenblüte im Skulpturengarten im Mai, die Rosenblüte im Rosengarten im Juni oder die Dahlienschau von August bis Oktober. Im Jahre 1480 wurde hier auf dem Gelände eine städtische Befestigung – die spätere Cyriaksburg – angelegt. Der Bau der Zitadelle wurde 1620 begonnen und von Otto von Guericke nach italienischem Vorbild mit Vorwerken ausgestattet. Ab 1925 wurde das Gelände zur städtischen Grünanlage, ab 1950 in die Gartenbauausstellungen einbezogen. Im Deutschen Gartenbaumuseum werden in der ständigen Ausstellung die Entwicklung der Gartenbaus und der Gartenkunst veranschaulicht. Die Wechselausstellungen beschäftigen sich mit den unterschiedlichsten Aspekten des Gartens in Geschichte und Gegenwart.

Deutsches Gartenbaumuseum Cyriaksburg • Gothaer Straße 50 • 99094 Erfurt • Tel. (0361) 223990 • www.gartenbaumuseum.de • Nov.–Febr. nur nach Vereinbarung, März–Juni Di.–So. 10–18 Uhr, Juli–Sept. Mo.–So. 10–18 Uhr, Okt. Di.–So. 10–18 Uhr

16 Thüringer Zoopark

Der Thüringer Zoopark Erfurt befindet sich auf einem Gelände von etwa 63 Hektar. Spaziergänge in den weitläufigen Wald- und Wiesenflächen bieten ganz besondere Erholung in einer Großstadt. Fast 500 Tierarten haben hier ihr Zuhause gefunden. Seit den 1990er Jahren werden die Gehege in großzügige Freigehege umgewandelt – wie z. B. die Bison-Plains, die Löwensavanne oder der Berberaffenberg. Die Flamingo-Freifluganlage zieht Besucher immer wieder in ihren Bann. Besonderer Beliebtheit bei Kindern erfreuen sich der Streichelzoo und der Spielplatz.

Thüringer Zoopark Erfurt • Am Zoopark 1 • 99087 Erfurt • Tel. (0361) 751880 • www.zoopark-erfurt.de • März–Okt. Mo.–So. 9–17.30 Uhr, Nov.–März Mo.–So. 10–15.30 Uhr

17 Molsdorf

Ursprünglich stand hier eine im 16. Jahrhundert errichtete Wasserburg. Reichsgraf Gustav Adolf von Gotter beauftragte den in Weimarer Diensten stehenden Landbaumeister Gottfried Heinrich Krohne die Burg zum Schloss umbauen. Für die Stuckierung der Innenräume stellte er Johann Baptist Pedrozzi an, für den Garten beauftragte er Johann Jacob Hartmann. Gotter hatte die Anlage 1734 gekauft und sah sich 1748 aufgrund seiner finanziellen Misere gezwungen, Schloss Molsdorf wieder zu verkaufen. Molsdorf ist eine vierflügelige Anlage – während in weiten Bereichen des Nord-, Ost- und Westflügels der Vorgängerbau einbezogen worden ist, entstand der Südflügel mit seiner repräsentativen und zum Park ausgerichteten Schauseite

„Es lebe die Freude!" lautete das Motto des Erbauers von Schloss Molsdorf

völlig neu. Im Südflügel befindet sich der lichtdurchflutete Gartensaal. Das weiße und grüne Blumenzimmer sind aufwändig ausgestattet, und der Bankettsaal präsentiert eine ganze Reihe regierender Fürsten, Könige, bedeutender Diplomaten und Feldherren, ganz in der Tradition einer Potentatengalerie. Der Marmorsaal trägt ein Deckengemälde von Antoine Pesne: „Aurora mit dem Sonnenwagen" ist mit Allegorien der vier Jahreszeiten zum aussagekräftigen Raumprogramm kombiniert worden. Im Roten Salon befindet sich das Gemälde „Die sieben freien Künste". Das ganze Schloss spiegelt Gotters Devise „Vive la joie!" („Es lebe die Freude!") wider. Das Obergeschoss des Schlosses wird museal genutzt. An der Ostseite des Schlosses befindet sich heute ein Lapidarium. Der Park von Schloss Mols-

dorf wurde im 19. Jahrhundert zum Landschaftsgarten umgestaltet.

Schloss Molsdorf • Schlossplatz 6 • 99094 Erfurt • Tel. (036202) 22085 • www.erfurt.de • Di.–So. 10–18 Uhr, Führungen durch die Festräume zu jeder vollen Stunde

18 „Drei Gleichen"

Die höchstgelegene dieser drei Burgen ist die Wachsenburg. Sie wurde im 10. Jahrhundert errichtet. Das Burgareal ist frei zugänglich, es gibt ein Museum und eine Gaststätte. Die Mühlburg ist die älteste der Burgen. Sie wurde schon im Jahre 704 erstmalig urkundlich erwähnt. In der Ruine befinden sich einige für ein kleines Museum genutzte Räume. Die Burg Gleichen wurde im 11. Jahrhundert von den Grafen von Orlamünde errichtet. Mit Burg Gleichen verbindet sich die Sage vom „zweibeweibten Grafen". Es wird erzählt, dass eben jener Graf bei seiner Teilnahme am Kreuzzug in Gefangeschaft geriet. Eine schöne Sultanstochter verliebte sich so sehr in ihn, dass sie bei seiner Flucht half und mit nach Thüringen kam. Der Papst war von der Geschichte so beeindruckt, dass er den Grafen und seine nunmehr zwei Ehefrauen segnete. Die Burg des glücklichen Grafen wird heute von der Stiftung „Thüringer Schlösser und Gärten" betreut. Im Ort Wandersleben zu Füßen der Burg hat sich der sogenannte Wanderslebener Wohnturm erhalten.

Mühlburg • Menantesstraße 4 • 99869 Mühlberg • Tel. (0160) 2250918 • www.drei-gleichen.de • März–Okt. Mo.–Fr. 10–17 Uhr, Sa./So./Feiertage 10–18 Uhr

Burgruine Gleichen • 99869 Wandersleben • Tel. (0361) 6555680 • www.drei-gleichen.de • April–Okt. Mo.–So. 10–18 Uhr

Veste Wachsenburg • Veste Wachsenburg 91 • 99310 Wachsenburggemeinde • Tel. (03628) 74240 • www.wachsenburg.com • Mo.–Sa. 11–20 Uhr, So. 11–17 Uhr

19 Wandersleben

Ein kostenfreier Audioguide zum Wohnturm kann unter www.transromanica.de heruntergeladen werden. Weitere Informationen auf S. 252

Nicht weit von der Burg Gleichen entfernt liegt Wandersleben. Hier im Ort wartet auf den Geschichts- und Kulturinteressierten Reisenden eine Besonderheit: der romanische Wohnturm von Wandersleben. Er ist das einzige Über-

bleibsel eines alten Herrenhofes derer von Witterde. Der zweigeschossige Turm wurde gegen Endes des 13. Jahrhunderts erbaut, die letzten Bauteile (wie die frühgotischen Fenster der Südfassade) wurden jedoch erst im 14. Jahrhundert vollendet. Seit der Wiederentdeckung des Turms – er war in einen Fachwerkbau integriert worden, der wegen Baufälligkeit 1985 abgerissen werden musste – bemüht man sich um die Restaurierung des ehemaligen Adelssitzes. Es bildete sich eine Interessengemeinschaft „Mittelalterlicher Wohnturm", die sich sehr um den Erhalt des Gebäudes bemüht.

Romanischer Wohnturm • Hauptstraße • 99869 Wandersleben • Tel. (036202) 82343 o. 81139 • von außen frei zugänglich, wenn das Tor offen steht; Innenbesichtigungen Mai–Sept. Sa. 14–16 Uhr und auf Anfrage

20 Bach- und Kulturstadt Arnstadt

Erstmalig urkundlich erwähnt wurde Arnstadt als „Arnestati" 704. In diesem Jahr wurde der Ort neben Mühlberg und Großmonra an Bischof Willibrord von Utrecht geschenkt. Ab dem 12. Jahrhundert gehörte ein Teil von Arnstadt zum Herrschaftsgebiet der Grafen von Käfernburg. 1220 wurde Arnstadt erstmals „civitas" (Stadt) genannt, doch das Stadtrecht wurde nachweislich erst 1266 verliehen. Nach dem Aussterben der Käfernburger fiel Arnstadt an die Grafen von Schwarzburg. Allmählich entwickelte sich in der Stadt Wohlstand – der Handel mit Holz und Färberwaid, das Mühlengewerbe, Tuchmacherhandwerk und die

177

Gerbereien trugen ihren Teil dazu bei. Zu Beginn des 18. Jahrhunderts kam Johann Sebastian Bach nach Arnstadt, um eine Orgel auf ihre Qualität zu prüfen und bekam gleich eine Stelle als Organist. Vier Jahre später verließ er Arnstadt und ging nach Mühlhausen. Der Rat der Stadt hatte ihm keinen verlängerten Urlaub bewilligt und warf ihm zudem Unregelmäßigkeiten vor. Grund genug für Bach, der Stadt den Rücken zu kehren. Ebenfalls im frühen 18. Jahrhundert lebte Auguste Dorothea, Gemahlin des regierenden Fürsten Anton Günther, in Arnstadt – anders als Bach blieb sie der Stadt Jahrzehnte erhalten. Zwar ist die Augustenburg nicht mehr vorhanden, dafür geht auf sie eine einmalige Sehenswürdigkeit Arnstadts zurück – die Puppenstadt „Mon plaisir". In ihr wird in 82 Szenen und mit etwa 400 Wachsfigürchen das Leben in einer kleinen Residenzstadt nachgestellt.

An der Nordseite des langestreckten, dreieckigen Marktplatzes steht das in den Jahren 1582 bis 1586 nach Entwürfen des Arnstädter Baumeisters Christoph Junghans errichtete **Renaissance-Rathaus**. Die Pläne für das Rathaus entstanden unter dem Einfluss der niederländischen Renaissance. Die Orientierung an den Niederlanden kam nicht von ungefähr: Am 17. November 1560 heiratete Günther XLI. von Schwarzburg eine Schwester Wilhelms von Oranien – Catharina von Nassau-Dillenburg. Die Eheleute lebten einige Zeit in Arnstadt und ließen das **Schloss Neideck** errichten. Die Marktseite des Rathauses wird durch zwei hohe

Schaugiebel geprägt. An der Westseite des südlichen Flügels befindet sich das ehemalige Hauptportal von 1585. Über dem Gebälk ist das Stadtwappen angebracht, und über den Fenstern des Ratshaussaales befinden sich die Schutzheiligen von Arnstadt: Maria und Bonifatius. Immer wieder Aufmerksamkeit erregt die große Uhr aus dem 16. Jahrhundert. Die goldene Kugel unter dem Zifferblatt zeigt die Mondphasen an.

Die **Bachkirche** – ehemals St. Bonifatiuskirche – wurde nach dem großen Stadtbrand des Jahres 1581 in den Jahren zwischen 1676 und 1683 In dieser Kirche war Johann Sebastian Bach von 1703 bis 1707 als Organist tätig.

Das **Bachhaus** gehörte fast ein halbes Jahrhundert der Familie. Johann Sebastian Bach hatte hier bei der Familie seines 1693 verstorbenen Onkels Johann Christoph Bach gewohnt. Im Erdgeschoss befindet sich eine kleine Ausstellung zur Geschichte des Hauses.

Die **Liebfrauenkirche** in Arnstadt und der Dom in Naumburg sind die bedeutendsten Sakralbauten der Übergangszeit von der Romanik zur Gotik in Thüringen und den angrenzenden Gebieten. Erbaut wurde die Liebfrauenkirche von 1180 bis 1330. Die Äbte von Hersfeld hatten den Bau der Liebfrauenkirche initiiert. Ursprünglich war der Kirchenraum äußerst schlicht, doch ab 1240 wurde der Einfluss der Maulbronner Bauschule maßgeblich. Das um 1280 begonnene Querhaus und der Hallenchor wurden schon in hochgotischen Formen ausgeführt. In diesem Bereich ist wiederum die Vorbild-

Das ostasiatische Porzellankabinett im Neuen Palais in Arnstadt ist ein Paradebeispiel für die Sammelleidenschaft eines Fürsten

wirkung des Regensburger Domes und der Marburger Elisabethkirche spürbar. Die Ausstattung der Liebfrauenkirche ist bemerkenswert – im nördlichen Chor befindet sich die Grabkapelle der Schwarzburger Grafen. Neben den verschiedenen Grabsteinen und Epitaphien steht hier die Doppeltumba für Graf Günther XXV. und seine Frau Elisabeth. Dieses Werk stammt aus der Schule Peter Parlers und entstand am Ende des 14. Jahrhunderts. Im Hauptchor findet sich wie auch in den Seitenchören reiche Bauplastik: Kapitelle und Schlusssteine sind aufwändig gearbeitet. Der doppelfügelige Schnitzaltar wurde Ende des 15. Jahrhunderts geschaffen und stammt aus der Werkstatt des Erfurter Regleraltars. Ursprünglich gehörte er wie auch die Kanzel zur Ausstattung der Oberkirche. Der Flügelaltar des südlichen Chores stammt aus dem 15. Jahrhundert und wird der Schule des Konrad von Soest zugeschrieben. Im Gegensatz zum gotischen Chor stehen die noch mit romanischem Kreuzgewölbe versehenen Seitenschiffe – im südlichen befinden sich einen steinerne Mondsichelmadonna aus dem 15. Jahrhundert und zwei Kruzifixe aus dem frühen 16. Jahrhundert. In beiden Seitenschiffen haben sich Glasfenster aus dem 14. Jahrhundert erhalten.

Das **Neue Palais** wurde von 1729 bis 1734 für Fürstin Elisabeth Albertine von Schwarzburg-Sondershausen als Witwensitz errichtet. Die Dreiflügelanlage wurde nach Plänen von Johann Heinrich Hoffmann, Landbaumeister von Anhalt-Bernburg und von 1731/32 bis 1733/34 auch für Schwarzburg-Sondershausen, gebaut. Im Westen wird das Ensemble vom **Marstall** begrenzt in dem sich heute das Lapidarium befindet. Hier werden neben Grabmalen aus dem 18. Jahrhundert auch Spolien der Ruine Neideck gezeigt. Die Sammlung historischer Feuerwehrspritzen ist interessierten Besuchern nur während der Sommeröffnungszeiten zugänglich. Im **Neuen Palais** erlebt man historische Räume wie das rekonstruierte Audienzzimmer oder das im Original erhaltene Spiegel- und Porzellankabinett. Auf hunderten von geschnitzten und vergoldeten Konsolen werden chinesische und japanische Porzellane der ursprünglichen Ausstattung präsentiert. Porzellanfans werden von den ca. 1.000 Porzellanobjekten aus der Zeit von 1680 bis 1730 begeistert sein. Ebenso bewundert wird der 2014 wiedereröffnete Festsaal. Ihn erlebt man in seiner originalen Ausstattung von 1881. Wie in anderen Residenzschlössern Thüringens erhält man auch in Arnstadt ein wundervollen Einblick in die Sammelleidenschaft der Regenten. Einen ganz besonderen Schatz besitzt das **Schloßmuseum** mit seinen flämischen Tapisserien aus dem 16. Jahrhundert. Höhepunkt des Museums ist jedoch für viele Museumsbesucher die wundervolle **Puppensammlung „Mon plaisir"** – sie ist in dieser Größe und Detailtreue weltweit einmalig. Knapp

2.700 einzelne Gegenstände, insgesamt 400 erhaltene Figuren illustrieren in 82 unterschiedlichen Szenen das Leben, Arbeiten, Feiern und Beten in einer thüringischen Residenz. Neben höfischen Szenen werden bürgerliche gezeigt, selbst das klösterliche Leben wird thematisiert. Die Gestaltung der Räume ist ganz dem Barock verpflichtet. Bisher ließ sich leider nicht herausfinden, wer die hervorragend gearbeiteten Puppenköpfe schuf. Seit 2009 befindet sich im Neuen Palais die Ausstellung. „Bach in Arnstadt" – sie verdeutlicht die enge Verbindung von Arnstadt und der Familie Bach. Historische Objekte sind kombiniert mit moderner Multimedia-Technik.

In einer ehemaligen Taschenlampenfabrik befindet sich die größte **Kunsthalle** Thüringens. Hier werden regelmäßig Wechselausstellungen zeitgenössischer Künstler initiiert. Malerei, Grafik, Objekte – immer wieder wird Neues in den Blick genommen.

Rathaus • Am Markt 1 • 99310 Arnstadt • Tel. (03628) 7456 • www.arnstadt.de • Mo./Do./ Fr. 9–12 Uhr, Di. 9–12/13.30–18 Uhr

Johann-Sebastian-Bach-Kirche • An der Neuen Kirche • 99310 Arnstadt • Tel. (03628) 740960 • www.kirche-arnstadt.de • Mo.–Sa. 10–16 Uhr, So. 11–15.30 Uhr

Bachhaus • Kohlgasse 7 • 99310 Arnstadt • Tel. (03628) 75040 • Di. 14–17 Uhr, Do. 10–12 Uhr

Liebfrauenkirche Ev.-luth. Kirchgemeinde Arnstadt • An der Liebfrauenkirche 12 • 99310 Arnstadt • Tel. (03628) 740960 • www. kirche-arnstadt.de • April–Okt. Mo.–Sa. 11–15 Uhr, So. 14–16 Uhr

Alter Pfarrhof in Hohenfelden

Schloßmuseum Arnstadt • Schlossplatz 1 • 99310 Arnstadt • Tel. (03628) 602932 • www.arnstadt.de • Di.–So. 9.30–16.30 Uhr

Kunsthalle Arnstadt • Angelhäuser Straße 1 • 99310 Arnstadt • (03628) 660857 • www.kunsthalle-arnstadt.de • Mi.–Fr./So. 14–18 Uhr.

21 Freilichtmuseum Hohenfelden

Die Einrichtung wurde 1979 als Freilichtmuseum gegründet. Seitdem wird es kontinuierlich aufgebaut und erweitert. Im Moment gehören etwa dreißig Gebäude zum Museum. Der Hauptstandort, die Baugruppe „Am Eichenberg", liegt einige hundert Meter vom Dorf entfernt. Doch auch im Ort gehören einige Häuser zum Museum. Am Eichenberg befinden sich die historischen Gebäude, die an ihrem Ursprungsort nicht hätten erhalten werden können. Die Gebäude werden in einer ihrer historischen Situation nachempfundenen Umgebung präsentiert. Bauerngärten, Wiesen, Felder, Obst-

bäume und Nutztiere gehören ebenso dazu wie die originalgetreue Einrichtung der Gebäude. Zum Museum gehören stattliche Bauernhöfe, eine Dorfschmiede, ein Gemeinde-Hirtenhaus, ein betriebsfähiges historisches Dorfbrauhaus, ein Tagelöhnerhaus, eine in europäischen Freilichtmuseen einzigartige Blumentopf-Töpferei sowie der ehemalige Pfarrhof des Dorfes Hohenfelden, in dem sich auch die alte Dorfschule befindet. Die Gebäude stammen aus unterschiedlichen Zeiträumen, das älteste aus dem Jahr 1604, das jüngste, eine Kegelbahn, von 1911. Neben der Dauerausstellung werden eine Reihe Sonderausstellungen gezeigt.

Thüringer Freilichtmuseum Hohenfelden • Im Dorfe 63 (Verwaltung) • 99448 Hohenfelden • Tel. (036450) 30285 • www.freilichtmuseum-hohenfelden.de • April–Okt. Mo.–So. 10–18 Uhr, Nov.–Dez. Di.–So. 11–17 Uhr, Jan.–März Sa./So. 11–17 Uhr, Nov.–März nur einzelne Gebäude

GOTHA UND UMGEBUNG

Ein wenig über der Stadt liegt Schloss Friedenstein und beherrscht von hier das Gesicht der Stadt. Im Schloss lässt sich das „barocke Universum" erleben – die Sammlungen der Stiftung Schloss Friedenstein, das Ekhof-Theater, die Schlosskirche sind beredte Zeugnisse dieser Epoche. Bemerkenswerter Teil der Dauerausstellung ist die Abteilung „Aegyptica". Doch auch die naturhistorischen Sammlungen sind überaus sehenswert. In Gotha gründete Ernst Wilhelm Arnoldi die Gothaer Versicherungen.

Im Umland der ehemaligen Residenzstadt der Herzöge von Sachsen-Gotha und Coburg gibt es viel zu entdecken, ob Marienglashöhle, den Saurierpfad in Georgenthal oder die Puppenstadt Waltershausen, die „Pforte zum Thüringer Wald".

Reiseinformation

Tourist-Information Gotha/Gothaer Land • Hauptmarkt 33 • 99867 Gotha • Tel. (03621) 50785712 • www.gotha.de • Mo.–Fr. 10–18 Uhr, Sa. 10–15 Uhr, Mai–Sept. So. 10–14 Uhr

22 Gotha

775 wurde Gotha erstmalig erwähnt, als „villa gotaha" in einer Schenkungsurkunde Karls des Großen an das Kloster Hersfeld. Wohl in der Mitte des 12. Jahrhunderts erhielt Gotha unter Landgraf Ludwig II. das Stadtrecht. Ab dem 17. Jahrhundert wurde Gotha Hauptresidenz des Herzogtums Sachsen-Gotha (seit 1826 Sachsen-Gotha-Coburg). Ende des 18. Jahrhunderts wurde in Gotha der Perthes-Verlag gegründet. Zu Beginn des 19. Jahrhunderts begründete Ernst-Wilhelm Arnoldi die Gothaer Feuerversicherungsbank und einige Zeit später die Lebensversicherungsbank. Die Geburtsstadt des deutschen Versicherungswesens ist also Gotha. 1875 wurde im Gothaer Tivoli die Sozialistische Arbeiterpartei Deutschlands (SAP) gegründet – aus der SAP wurde später die SPD. Heute ist Gotha die fünftgrößte Stadt Thüringens.

A Augustinerkloster

Das Augustinerkloster in Gotha wurde erstmalig Mitte des 13. Jahrhunderts in Gotha erwähnt. Es ist damit das älteste Augustinerkloster Thüringens. Auf dem Areal des Augustinerklosters hatten zunächst Zisterzienserinnen Gebäude errichtet, die sie jedoch den Augustiner-Eremiten überließen. Diese begannen mit der Neuerrichtung der Klostergebäude vermutlich um 1258. Erweitert wurden sie schließlich 1366 durch den Kreuzgang, das Refektorium und die Sakristei. Nachweislich besuchte Martin Luther das Gothaer Augustinerkloster in den Jahren 1515 und 1516. Während der deutschen Reformation predigte er in der Augustinerkirche. 1524 wurden die Lateinschule des Marienstifts und die Knabenschule der Margarethenkirche ins Kloster verlegt. Nur ein Jahr später übereigneten die Mönche der Stadt das Kloster. In den folgenden Jahrhunderten wurde mehrfach um- und neugebaut. Immer wieder änderte sich die Nutzung der Gebäude. In den Jahren 2007 bis 2009 wurde das Kloster zu einem modernen Begegnungszentrum der evangelischen Kirche umgewandelt. Zur Begegnungsstätte gehören ein Café, eine Herberge, eine Bibliothek und Ausstellungsflächen.

Augustinerkloster • Jüdenstraße 27 • 99867 Gotha • Tel. (03621) 302901 • www.kirchgemeinde-gotha.de • Mo.–Fr. 10–12/14–16 Uhr, Sa. 14–16 Uhr, So. nach Gottesdienst u. 14–16 Uhr, im Winter nur über Klostercafé zu besichtigen

B Schloss Friedenstein

TOP-TIPP Auf kaiserlichen Befehl wurde die vermutlich im 11. Jahrhundert errichtete Burg Grimmenstein geschleift. Zu diesem Zeitpunkt war Johann Friedrich II. in Reichsacht gefallen und in kaiserliche Gefangenschaft gebracht worden. Es gibt nur noch wenige Reste der Burganlage – das Renaissance-Portal der Schlosskirche, der Brunnen und das Brunnenhaus auf dem heutigen **Schlosshof**. Auch ein Teil der unterirdischen Kasematten stammt noch von der alten Festung. Gegen Ende des Dreißigjährigen Krieges – 1643 – wurde der Bau von Schloss Friedenstein begonnen. Herzog Ernst I. von Sachsen-

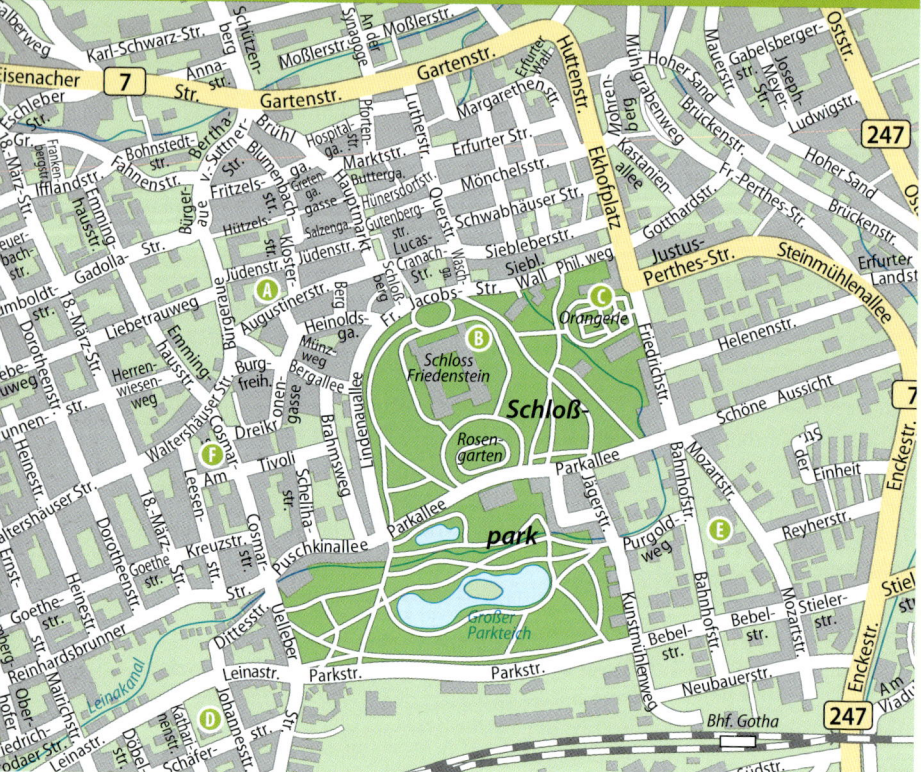

Gotha-Altenburg distanzierte sich vom Vorgängerbau schon durch den Namen der neuen Residenz: „Friedenstein". Deutlicher als im sogenannten „Gothaer Friedenskuss" konnte man die Devise nicht darstellen: „Friede ernehret, Unfriede verzehret", erläutert die Inschrift das Relief über dem nördlichen Zugang zum Schlossareal.

Das Schloss ist ein klar strukturierter und äußerst funktionaler Bau. Ernst I. genannt der Fromme war – wie sein Beiname verdeutlicht – ein äußerst frommer Herrscher. Seinem protestantischen Selbstverständnis folgend war der Schlossaußenbau schmucklos, der Innenhof zeigt jedoch bauplastischen Schmuck: die 54 Arkadenbogenscheitel sind mit Wappen geschmückt. Die Wappen verweisen auf Titel, Herrschaftsgebiete und Besitzansprüche des Herzogs Ernst I. Das Schloss nahm nicht nur die Wohnräume der herzoglichen Familie und der Bediensteten auf, sondern auch alle Staatsbehörden und Wirtschaftsräume. Im **Nordflügel** wurden von Herzog Friedrich I. zum Ende des 17. Jahrhunderts barocke Staatsgemächer eingerichtet.

Der **Hauptsaal** ist fraglos der Höhepunkt dieser Raumfolge. Der bauplastische Schmuck wurde von Giovanni Caroveri gearbeitet und später von Samuel und Johann Peter Rust ergänzt. Die Wappen, die von Hermenpilastern gehalten werden, zeigen die einzelnen Herrschaften und Titel der Herzöge von Sachsen-Gotha. Die Fenstergewände nehmen die Ahnengalerie der Gothaer Herzöge auf. Sie verdeutlichen den Machtanspruch und vor allen Dingen die Legitimität der herzoglichen Macht. Ende des 18. Jahrhunderts entwickelte sich Gotha zu einem Zentrum von Kunst und Wissenschaften in Thüringen. Herzog Ernst II. ließ die Fortifikationsanlagen des Schlosses beseitigen, den Südflügel abreißen und die Wohnräume im **Westflügel** gestalten. Diese Räume sind von unterschiedlichem Charakter – so sind z. B. das Marmorzimmer und der Musiksaal mit Wandreliefs des Bildhauers Eugen Doell geschmückt.

In der Dauerausstellung des Schlosses sind heute im ersten Obergeschoss des Nordflügels. Drei „Komplexe" prägen das museale Angebot der Stiftung Friedenstein Gotha – das Schlossmuseum, das Herzogliche Museum und das Historische Museum. Während sich das Schloss- und das Historische Museum in Schloss Friedenstein befinden, liegt das Herzogliche Museum am Fuße des Friedensteins in einem im späten 19. Jahrhundert rein für museale Zwecke errichteten eindrucksvollen Gebäude.

Das Schlossmuseum im Nord- und Westflügel des Friedensteins konzentriert sich in seinen Ausstellungen auf die repräsentativen Räume der Gothaer Herzöge – Barock, Rokoko und Klassizismus verzaubern die Besucher. Zum Rundgang gehören ebenso faszinierende Einblicke in die Sammelleidenschaft der herzoglichen Familie – und das über Jahrhunderte hinweg. Höhepunkte des Rundgangs durch die fast 40 Ausstellungsräume sind zweifellos das Münzkabinett und die Kunstkammer. Den Grundstein für die reichen Samm-

Blick auf Schloss Friedenstein von Süden

lungen legte Herzog Ernst I. von Sachsen-Gotha-Altenburg – nachfolgende Generationen taten ihr Übriges, so dass der heutige Besucher zum Beispiel den „Gothaer Elefanten" – eine Goldschmiedearbeit des frühen 18. Jahrhunderts – bewundern kann.

Zeigt das Schlossmuseum u. a. die Sammlungsaktivitäten der herzoglichen Familie, so widmet sich das Historische Museum Sammlungen, die auf bürgerliches Engagement seit dem 19. Jahrhundert zurückgehen. Bis in die Zeit vor ca. 100.000 Jahren kann der Besucher zurückgehen und im Westturm des Schloss Friedenstein steinzeitliche Funde der Ur- und Frühgeschichte erleben. Die Zeitspanne vom Mittelalter bis ins 18. Jahrhundert dokumentiert in anschaulicher Weise die wirtschaftliche Entwicklung, widmet sich Luther und der Reformation genauso wie den

wichtigen Reformen Ernsts des Frommen im 17. Jahrhundert. Nicht nur bei Kindern sehr beliebt ist der Ausstellungsteil „Tiere im Turm". Dies ist der erste Teil der neuen Dauerausstellung des Museums der Natur im Westturm. Er ist interaktiv gestaltet und bietet vielfältige Möglichkeiten, Flora und Fauna unserer Erde zu entdecken. Die Ausstellung orientiert sich an bedeutenden Naturforschern wie Charles Darwin, Carl von Linné und Alexander von Humboldt. In den nächsten Jahren werden weitere Teile der Dauerausstellung eröffnet: Sie werden sich dem Naturalienkabinett, den Ursauriern und dem Thüringer Wald widmen.

Der „Louvre Thüringens" so wird das Herzogliche Museum in Gotha genannt. Nach umfassender Sanierung und mit neuem Konzept wurde das Herzogliche Museum in Gotha 2013 wiedereröffnet. Hier wird nun neben ägyptischen Mumien, griechischen antiken Vasen und ostasiatischer Kunst vor allem die Gemäldesammlung der Gothaer Herzöge präsentiert. Außer dem „Gothaer Liebespaar" – einem faszinierenden Gemälde der deutschen Renaissance – sind u. a. Werke von Peter Paul Rubens, Lucas Cranach d. Ä. und Caspar David Friedrich zu bewundern.

Bemerkenswert an Schloss Friedenstein sind jedoch nicht nur seine Sammlungen – es birgt noch andere Kleinodien wie z. B. das **Ekhof-Theater** und die Schlosskirche. Das Theater im Schloss Friedenstein entstand in mehreren Phasen – von 1681 bis 1683 eine Bühne mit Schnellverwandlung. Sie ist 1683 in Betrieb genommen worden und somit die älteste Maschine dieser Art. Lange Zeit wurden die „Bretter, die die Welt bedeuten" von Wandertruppen bespielt. Herzog Ernst II. gründete 1775 das erste feste Hofensemble. Aufführungen konnten auch von zahlenden Bürgern aus der Stadt besucht werden. Mit Conrad Ekhof stand das Hoftheater drei Jahre unter der Leitung des „Vaters der deutschen Schauspielkunst". Seit 1969 wird das Schlosstheater wieder regelmäßig bespielt. In den Sommermonaten findet das Ekhof-Festival statt. Im Mittelpunkt der Aufführungen stehen heute wiederzuentdeckende Werke des 18. Jahrhunderts. Der Zuschauer erlebt die Stücke in historischen Inszenierungen mit entsprechenden Bühnenbildern, Masken und Kostümen.

Die **Schlosskirche** im Nordflügel gehört nicht zum Museumsbetrieb, doch ist sie zu besichtigen. Sie wurde in der Mitte des 17. Jahrhunderts eingeweiht und schon gegen Ende des Jahrhunderts wieder umgebaut. Bis 1918 diente sie den regierenden Herzögen von Sachsen-Gotha und Coburg als Hofkirche. Seit 1920 ist sie Gemeindekirche. Heute gehört sie zum Pfarrbezirk St. Michael. Zu besonderen Anlässen finden hier noch Gottesdienste statt. An der Westwand ist die Fürstenloge mit der Büste Ernst des Frommen zu sehen. Sein Motto „In silentio et spe" („Durch Stillsein und Hoffen werdet ihr stark sein" – Jes. 30,15) wird von zwei Engeln gehalten. Der Fürstenloge gegenüber auf der Ostseite der Schlosskirche sind Altar, Kanzel und Orgel angeordnet. Die Stuckaturen des Gotteshauses sind von den Gebrüdern Rust, die auch schon im Festsaal arbeiteten; das Deckengemälde stammt von Seivert Lammers, von dem sich ein Gemälde in den Rudolstädter Kunstsammlungen erhalten hat.

Zum Schlossensemble gehört ein weitläufiger **Park**. Gotha besitzt einen der ältesten Englischen Gärten des „Kontinents" – er wurde 1766 geplant, drei Jahre später wurden die Planungen von John Haverfield in die Tat umgesetzt. Etwa zur gleichen Zeit entstand auch der Wörlitzer Park. Ebenfalls mit der Verwirklichung des Gothaer Parks betraut war Christian Heinrich Wehmeyer. Dieser wurde im Jahre 1772 von Molsdorf nach Gotha versetzt. An seine Verdienste um diesen Park erinnert ein Denkmal im Park. Das Herz der Parkanlage südlich des Herzoglichen Museums bildet jedoch der künstlich angelegte Parkteich. Inmitten der Wasserfläche erhebt sich eine Insel, wohl auch aufgrund der Begräbnisstätten für die herzogliche Familie wurde sie später die „heilige" genannt. Der kleine See ist ein gestalterischer Kunstgriff, denn über seine Kleinheit täuscht sein Grundriss hinweg. Von keinem Punkt kann der Parkbesucher die gesamte Wasserfläche überblicken – es bleibt immer etwas verborgen. Gerade durch dieses Gestaltungsprinzip wird der Park optisch vergrößert.

Seit 1827 darf die Allgemeinheit die Gartenanlage erleben. Die gartenarchitektonischen Anlagen rund um den Friedenstein konnten gestaltet werden, da Herzog Ernst II. die Fortifikationsanlagen beseitigen ließ. Im Osten des Schlosses entstand ein Parkbereich, in dessen Zentrum ein kleines, neogoti-

Gartenstadt

Die Idee der Gartenstadt geht auf den Briten Ebenezer Howard zurück. Ende des 19. Jahrhunderts entwarf er dieses Modell der planmäßigen Stadtentwicklung, um dem planlosen Wachsen der Großstädte und den damit in Verbindung stehenden schlechten Lebensbedingungen etwas entgegenzusetzen. Nach seinen Vorstellungen sollte das Bauland in genossenschaftlichem Gemeinbesitz verbleiben und ausschließlich in Erbpacht verliehen werden. Neben Ebenezer Howard war Raymond Unwin ein Verfechter der Gartenstadt als städteplanerischer Ansatz. In Thüringen entstanden verschiedene Gartenstädte: der Stadtteil Heinrichsgrün in Gera, die Gartenstadt Erfurt und die Reformsiedlung im Ziegenhainer Tal in Jena.

sches Teehäuschen steht. Es erinnert in seiner äußeren Gestalt an eine Kirche.

Schloss Friedenstein • 99867 Gotha • Tel. (03621) 82340 • www.stiftung-friedenstein.de • April–Okt. Di.–So. 10–17 Uhr, Nov.–März 10–16 Uhr, Feiertage geöffnet

Ekhof-Theater auf Schloss Friedenstein • 99867 Gotha • Tel. (03621) 823451 • www.ekhof-festival.de, www.stiftungfriedenstein.de

Orangeriegarten

Dieser Gartenbereich wurde unter Herzog Friedrich III. 1747 in Angriff genommen. Prägend für den Entwurf waren die Prämissen französischer Gartenarchitektur. Die Vollendung der barocken Anlage verzögerte sich durch den Siebenjährigen Krieg, doch bis 1769 entstanden nicht nur zwei Treibhäuser, sondern auch das „Lorbeer-" und das „Orangenhaus" – zwei Kalthäuser, die in ihrer Anlage Bezug nehmen auf das benachbarte Schloss Friedrichsthal. Die Entwürfe für die Gestaltung der Orangeriegebäude lieferte der Weimarer Landbaumeister Gottfried Heinrich Krohne. Das südliche Orangeriegebäude wurde 1944 im Zweiten Weltkrieg zerstört und im Anschluss nicht wieder aufgebaut. Im nördlichen Kalthaus befindet sich seit 1950 die städtische Bibliothek. Ins Lorbeerhaus werden noch heute die Pflanzen der Orangerie zur Überwinterung gebracht. Planungen sehen vor, in den nächsten Jahren dort ein Orangeriemuseum einzurichten.

Orangerie Gotha • 99867 Gotha • Tel. (03621) 82340 • www.orangerie-gotha.de

D Viertel „Schmaler Rain"

Diese Siedlung entstand 1927 bis 1928 im Auftrag der Gothaer Baugenossenschaft nach Plänen der Architekten Richard Neuland, Bruno Tamme und Regierungsbaumeister Pfitzmann für Beamte und Arbeiter der „Eisenbahnverwaltung eGmbH". Das Quartier wurde U-förmig angelegt. Die im Osten, Norden und Westen anschließenden Mietergärten waren für die Selbstversorgung der Bewohner gedacht. Als zentraler Platz wurde der heutige Geschister-Scholl-Platz angelegt. 1928 wurde die Siedlung aus 96 Reihenhäusern eingeweiht. Vergleichbar ist die Gothaer Gartenstadtsiedlung mit der Hufeisensiedlung in Berlin-Britz, die in den Jahren 1925 bis 1933 nach Plänen von Bruno Taut und Martin Wagner errichtet wurde.

E Das Deutsche Versicherungsmuseum E. W. Arnoldi

Das Versicherungsmuseum erinnert mit seiner Ausstellung daran, dass in Gotha die Anfänge der deutschen Versicherungswirtschaft liegen. Zwar gab es schon früher Versicherungsanstalten, doch erst Ernst Wilhelm Arnoldi legte dem deutschen Versicherungswesen repräsentatives statistisches Material wie etwa medizinische Daten zu Grunde. Historische Dokumente, Fotos und Versicherungsplaketten sind Zeugen dieser Entwicklung – nicht zuletzt ist das Gebäude selbst ein Ausstellungsstück.

Deutsches Versicherungsmuseum Ernst Wilhelm Arnoldi • Bahnhofstraße 3 A • 99867 Gotha • Tel. (03621) 401060 • www.dvm-gotha.de • Mo. 10–16 Uhr

F Tivoli

Gebaut wurde das Tivoli in der ersten Hälfte des 19. Jahrhunderts. Von Beginn an wurde hier von unterschiedlichen Betreibern ein Wirtshaus betrieben. Die Kaltwassers übernahmen im Jahre 1848 das Haus. 1865 hielt hier August Bebel eine Rede in einer Arbeiterversammlung. Zehn Jahre später gründete sich hier die SPD. Im Laufe seiner Geschichte erlebte das Tivoli verschiedenste Nutzungen – es war Lazarett, auch Kindergarten und ab 1953 Gedenkstätte. Nach der politischen Wende wurde hier 1990 die SPD Thüringens wiedergegründet. Ehrengäste waren Egon Bahr und Willy Brandt. Seit 2005 nutzt der Förderverein „Gothaer Tivoli e. V." das Gebäude. Seit 2006 ist wieder eine Dauerausstellung zu besichtigen, auch Sonderausstellungen werden angeboten. Außerdem steht das Tivoli jedem Interessierten als Tagungsort und Begegnungsstätte zur Verfügung.

Tivoli • Am Tivoli 3 • 99867 Gotha • Tel. (03621) 704127 • www.tivoli-gotha.de • nach Anmeldung

23 Pferderennbahn Boxberg

Was in der Mitte des 19. Jahrhunderts ausschließlich als Rennbahn begann, bietet heute zusätzlich die Möglichkeit zu Festivalerlebnissen und vielem mehr. Auf dem Areal, das eigentlich ein Exerzierplatz war, finden seit 1842 Pferderennen statt. Der 1778 gegründete „Mitteldeutsche Rennverein" errichtete eine

Pferderennbahn. Noch heute beeindrucken den Besucher die Rennbahngebäude vom Ende des 19. Jahrhunderts. Hier scheint sich ein wenig Ascot nach Thüringen „verirrt" zu haben.

Pferderennbahn Boxberg • Auf dem Boxberg • 99894 Leinatal • Tel. (03621) 301185 • www.boxberg-gotha.de

24 Wechmar

In Wechmar stand die Wiege der Musikerfamilie Bach. Daran erinnern das Bach-Stammhaus und die Veit-Bach-Mühle. In beiden historischen Gebäuden sind heute Museen und Bildungsstätten untergebracht. Im sogenannten Bach-Stammhaus wird nicht nur an die Künstlerfamilie Bach erinnert, weitere Ausstellungsschwerpunkte sind die Thüringer Spielleute und Instrumentenbauer sowie das genealogische Archiv der Freiherren von Wechmar. Der Heimatverein „Wechmar e.V." rettete auch das ehemalige Rittergut Studnitz vor dem Abriss. Es beherbergt einen wunderschönen Rokokosaal mit reicher Stucco-Lustro-Wandgliederung und einem qualitätvollen Deckengemälde. Der Wechmarer Heimatverein richtet alle vier Jahre die Veit-Bach-Festspiele aus. In Wechmar befindet sich überdies Deutschlands größte Tagliliensammlung. Sie wurde von Carl-H. Stichling seit 1986 aufgebaut. Momentan wachsen in seinem Betrieb 2.500 Sorten. Ein Besuch zur Hauptblütezeit im Juli bis Mitte August lohnt sich unbedingt.

Bach-Stammhaus Wechmar • Bachstraße 4 • 99869 Günthersleben-Wechmar • Tel. (036256) 22680 o. 8520 • www.bach-stammhaus-wechmar.de • Di.–Do. 10–17 Uhr, Sa./So. 13–17 Uhr, Okt.–März bis 16 Uhr

Blick auf das Renaissance-Schloss Ehrenstein in Ohrdruf

25 Ohrdruf

Das **Renaissance-Schloss Ehrenstein** wurde in der zweiten Hälfte des 16. Jahrhunderts errichtet und war die Residenz der Grafen von Gleichen, später gehörte sie den Fürsten von Hohenlohe. Diese verkauften das Schloss schließlich an den gothaischen Staat. Von 1957 bis 1972 befand sich im Schloss eine Schule für sowjetische Offizierskinder. Heute gehört das Schloss Ehrenstein der Stadt Ohrdruf. Nach dem verheerenden Schlossbrand von 2013 befindet sich das Schloss noch in der Restaurierung. Planungen sehen ein grundsätzlich neues Museumkonzept vor. Zukünftig sollen die historischen Raumfassungen stärker zum Tragen kommen. Einer der Ausstellungsschwerpunkte wird Johann Sebastian Bachs Zeit im Ohrdruf sein.

Südlich von Ohrdruf liegt das Technische Denkmal **Tobiashammer** – dazu gehören Hammer-, Poch- und Walzwerk, das Museum selbst und die Großdampfmaschine. Die Hammerwerke werden von vier Wasserrädern angetrieben. Der Tobiashammer wurde Ende des 15. Jahrhunderts als Eisen-, Draht- und Sichelhammer erbaut. Zunächst stellte man hier Sensen, Sicheln Pflugscharen, später auch Lanzen, Schwerter und Ritterausrüstungen her. Im 16. Jahrhundert kamen noch Kupferkessel hinzu. Seit 1983 findet jährlich ein Schmiedesymposium mit internationaler Beteiligung von Kunstschmieden, Metallgestaltern und Künstlern statt – der Park des Tobiashammers zeigt Skulpturen der vergangenen Symposien.

Schloss Ehrenstein • Schlossplatz 1 • 99885 Ohrdruf • Tel. (03624) 311438 • www.ohrdruf.de • Di.–Fr./So. 10–12/13–16 Uhr, Sa. 10–12/13–18 Uhr

Technisches Denkmal Tobiashammer • Suhler Straße 34 • 99885 Ohrdruf • Tel. (03624) 402792 • www.tobiashammer.de • Mai–Okt. Mo.–So. 10–18 Uhr, Nov.–April Mi.–So. 10–17 Uhr

26 Georgenthal

AKTIV-TIPP In Georgenthal findet der Thüringen-Reisende zwei besondere touristische Attraktionen – einerseits den **Sauriererlebnispfad** und zum anderen die Überreste der romanischen Klosterkirche des ehemaligen Zisterzienserklosters. Am Schlossplatz beginnt der Saurier-Erlebnispfad. Er gehört als „GeoRoute" zum „Nationalen GeoPark Thüringen Inselsberg – Drei Gleichen". Dieser besonderer Wanderweg im Thüringer-Wald führt von Georgenthal über die Saurierfundstelle Bromacker bis zum GeoInformationszentrum Lohmühle. 17 wissenschaftliche Rekonstruktionen von Dinosauriern wurden entlang des Weges aufgestellt. Die Auswahl der gezeigten Urtiere richtet sich streng nach den Fundstücken im GeoPark. Zahlreiche Saurierarten wurden hier nachgewiesen. Die Entwicklung der Saurier wird über einen Zeitraum von etwa hundert Millionen Jahre nachvollzogen. Hochinteressant ist die Rekonstruktion des nicht nur unter Wissenschaftlern berühmten „Tambacher Liebespaares". Den Sauriererlebnispfad kann man auf eigene Faust erkunden oder sich einer Führung durch einen zertifizierten GeoPark-Führer anschließen. Alle Informationen entlang des Wanderweges sind erlebnispädagogisch aufbereitet.

Das ehemalige **Kloster Georgenthal** ist bis auf das Kornhaus nur noch in seinen Grundmauern erhalten geblieben. Graf Sizzo von Käfernburg stiftete es 1140. Die Zisterziensermönche, die Georgenthal aufbauten, kamen aus dem französischen Morimond. In der Mitte des 13. Jahrhunderts ist eine starke Bautätigkeit zu verzeichnen. Mitte des 16. Jahrhunderts wurde das Kloster im Zuge der deutschen Reformation säkularisiert. Damit setzte auch der Verfall der Anlage ein. Die Klosterkirche war ursprünglich eine dreischiffige, kreuzgratgewölbte Basilika. Auch sie besaß – wie Paulinzella und Thalbürgel – einen apsidialen Staffelchor. Da ehemalige Abtshaus ist nördlich vom Kirchenchor gelegen – hier haben sich noch romanische Spolien erhalten: reichverzierte Säulen mit Würfelkapitellen. In der ehemaligen Klausur ließen sich ein Kreuzgang und ein romanisches Brunnenbecken in Sechspassform nachweisen. Nur das Kornhaus westlich der Kirche hat sich bis heute erhalten. Es trägt eine große Maßwerk-Rose – wahrscheinlich war hier das Spital untergebracht.

Saurierlebnispfad • ca. 4,5 Kilometer • Dauer ca. zwei Stunden • Schwierigkeitsgrad: leicht • besonders geeignet für Familien • www.georgenthal.de

Gemeinde Georgenthal • Tambacher Straße 2 • 99887 Georgenthal • Tel. (036253) 380 • Freigelände immer zugänglich

27 Puppenstadt Walthershausen und Pforte zum Thüringer Wald

Die Gotteshilfkirche ist der erste große barocke Zentralkirchenbau in Thüringen und wurde in den Jahren 1719–1723 errichtet. Besonders beeindruckend ist das Deckengemälde des Gothaer Hofmalers Johann Heinrich Ritter – eine den Raum durch illusionistische Architekturmalerei deutlich in die Höhe erweiternde Gestaltung. Äußerst figurenreich wird das Bildprogramm umgesetzt: Allegorien auf Treue, Liebe, Klugheit, Standhaftigkeit, Glaube, Mäßigkeit, Hoffnung und Geduld sind gepaart mit weiteren allegorischen Szenen. Im Zentrum schließlich steht die heilige Dreifaltigkeit, die von musizierenden, betenden und singenden Engeln umgeben ist. Ein bedeutendes Ausstattungsstück ist die Trost-Orgel – die wohl größte Orgel der Bachzeit in Thüringen.

Stadtkirche • Lutherstraße 3 • 99880 Waltershausen • Tel. (03622) 902625 • www.suptur.de • Mo.–So. 10–12/14–16 Uhr

28 Schloss Reinhardsbrunn

AKTIV-TIPP Wanderfreunden sei eine kurze Wanderung vom Waltershäuser Markt über die Burgbergstraße, die Kräuterwiese, den Eichberg, vorbei am Komstkochsteich und Breterteich nach Schloss Reinhardsbrunn empfohlen. Die Strecke beträgt etwa 4,5 Kilometer und ist durch ein grünes Dreieck in weißem Quadrat gekennzeichnet. Ursprünglich stand auf dem Areal des heutigen Schlosses Reinhardsbrunn ein gleichnamiges Kloster. Es wurde im Jahre 1525 weitgehend zerstört. Auf dem Areal wurde ein Jagdschloss mit Amtshaus errichtet, das zu Beginn des 19. Jahrhunderts nach Entwürfen des herzoglichen Baurats Gustav Eberhard und unter Mitwirkung Karl Alexanders von Heideloffs für die Herzöge Ernst I. und II. von Sachsen-Gotha und Coburg zum Jagd- und Lustschloss umgebaut wurde. Zu Schloss Reinhardtsbrunn gehört eine umfangreiche Parkanlage, die in der ersten Hälfte des 19. Jahrhunderts von Leonhard Eulefeld als klassischer Landschaftspark angelegt wurde. Den Park zeichnet ein besonderer Artenvielfalt an Bäumen aus. Schloss Reinhardsbrunn ist ausschließlich von außen zu besichtigen – der Park ist zu jeder Jahreszeit frei zugänglich. Im Schlosspark befindet sich die auch als „Radfahrerkapelle" bekannt gewordene Johanniskapelle.

Schloss- und Landschaftspark • Reinhardsbrunn 5 • 99894 Friedrichroda OT Reinhardsbrunn • www.klosterpark-reinhardsbrunn.de

29 Schnepfenthal

Berühmt wurde dieser Ort durch die seit 1784 eingerichtete Erziehungsanstalt, das Philanthropinum des Reformpädagogen Christian Gotthilf Salzmann und seines Mitstreiters Johann Christoph Friedrich GutsMuths. Das Museum befindet sich auf dem Gelände des Staatlichen Gymnasiums Salzmannschule. Es beschäftigt sich mit der Entwicklung der Schule, der Reformpädagogik, dem Schulalltag und den Lebensläufen bedeutender Absolventen des Gymnasiums. Am nördlichen Ortsrand von Schnepfenthal befindet sich der Turnerplatz – er ist der erste deutsche Turn- und Gymnastikplatz und steht unter Denkmalschutz.

Salzmannschule Schnepfenthal • Klostermühlenweg 2–8 • 99880 Waltershausen • Tel. (03622) 9130 • www.salzmannschule.de

30 Marienglashöhle

Dieses Schaubergwerk ist eine der schönsten und größten Gipskristallgrotten in Europa. Die Marienglashöhle ist zum großen Teil keine Naturhöhle, sondern entstand durch den Bergbau. Im Jahre 1775 hatte man den Eingangsstollen angelegt, um hier Kupfer abzubauen. Durch Zufall fand man einige Jahre später beim Gipsabbau einen Hohlraum, der vollständig mit Gipskristallen ausgekleidet war: die Kristallgrotte. Die Kristalle wurden abgebaut und im Bereich des sakralen Kunsthandwerks zur Verzierung von z. B. Kronleuchtern und Reliquienbehältern verwendet. Die Marienglashöhle ist nur im Rahmen von Führungen zu besichtigen. Auch für besondere Veranstaltungen wie Trauungen oder Konzerte steht die Höhle zu Verfügung.

Marienglashöhle • An der B 88 • 99894 Friedrichroda • Tel. (03623) 311667 • www.marienglashoehle-friedrichroda.de • Nov.–März Mo.–So. 10–16 Uhr, April–Okt. Mo.–So. 10–17 Uhr, für Gruppen Voranmeldung ratsam, warme Kleidung empfohlen – ständig 8–10 Grad im Bergwerk

THÜRINGER WALD UND RHÖN

Nicht nur Naturfreunde kommen in der Rhön, im Thüringer Wald oder im Schiefergebirge westlich der Saale auf ihre Kosten. In diesen Regionen läßt sich wunderbar Geschichte, Kunst und Kultur entdecken. Ob romanische Kirchen, Renaissance-Schlösser oder aufwändig restaurierte Fachwerkstädte – es ist viel zu entdecken. Eisenach und die Wartburg, Meiningen und seine Theatertradition, Sonneberg und das Puppenmuseum sind nur einige Themen, für die sich eine Reise lohnt. Wandern, ob zu Fuß, auf dem Wasser oder mit dem Rad, ist zu jeder Jahreszeit ein wundervolles Erlebnis.

WARTBURGSTADT EISENACH

Eisenach ist nicht nur wegen der Wartburg eine Reise wert. Die Stadt bietet viel Kultur – die Kunstsammlungen der Wartburg, das Lutherhaus, das Bachhaus, die Reuter Villa und das Theater lohnen einen Besuch. Freunde der Technikgeschichte sollten die „Automobile Welt Eisenach" nicht verpassen. Burgenfans sollten neben der Wartburg unbedingt die Creuzburg und die Burgruine Brandenburg oder Burg Normannstein in der Fachwerkstadt Treffurt besuchen.

In der Umgebung von Eisenach beginnt einer der bekanntesten deutschen Wanderwege – der Rennsteig. Mittlerweile gibt es auch eine Rennsteigstrecke für Radfahrer. Ruhe und Erholung bieten das Kurbad Liebenstein und der Kneipp-Ort Tabarz. Ganz besondere Eindrücke bietet das Erlebnisbergwerk Merkers – wie wäre es mit einem Konzert in Thüringens größtem Konzert-Saal in 500 Metern Tiefe?

Reiseinformation
Eisenach-Wartburgregion Touristik GmbH • Markt 24 • 99817 Eisenach • Tel. (03691) 79230 • www.eisenach.info

1 Wartburgstadt Eisenach

Die älteste Eisenach betreffende Urkunde stammt aus dem 9. Jahrhundert. Der Sage nach hat Ludwig der Springer 1067 die Wartburg errichten lassen. Eine Kaufmannssiedlung unterhalb der Burg gibt es wohl seit dem 12. Jahrhundert. Gegen Ende des 12. Jahrhunderts wird Eisenach in Urkunden schon „civitas" – Stadt – genannt. Das große Stadtrechtsprivileg erhielt Eisenach jedoch erst 1283, das das ältere von Heinrich Raspe verliehene Stadtrecht bestätigte. Im 15. Jahrhundert lief Weimar der Residenz Eisenach den Rang ab. Die Stadt verlor mehr und mehr an Bedeutung. Mit der Reformation und Luthers Wartburgaufenthalt änderte sich dies noch einmal. Bis ins 17. Jahrhundert wechselten die Herrschaftsverhältnisse mehrfach, und Eisenach sollte letztmalig zwischen 1672 und 1741 Hauptresidenz des eigenständigen Herzogtums Sachsen-Eisenach sein. 1741 starb Wilhelm Heinrich von Sachsen-Eisenach ohne männliche Nachkommen, und so fiel Eisenach samt Herrschaftsgebiet endgültig an das Herzogtum Sachsen-Weimar, das von nun an Sachsen-Weimar-Eisenach hieß. Erst im 19. Jahrhundert erlebte Eisenach im Zuge der Industrialisierung einen Aufschwung. Deutlichster städtebaulicher Ausdruck dafür ist das ausgedehnte Eisenacher Villenviertel. Zur Bleiweiß- und Farbenfabrik kamen eine Spinnerei und Tuchmacherei, die nachhaltigste Wirkung erzielte die 1896 eingerichtete Fahrzeugfabrik von Heinrich Erhardt.

A Stadtschloss

In ihm sind heute das „Thüringer Museum Eisenach" und die Touristinformation untergebracht. Ernst August I. von Sachsen-Weimar-Eisenach war von dem in dieser Zeit sprichwörtlichen „Bauwurmb" befallen: Entgegen jeglicher Vernunft und gerade in Hinblick auf die leeren Staatskassen ließ er überall in seinem Herzogtum neue Bauten errichten. So entstand ab 1741 an der Marktnordseite das neue Residenzschloss. Mit der Planung wurde Gottfried Heinrich Krohne beauftragt. Dieser bezog schon vorhandene bürgerliche Bauten in die zu errichtende Vierflügelanlage ein – mit unangenehmen Konsequenzen, denn es entstanden statische Probleme dabei. Nach dem Tod Ernst Augusts I. wurden die Bauarbeiten von August Friedrich Straßburger fortgesetzt. Die Repräsentationsräume wurden im Nordflügel des neuen Residenzschlosses untergebracht. Der hohe Festsaal trägt reiche Stuckaturen, an den Stirnseiten die Bildnisse verschiedener Herzöge. Seit 1931 beherbergt das Stadtschloss das „Thüringer Museum Eisenach", das 1899 gegründet wurde. Der Sammlungsschwerpunkt des Museums liegt auf dem kunsthandwerklichen Gebiet – Thüringer Porzellan, Fayence, Gläser, Schmiedeeisen etc. Im Museum befinden sich auch eine reiche volkskundliche Sammlung (Thüringer Trachten etc.) und eine Gemäldesammlung mit Werken aus der zweiten Hälfte des 19. Jahrhunderts. Wechselausstellungen finden im Marstall und in weiteren Räumen des Museums statt.

Thüringer Museum Stadtschloss • Am Markt 24 • 99817 Eisenach • Tel. (03691) 670450 • www.eisenach.de • Mi.–So. 11–17 Uhr

⑬ Georgenkirche

St. Georgen wurde um 1180 erbaut. 1221 wurde hier Landgraf Ludwig IV. mit der ungarischen Königstochter Elisabeth getraut, jener Elisabeth, die später heilig gesprochen werden sollte. Von 1498 bis 1501 sang in St. Georgen Martin Luther, hier predigte er im Jahre 1521 auf seiner Rückreise vom Wormser Reichstag – kurz bevor er inhaftiert und zu seinem Schutz auf die Wartburg verbracht wurde. Sie ist die Taufkirche Johann Sebastian Bachs – von 1665 bis 1797 wirkten hier verschiedene Mitglieder der Bach-Familie als Organisten. Die Georgenkirche ist mit vielen wichtigen historischen Persönlichkeiten der Eisenacher Stadtgeschichte verbunden. Der Bau der Georgenkirche datiert ins Ende des 12. Jahrhunderts, wobei die ältesten erhaltenen Bauteile von ihrer Formensprache eher in das 13. Jahrhundert gehören. Zu Beginn des 16. Jahrhunderts werden weite Teile der Kirche wegen Baufälligkeit abgerissen; auch der sogenannte „Pfaffensturm" des Jahres 1525 hinterließ Schäden an St. Georgen. Ab 1551 begann der Wiederaufbau, und wenige Zeit später wurde die Georgenkirche als protestantisches Gotteshaus geweiht. Im 17., auch im 18. Jahrhundert wurden Umbauten vorgenommen. Heute zeigt sich dem Betrachter eine Mischung verschiedener Epochen. Ähnliches ist bei der Ausstattung zu beobachten – die Kanzel stammt aus dem 17. Jahrhundert, der Orgelprospekt aus dem frühen 18. Jahrhundert, während die Orgel 1982 von der Firma Schuke aus Potsdam geschaffen wurde. Einen Turm erhielt St. Georgen zwischen 1899 und 1902.

Georgenkirche • Markt • 99817 Eisenach • Tel. (03691) 213126 • Nov.–März Mo.–So. 10–12/14–16 Uhr, April–Okt. Mo.–So. 10–12.30/14–17 Uhr

⑭ Lutherhaus

Das Eisenacher Lutherhaus ist wahrscheinlich eines der ältesten Fachwerkhäuser Thüringens. Bauhistorische Untersuchungen ergaben für den ältesten Teil des Hauses ein Fälldatum für die verwendeten Hölzer kurz nach der Mitte des 13. Jahrhunderts. Luther weilte in diesem Hause bei der Familie Cotta von 1498 bis 1501 – während seiner Eisenacher Schulzeit. Später gehörte dieses Haus dem Steinmetzen Hans Leonhardt, dessen Steinmetzzeichen sich auch am heute vermauerten Schmuckportal an der Nordseite des Hauses befindet. Im 19. Jahrhundert war hier eine Gastwirtschaft untergebracht. Der damalige Wirt zeigte schon zu diesem Zeitpunkt interessierten Gästen die Lutherstuben. Im zweiten Weltkrieg wurde das Haus von Bombentreffern stark beschädigt und mit Spenden amerikanischer Militärs wieder aufgebaut. Seit 1956 gehört das Haus der evangelischen Kirche Thüringens, die hier eine Gedenkstätte einrichtete. In den 1990er Jahren wurde die Ausstellung des Hauses neu konzipiert. Durch die Bebauung der innerstädtischen Brache neben dem Lutherhaus und das Engagement des Investors bietet sich nun die Möglichkeit, das Museum von Grund auf zu überholen: Herzstück des Hauses ist die neue Dauerausstellung „Lurther und die Bibel".

Lutherhaus mit Bibel-Café • Lutherplatz 8 • 99817 Eisenach • Tel. (03691) 29830 • www. lutherhaus-eisenach.de • Mo.–So. 10–17 Uhr

🄳 Bachhaus

In Eisenach wurde Johann Sebastian Bach, der berühmteste deutsche Komponist des Barock, geboren. Zehn Jahre seiner Kindheit verbrachte er in dieser Stadt. Das Bachmuseum wurde 1907 im angeblichen Geburtshaus des Musikers eröffnet. Heute wird hier im historischen Bau genauso wie in der modernen Erweiterung auf einer Ausstellungsfläche von mehr als 600 Quadratmetern die weltweit größte Ausstellung zum Leben und Werk von Johann Sebastian Bach präsentiert. Die Ausstellungsbereiche sind klar voneinander unterschieden – im Bürgerhaus wird das Leben zu Zeiten des Barock in den Mittelpunkt der Ausstellung gerückt, im modernen Anbau liegt der Fokus auf der Musik von Johann Sebastian Bach. Zum Programm des Bachmuseums gehören wechselnde Ausstellungen ebenso wie wissenschaftliche Symposien.

Bachhaus Eisenach • Frauenplan 21 • 99817 Eisenach • Tel. (03691) 79340 • www.bach haus.de • Mo.–So. 10–18 Uhr

🄴 Gedenkstätte „Goldener Löwe"

Hier hat die „August-Bebel-Gesellschaft e.V." ihren Sitz. Im „Goldenen Löwen" wurde deutsche sozialdemokratische Geschichte geschrieben. In den Ausstellungen des Hauses wird zum einen das Leben August Bebels thematisiert, zum anderen „Eisenach zur Zeit des Kongresses 1869" in den Blick genommen. Die August-Bebel-Gesellschaft veranstaltet regelmäßig Vorträge, Seminare und Lesungen.

Goldener Löwe • Marienstraße 57 • 99817 Eisenach • Tel. (03691) 882723 • www.august-bebel-gesellschaft.de • Mo.–Fr. 10–16 Uhr, Sa./So./Feiertag auf Anmeldung

🄵 Reuter-Villa

Mehr als hundert meist herrschaftliche Anwesen entstanden in Eisenachs Villenviertel zwischen 1892 und dem Ersten Weltkrieg. Das heutige Reuter-Wagner-Museum war der Wohnsitz von Fritz Reuter. Zwischen 1866 und 1868 wurde die Villa im Stile der Neorenaissance gebaut. Fritz Reuter hatte sich von römsichen Villen inspirieren lassen und wünschte sich jenes Ambiente für seinen Wohnsitz in Eisenach. Fritz Reuter hatte während seiner Jenaer Studenzeit Eisenach kennengelernt und war in jenen Tagen auch den Burschenschaften beigetreten. Nicht in seiner mecklenburgischen Heimat, sondern in Thüringen wollte er seinen Lebensabend verbringen. In Eisenach starb der große Mundartdichter und wurde auf dem Eisenacher Friedhof beigesetzt. Gegen Ende des 19. Jahrhunderts kaufte die Stadt Eisenach die Reuter'sche Villa und richtete dort 1895 ein Museum zu Ehren des Dichters ein. Schon zwei Jahre später wurde die Richard-Wagner-Aus-

Das Burschenschaftsdenkmal in Eisenach

stellung eröffnet, die durch den Ankauf einer österreichischen Privatsammlung nach Eisenach gekommen war.

Reuter-Wagner-Museum • Reuterweg 2 • 99817 Eisenach • Tel. (03691) 743293 • www. eisenach.de • Fr.–So. 11–17 Uhr

Burschenschaftsdenkmal

1902 wurde dieses Denkmal eingeweiht. Der Innenraum wurde als feierliche Gedächtnishalle gestaltet: Es dient nicht allein dem Gedächtnis der im Krieg gefallenen Burschenschaftler, sondern stellt die Einheit Deutschlands als verbindendes Element in den Mittelpunkt.

Burschenschaftsdenkmal • An der Göpelskuppe 1 • 99817 Eisenach • Tel. (03691) 22660 • www.burschenschaftsdenkmal.de • Mo.–So. 10–18 Uhr, Gruppen bitte anmelden

Nikolaitor und Nikolaikirche

Das Nikolaitor am Ende des Karlsplatzes ist das einzige heute noch erhaltene Stadttor von Eisenach – der Bau der Eisenacher Stadtmauer wurde in der ersten Hälfte des 12. Jahrhunderts begonnen. Fast drei Kilometer lang wurde sie und besaß insgesamt 22 Türme, wovon fünf Stadttore waren. Die Nikolaikirche wurde gegen Ende des 12. Jahrhunderts für ein Kloster von Benediktinerinnen errichtet. Stilistisch zeigt das Gotteshaus deutliche Ähnlichkeit mit dem Palas der Wartburg – die Kapitelle der Säulen des Mittelschiffs sind mit reich ornamentiert. Ein romanischer Taufstein befindet sich im südlichen Nebenraum.

Nikolaikirche • Karlsplatz • 99817 Eisenach • Tel. (03691) 723480 www.eisenach.de • Mai–Okt. Mo.–So. 10–12/15–17 Uhr, Nov.– April nach Voranmeldung

Ein kostenfreier Audioguide zur Nikolaikriche kann unter www.transromanica.de heruntergeladen werden. Weitere Informationen auf S. 252

❶ Predigerkirche

Die Predigerkirche wurde schon im 16. Jahrhundert säkularisiert und diente danach als Kornspeicher und Armenküche. Seit 1905 wird sie museal genutzt. Hier werden die umfangreichen Bestände des Thüringer Museums an sakraler Schnitzplastik präsentiert. Der Besucher erhält durch die Ausstellung einen sehr guten Überblick über die reiche Produktion von sakralen Kunstwerken aus dem Thüringer Raum. Die Klostergebäude des ehemaligen Dominikanerklosters werden heute übrigens vom Martin-Luther-Gymnasium genutzt.

Predigerkirche/Thüringer Museum Eisenach • Predigerplatz 2 • 99817 Eisenach • Tel. (03691) 784678 • www.eisenach.de/museen • Mi.–So. 11–17 Uhr

❶ „Automobile Welt Eisenach"

Im denkmalgeschützten Verwaltungsgebäude befindet sich heute die Ausstellung zur Automobilgeschichte Eisenachs. Fahrzeuge aus allen Epochen der Herstellungsgeschichte werden gezeigt – von einem der ersten Wartburg-Motorwagen von 1899 über den Dixi 3/15, verschiedene Modelle von EMW, einem AWE-Rennsportwagen von 1956. Nicht nur Autofreunde kommen auf ihre Kosten – es werden auch unerwartete Einblicke in die Autorennsport-Geschichte der DDR gegeben.

Automobilbaumuseum • Friedrich-Naumann-Straße 10 • 99817 Eisenach • Tel. (03691) 77212 • www.eisenach.de • Di.–So./Feiertage 11–17 Uhr

❷ Wartburg

TOP-TIPP Wer Eisenach hört, denkt auch sofort an die Wartburg. Sie ist wohl weltweit zum Inbegriff der mittelalterlichen Burg geworden ist. Das Gebäudeensemble der Wartburg, wie wir es heute erleben, ist ein Produkt der Burgenromantik des 19. Jahrhunderts, nichtsdestotrotz gehört dieser „Sehnsuchtsort" seit 1999 zur UNESCO-Weltkulturerbeliste.

Hoch über Eisenach – von weitem gut sichtbar – thront die Burg. Ihr mythisches Gründungsdatum liegt im Jahr 1067. Ludwig der Springer soll an dieser Stelle mit einem Trick die Grundsteinlegung für seine Burg erzwungen haben: Da ihm der Bergsporn auf dem er sie errichten wollte, nicht gehörte, ließ er von seinen eigenen Besitzungen soviel Erde herbeischaffen, dass seine Ritter bezeugen konnten, ihr Schwert würde vollends in der Erde Ludwigs des Springers stecken. So bekam der Begründer der Dynastie der Ludowinger Recht und seine Burg.

Von dieser ersten Burg sind bis heute keine baulichen Überreste gefunden worden, doch im Jahre 1080 wird die Wartburg das erste Mal urkundlich erwähnt. Der Bischof von Merseburg berichtet in seinem Buch „De bello Saxonico" („Vom Sachsenkrieg") über das Heerlager König Heinrich IV. zu Füßen der Wartburg. Im 12. Jahrhundert wachsen die Macht und der Einfluss der Thüringer Landgrafen zusehends. 1155 wird schließlich auf der Wartburg mit dem Bau des Palas begonnen. Die Legende will, dass im Jahre 1206 auf der Wartburg der berühmte Sängerkrieg stattgefunden habe. Obwohl dieses „historische Ereignis" literarische Fiktion ist, kann es doch als farbige Schilderung des Lebens am thüringischen Hof zur Zeit Hermanns I. gelten.

In den Jahren von 1211 bis 1228 lebt die spätere Heilige Elisabeth am Hof der Thüringer Landgrafen. Sie wurde zehn Jahre nach ihrer Ankunft in Eisenach mit Landgraf Ludwig IV. verheiratet. Schon früh lebte sie nach den Vorstellungen Franz von Assisis und hob sich damit deutlich von ihrer Umgebung bei Hofe ab. Nach dem Tode von Ludwig IV. folgt Elisabeth ihrem Beichtvater nach Marburg und verwirklicht dort ein Leben bestimmt durch Armut, Keuschheit und Demut. Ihr Körper hält dem harten Leben jedoch nicht lange stand, sie stirbt jung, mit nur 24 Jahren. Bereits vier Jahre nach ihrem frühen Tod wird sie von Papst Gregor IX. 1235 heiliggesprochen. Für eine Heiligsprechung ist wenigstens ein glaubhaft bezeugtes Wunder notwendig. Das erste soll sich schon einen Tag nach ihrem Tode ereignet haben. Schließlich wurden 105 Wunder bezeugt, und der Heiligsprechung stand nichts mehr im Wege.

1247 stirbt Heinrich Raspe – der letzte Thüringer Landgraf und deutsche König. 1317 bricht ein verheerender Brand auf der Wartburg aus, in dessen Folge der Südturm neu gebaut und im Palas eine Kapelle eingerichtet wird. Lange Zeit ist es ruhig auf der Wartburg – bis 1521 Martin Luther hier in Schutzhaft genommen wird und in zehn Wochen das „Neue Testament" aus dem Griechischen ins Deutsche überträgt. Wieder wird es lange Zeit still um die Wartburg – 1777 kommt Johann Wolfgang Goethe hierher und bleibt fünf Wochen. Zwar gilt seine Begeisterung der Natur der Umgebung, aber seinem unermüdlichen Zeichnen ist es zu verdanken, dass wir heute Kenntnis von der äußeren Gestalt nicht mehr existenter Gebäude der Wartburg haben.

Einige Zeit trägt sich Goethe mit dem Gedanken, auf der Wartburg ein Kunstmuseum einzurichten. Vierzig Jahre später – 1817 – rückt die Wartburg durch das berühmte erste Wartburgfest wieder in den Blickpunkt der Geschichte. Zum 300. Jubiläum der deutschen Reformation und zum vierten Jahrestag der Völkerschlacht bei Leipzig versammeln sich auf der Wartburg hunderte Studenten. „Ehre, Freiheit, Vaterland" ist ihr Motto im Kampf um einen geeinten Nationalstaat. Ab 1838 lässt Erbgroßherzog Carl Alexander den Stammsitz der Thüringer Landgrafen wieder umfassend instandsetzen. Für Hugo von Ritgen wird sie zum Lebenswerk: 1847 verfasste er dazu seine „Gedanken zur Restaurierung der Wartburg". Auf mehr als hundert Seiten beschreibt von Ritgen nicht nur seine Vorstellungen von der Restaurierung der Burg, sondern auch, was eine mittelalterliche Burg auszeichne.

Während der jahrzehntelangen Bauphase auf der Wartburg entstehen auch die von Moritz von Schwind geschaffenen Fresken im ersten Palas-Obergeschoss und im Festsaal. Nach der deutschlandweiten Abdankung der Fürsten im Jahre 1918 wird 1922 die „Wartburg-Stiftung" gegründet, die seitdem für den Erhalt der Anlage Sorge trägt. In den 1950er Jahren werden umfangreiche Bauarbeiten durchgeführt – z. T. werden dabei Einbauten des 19. Jahrhunderts wieder entfernt, um dem romanischen Bauanteil des Palas wieder Geltung zu verschaffen. 1999 schließlich wird die Wartburg in die Weltkulturerbeliste aufgenommen.

Der Besucher betritt das Burggelände durch die dreitorige Halle. Hinter der Zugbrücke befindet sich das **Burgtor**, durch das der Besucher die schmale Vorburg betritt. Rechts und links des Burgtores überbaute man im 15. Jahrhundert die ursprüngliche Ringmauer mit geschlossenen Wehrgängen – heute heißen sie Margarethen- und Elisabethgang. An den Margarethengang schließen sich die **Vogtei** und das Ritterhaus an. In der Vogtei befindet sich die Lutherstube. Der Erker, der heute die Vogtei schmückt, stammt aus Nürnberg und wurde im Zuge der Baumaßnahmen im 19. Jahrhundert an die Vogtei angesetzt. Das **Ritterhaus** wurde im späten 15. Jahrhundert erbaut. In ihm hielten sich wohl die Wachleute auf, später waren hier auch die Kavaliersgefängnisse untergebracht.

Der „Gebäuderiegel", der die Vor- von der Hauptburg trennt, wurde auf älteren Vorgängerbauten errichtet. In der **Neuen Kemenate** befanden sich im

Der Besuch der Wartburg ist für jeden Thüringentouristen ein Muss

19. Jahrhundert die Wohnräume der großherzoglichen Familie. Heute sind in ihr die Kunstschätze der Wartburg-Stiftung ausgestellt. Die **Dirnitz** ist ein Gebäude aus dem 19. Jahrhundert. In ihr sind heute die Museumskasse und der Museumsshop sowie Ausstellungsräume untergebracht. Durch die **Torhalle**, die 1865 errichtet wurde, betritt man den Bereich der **Hauptburg**. Etwa gleichzeitig mit der Torhalle entstand auch der **Bergfried** – er wurde im Jahre 1859 vollendet. Im Osten erhebt sich der in den Jahren von 1157 bis 1170 errichtete **Palas**, das älteste und bedeutendste Gebäude der Wartburg. Dendrochronologische Untersuchungen haben dieses recht genaue Erbauungsdatum ergeben. Auch die stilistische Einordnung der Formensprache der Bauornamentik verweist auf diesen Zeitabschnitt. Die Größe des Palas, seine architektonische Klarheit und qualitätvolle Bauornamentik dokumentieren eindrücklich seine herausragende Stellung unter den erhaltenen romanischen Profanbauten des 12. Jahrhunderts nördlich der Alpen.

Zur Talseite zeigt sich die Außenfront des Palas geschlossen, während die Front zum Hof durch Arkadengänge geöffnet ist. Im Erdgeschoss befindet sich der **Rittersaal**. Sein Kreuzgewölbe wird von einer Mittelsäule getragen. Die Wände sind steinsichtig, der einfache Estrichboden geht an mancher Stelle in den nackten Fels über und vermittelt so anschaulich den ritterlichen Wohnstandard im 12. Jahrhundert. Der anschließende Saal erhielt seinen Na-

men "Speisesaal" erst im 19. Jahrhundert. Im Gegensatz zum Rittersaal und der anschließenden Elisabethkemenate hat dieser Raum eine Balkendecke. In der sogenannten **Elisabethkemenate** wurden nach Entwürfen von A. Oetken in den Jahren 1902 bis 1906 farbenprächtige Mosaiken mit Motiven aus dem Leben der heiligen Elisabeth angebracht.

Neben der Kemenate führt eine schmale hölzerne Treppe zur Kapelle. In allen den einzelnen Stockwerken vorgelagerten Arkadengängen sollte man sich die Zeit nehmen, den reichen Säulenschmuck zu bewundern. Im ersten Obergeschoss befinden sich das Landgrafenzimmer, die Sängerlaube, der Sängersaal, die Kapelle und die Elisabethgalerie. Der Raumeindruck des heutigen **Landgrafenzimmers** wird bestimmt zum einen von dem von Moritz von Schwind im 19. Jahrhundert geschaffenen Fries mit Illustrationen zu Sagen Thüringer Herrscher, zum anderen durch die Mittelsäule mit ihrem wunderschönen Adlerkapitell und den die Säulenbasis schmückenden Löwen. Die anschließene **Sängerlaube** im Sängersaal ist eine reine Zutat des 19. Jahrhunderts und geht auf eine Idee Hugo von Ritgens zurück. Die Holzbalkendecke des Sängersaals wird von zwei schlanken Säulen getragen. Das Monumentalfresko wurde von Moritz von Schwind geschaffen und stellt den legendären Sängerkrieg auf der Wartburg dar. Die an den Sängersaal anschließende **Kapelle** soll im frühen 14. Jahrhundert entstanden sein. In der

Elisabethgalerie zeigen sechs großformatige Wandbilder den Lebensweg der Heiligen Elisabeth: ihre Ankunft auf der Wartburg, das Rosenwunder, der Abschied vom zum Kreuzzug aufbrechenden Ehemann, das Verlassen der Wartburg, ihr Sterbelager im Marburger Hospital und die Heiligsprechung 1235. Der **Festsaal** mit seiner vorgelagerten Galerie nimmt im zweiten Obergeschoss die gesamte Länge und Breite des Palas ein. Das Mobiliar entstand nach Entwürfen von Hugo von Ritgen. Bei der Überarbeitung des Festsaales im 19. Jahrhundert beriet Franz Liszt in Hinblick auf die Akustik des Raumes, mit großem Erfolg, da der Festsaal der Wartburg heute zu einem der beliebtesten Konzertsäle in Deutschland gehört. Die neoromanische Ausmalung des Festsaals wurde von M. Welter aus Köln vorgenommen und 1867 vollendet. Im Süden des Palas schließt sich das **Ritterbad** an. Es ist eines der letzten Bauwerke, das im 19. Jahrhundert auf der Wartburg errichtet wurden. Hier wurde in den 1870er Jahren auch der Gaden errichtet, der das Areal der Hauptburg nach Westen hin abschließt. Ursprünglich war dieses Gebäude Gästehaus. Es beherbergt heute das Burgcafé. Im Süden steht der Süd- oder auch **Pulverturm**. Er ist der einzig erhaltene mittelalterliche Turm der Wartburg, wobei die Zinnen im 19. Jahrhundert hinzugefügt worden sind. Der heutige Besucher kann von seiner Aussichtsplattform bei guter Sicht weit in die Thüringer Landschaft schauen.

Das **Museum** der „Wartburg-Stiftung" befindet sich hauptsächlich in den Räumen der Neuen Kemenate und der Dirnitz. Von dort gelangt man über einen mittelalterlichen Wehrgang in die Vogtei. Hier befindet sich die Lutherstube. In diesem Raum lebte Luther von Mai 1521 bis März 1522 und übersetzte das „Neue Testament". Jährlich kommen hunderttausende Besucher, um diesen Ort zu erleben.

Die Geschichte der **Kunstsammlungen** der „Wartburg-Stiftung" begann vor etwa 200 Jahren. Maria Pawlowna und ihr Sohn Großherzog Carl Alexander schufen die Basis dafür. Wichtige Epochen der Wartburggeschichte bilden die zeitlichen Schwerpunkte der Sammlung. So kann der Besucher in der Ausstellung ein gotisches Aquamanile oder ein prächtiges Reliquienkästchen – eine französische Arbeit aus dem ersten Viertel des 13. Jahrhundert bewundern. Herausragende Stücke der Sammlung sind der sogenannte **Dürerschrank**, die Sammlung von Gemälden Lucas Cranach d. Ä. (hauptsächlich Porträts) und die in ihrer Vielfalt beeindruckende Egloffsteinsche Bestecksammlung.

Nicht mehr auf der Wartburg zu erleben ist die Rüstkammer. Sie wurde 1946 durch die „Kunstkommissare" der Roten Armee beschlagnahmt und in die Sowjetunion gebracht. Mehr als 800 wertvolle Zeugen der Militärgeschichte lagern nun wahrscheinlich in nur wenigen Wissenschaftlern und Funktionären bekannten Depots in Russland. Dieses Schicksal teilt die Wartburger Rüstkammer mit einer ganzen Reihe von Kunstschätzen und Sammlungen aus deutschem Besitz. Auf eine spektakuläre Wiederentdeckung, wie im Falle der Holzdorfer Gemäldesammlung von Dr. Otto Krebs, wartet man im Falle der Rüstkammer bis heute vergeblich.

Wartburg • Auf der Wartburg 1 • 99817 Eisenach • Tel. (03691) 2500 • www.wartburg.de • April–Okt. Mo.–So. 8.30–17 Uhr, Nov.–März Mo.–So. 9–15.30 Uhr (Führungen), Schließung des Burgtors: April–Okt. 20 Uhr, Nov.–März 17 Uhr

3 Creuzburg

Sie ist eine der ältesten Städte auf dem Gebiet Thüringens. Oft wird der Missionar Bonifatius mit der Gründung der Stadt in Verbindung gebracht. Er soll auch das Benediktinerkloster auf dem Burgberg begründet haben. Große Bedeutung erlangte Creuzburg während der Regentschaft des Landgrafen Ludwig IV. und dessen Sohn Hermann II. In dieser Zeit wurde die Creuzburg neben der Wartburg zur Residenz erhoben. Elisabeth von Thüringen brachte hier ihre Kinder Hermann und Gertrud zur Welt und verabschiedete ihren Mann in den Kreuzzug. Zum Burgareal gehören heute die Burg selbst, der Park am Süd- und Osthang des Burgberges, die Zufahrtswege und ein Teil der Stadtmauer. Die ältesten Bauteile sind der später zum Herzogenhaus umgebaute Palas (Pläne von Gottfried Heinrich Krohne) und der aus dem 13. Jahrhundert stammende Wohnturm. In den Räumen der Creuzburg sind ein Hotel mit Gaststätte, das Standesamt, eine Töpferei und das Creuzburger Heimatmuseum untergebracht. Die Ausstellung ist in der Michael-Praetorius-Stube, der Elisabeth-

Creuzburg gehört zu den ältesten Ortschaften in Thüringen

kemenate, dem Folterkeller und dem Heimatkabinett untergebracht. Unweit der Burg befindet sich die Alte Werrabrücke. Sie wurde 1223 errichtet und ist damit einer der ältesten Brückenbauten in Thüringen. In der Mitte des 18. Jahrhunderts wurde sie wieder hergerichtet. Im Zweiten Weltkrieg wurde ein Teil der Brücke gesprengt, jedoch nach 1945 wieder aufgebaut. Eine grundlegende Sanierung wurde 1993 vorgenommen. Am Kopf der Werrabrücke wurde 1499 anstelle einer alten Wallfahrtskapelle die Liboriuskapelle errichtet. Im Inneren der Kapelle finden sich Wandgemälde, die nicht nur Geschichten aus dem Leben der Heiligen Elisabeth zeigen, sondern auch das Leben Jesu erzählen. Heilige und Apostel begleiten die Szenen.

Burg Creuzburg • 99831 Creuzburg • Tel. (036926) 82533 • www.creuzburg-online. de • April–Okt. Di.–Sa. 12–17 Uhr, So. 10–17 Uhr, Nov.–März Do.–So. 12–16 Uhr

Liboriuskapelle • An der alten Werrabrücke • 99831 Creuzburg • Tel. (036926) 82459 • zu den Gottesdiensten und Stadtführungen geöffnet

Ein kostenfreier Audioguide zur Creuzburg kann unter www.transromanica.de heruntergeladen werden. Weitere Informationen auf S. 252

4 Fachwerkstadt Treffurt

Ein geruhsamer Spaziergang durch die Treffurter Altstadt lohnt sich schon allein wegen der vielen wunderschönen Fachwerkbauten – z. B. am Anfang der Torstraße der sogenannte Falkenstein,

der Hessische und der Mainzer Hof oder die Hessischen Straßen mit ihren Fachwerkhäusern aus dem 16. bis 18. Jahrhundert.

Über Treffurt ragt die Burg Normannstein. Um 1200 wurde sie errichtet und diente dem Schutz der Werrafurten. Zwischen 1996 und 2005 wurde die Burganlage umfassend saniert. Im großen, repräsentativen Viereckturm wird in fünf Stockwerken die Ausstellung „Werraburgen über Werrafurten" präsentiert. Besucher können sich über das Alltagsleben in einer mittelalterlichen Burg und Stadt informieren. Der Viereckturm stellt den architektonischen Höhepunkt der Anlage dar. In seinem obersten Geschoss befindet sich eine Aussichtsplattform, die einen schönen Blick ins Werratal eröffnet.

Burg Normannstein • 99830 Treffurt • www. normannenstein-treffurt.de • April–Okt. laut Aushang, Burggelände mit Burghof frei zugänglich

5 Lauchröden – Burgruine Brandenburg

Unmittelbar an der Landesgrenze zu Hessen befindet sich mit der Burgruine Brandenburg eine der größten Doppelburganlagen Mitteldeutschlands. Der Baubeginn der älteren Ostburg liegt im 12. Jahrhundert. Von ihr sind heute noch zwei Höfe, ein Bergfried, ein Wohnturm und die Nordwand eines Palas erhalten. Die jüngere Westburg besitzt heute noch ihren Bergfried sowie die Überreste einer Ringmauer und eines Torhauses. Wegen ihrer Lage an der deutsch-deutschen Grenze wur-

Von der Brandenburg hat man einen wunderbaren Blick ins Werratal und zum Thüringer Wald

de sie in der Zeit der DDR weder touristisch genutzt noch saniert. Nach 1989 nahm sich eine Vereinsinitiative des Geländes an. Seit 1994 gehört die Brandenburg zur Stiftung „Thüringer Schlösser und Gärten", die seitdem schon umfangreiche Sanierungsmaßnahmen unternommen hat. Ein Besuch der Brandenburg lohnt sich nicht nur wegen der schönen Aussicht ins Werratal und in den Thüringer Wald. Ein Burgmuseum wurde in der Kemenate eingerichtet. Es informiert rund um das Thema „Mittelalterliche Burg"; der Alltag der Burgbewohner, Trink- und Essgewohnheiten, Kleidung, Bewaffnung oder die Besonderheiten einer Burg sowohl als Wehr- als auch als Wohnanlage werden dem Besucher durch Führungen und audiovisuelle Vorführungen vermittelt.

Burgruine Brandenburg • 99834 Gerstungen OT Lauchröden • www.die-brandenburg.de • Burgmuseum April–Sept Mi./Fr. 10–16 Uhr, So./Feiertage 11–17 Uhr, Burggelände ganzjährig offen

6 Erlebnisbergwerk Merkers

Die Besucher erwartet eine informative Reise in die Tiefen des Thüringer Untergrundes. Erste Station ist das Museum mit ca. 1.500 Quadratmetern Ausstellungsfläche – hier werden 100 Jahre Bergbaugeschichte und die Entwicklung der Kali-Industrie anschaulich gemacht. Kinder sind eingeladen, Bergbaugroßgeräte zu entdecken. Im Anschluss an das Museum steht die Vermittlung von Arbeitsabläufen im modernen Kalibergbau. Ein Film berichtet von der Kaligewinnung. Eine besondere Attraktion ist die Sprengsimulation. Dritte Station der Fahrt unter Tage ist der Großbunker – seine Größe verblüfft die Besucher immer wieder: 250 Meter in der Länge, 22 Meter in der Breite und 14 bis 17 Meter in der Höhe misst der Raum. Bis 1993 diente er als Lager für Rohsalz, heute ist er der größte Konzertsaal Thüringens in 500 Metern Tiefe. Weiter geht es zum Goldraum. Hier wurden zum Ende des Zweiten Weltkriegs die Gold- und Devisenbestände der Deutschen Reichsbank und ein großer Teil der Bestände von Berliner Museen gelagert. Zum Abschluss der Rundfahrt geht es in die 1980 in 800 Metern Tiefe entdeckte Kristallgrotte. Seit 2006 ist sie „Nationales Geotop". Der Anblick der über und über mit Steinsalz-Kristallen bedeckten Wände ist einmalig.

Erlebnisbergwerk Merkers • Zufahrtstraße 1 • 36460 Merkers • Tel. (03695) 614101 • www.erlebnisbergwerk.de • Jan.–März/ Nov.–Dez. Di.–Sa. 9.30–13.30 Uhr, April– Okt. Di.–Sa. 9.30–13.30 Uhr, So. 10.30 Uhr

7 Kurbad Liebenstein

Das Bad entstand erst 1801 durch die Zusammenlegung der Orte Grumbach und Sauerbrunn. Bei Bauarbeiten am Altensteiner Schloss – das etwa zwei Kilometer nördlich von Bad Liebenstein liegt – wurde die Altensteiner Höhle entdeckt. Sie befindet sich unterhalb des Parkes. Schon kurz nach ihrer Entdeckung wurde sie zur Schauhöhle ausgebaut. Damit ist sie die älteste Schauhöhle in Thüringen. Knapp 300 Meter lang ist der Weg durch die Höhle, eine Führung dauert etwa 45 Minuten. Regelmäßig finden in der Schauhöhle

Konzerte und Theateraufführungen statt. Die Höhle wird wissenschaftlich erforscht; mittlerweile sind etwa 2.000 Quadratmeter erkundet. Dabei wurden nicht nur Knochen von Höhlenbären, sondern auch neue Räume mit Tropfsteinen entdeckt.

Das Altensteiner Schloss war eine Sommerresidenz der Herzöge von Sachsen-Meiningen. Das Neorenaissance-Schloss wurde im ausgehenden 19. Jahrhundert errichtet und ist umgeben von einem 160 Hektar großen Landschaftspark. Das Schloss brannte Anfang der 1980er Jahre völlig aus, so dass die historische Innenausstattung komplett verlorenging. Doch kann man trotz der Brandkatastrophe noch die Einmaligkeit dieses Schlossbaues erkennen: Der barocke Vorgängerbau war – einzigartig in Thüringen – ein Schloss im englischen Landhausstil. Seit 1995 gehören Schloss und Park zur Stiftung „Thüringer Schlösser und Gärten". Drei Namen sind mit der Gestaltung des Landschaftsparks verbunden: Hermann von Pückler-Muskau, Carl Eduard Petzold und Peter Joseph Lenné. Nachdem Johannes Brahms hier zu Besuch war, berichtete er Clara Schumann schwärmerisch von dem wundervollen Park. Heute sind in der Einrichtung wechselnde Ausstellungen zur Geschichte des Schlosses zu sehen.

Informationszentrum Förderverein Altenstein • Altenstein 4 • 36448 Bad Liebenstein • Tel. (036961) 33401 • www.thueringer schloesser.de • April–Okt. Mo.–Fr. 11–16.30 Uhr, Sa./So. 11–17.30 Uhr, Nov.–März Di.–So./Feiertage 11–16 Uhr

8 Trusetal

Bekannt ist Trusetal wegen seines Wasserfalls. Im Jahre 1865 wurde er unter Leitung von Baurat Specht angelegt. Das Wasser der Truse stürzt zunächst über zwei kleinere Stufen und schließlich über einen Granitfelsen über fünfzig Metern in die Tiefe. Wer dieses Schauspiel erleben möchte, hat dazu zwischen Ostern und Oktober Gelegenheit.

Tourist-Information Trusetal · Eisensteinstraße 91 · 98596 Brotterode-Trusetal · Tel. (036840) 81578 · www.trusetal.de · April–Nov. Mo.–Fr. 8–16 Uhr, Dez.–März Mo.–Fr. 9–15 Uhr

9 Großer Inselsberg

Er ist 926 Meter hoch und ein Aufstieg lohnt, denn vom Großen Inselsberg kann man bei guten Wetterverhältnissen eine wundervolle Panorama-Aussicht genießen. Über den Gipfel verlaufen der Rennsteig und der Bergwanderweg Eisenach–Budapest. Wer den Berg nicht zu Fuß erklimmen möchte, der kann ganz bequem per „Inselsberg-Express" den Gipfel stürmen. Die Gipfelregion ist im Übrigen seit 1961 unter Naturschutz gestellt – ausgenommen ist das bebaute Bergplateau.

10 Ruhla

Der Ort wurde in der Mitte des 14. Jahrhunderts erstmals erwähnt. 1640 erfolgte bei den ernestinischen Herzögen eine Erbteilung. Für Ruhla hatte dieses Ereignis zur Folge, dass die eine Hälfte des Ortes dem Herzogtum Sachsen-Weimar zugeschlagen wurde und die andere dem Herzogtum Sachsen-Gotha. Man errichtete die Kirche

Mit Uhren und Tabakpfeifen wurde Ruhla weltweit bekannt

St. Concordia – *de facto* zwei Kirchen, auch wenn sie sich in einem Gebäude befinden. Es entstand ein Gotteshaus mit zwei Gebäudeflügeln, die lotrecht aufeinanderstoßen – eine sogenannte Winkelkirche. Im Inneren trennte man bis ins frühe 18. Jahrhundert in „Männer-" und „Frauenkirche". Winkelkirchen sind echte Raritäten.

In einem der ältesten Fachwerkhäuser der Stadt Ruhla befindet sich das **Tabakpfeifenmuseum**. Für zwei Jahrhunderte war der Ort ein Zentrum der Herstellung von Tabakpfeifen. Auf der ganzen Welt rauchte man Ruhlaer Tabakpfeifen. Die Sammlung des Ruhlaer Museums umfasst hunderte Pfeifen aus Meerschaum, Holz, Porzellan und Ton. Zu den wertvollsten Exponaten gehören geschnitzte Meerschaumpfeifen wie das „Concilium auf dem Olymp" von 1720. Die Tabakpfeifenherstellung kam in der ersten Hälfte des 18. Jahrhunderts in die Stadt. Auf dem Höhepunkt der Ruhlaer Pfeifenproduktion gab es im Ort 115 Fabriken, Geschäfte und Werkstätten, die Tabakpfeifen herstellten und verkauften. Ohne Voranmeldung ist das Museum von April bis Oktober geöffnet. Ein Besuch ist aber auch im Winterhalbjahr nach telefonischer Vereinbarung möglich.

Ruhla hat eine lange Uhrenbautradition. Im Jahre 1862 gründeten Christian und Georg Thiel eine Metallwarenfabrik. Das war der Ausgangspunkt für die Erfolgsgeschichte der Uhrenproduktion in Ruhla. In manchen Jahren wurden bis zu 50.000 Uhren täglich produziert. 2002 wurde das **Ruhlaer Uhrenmuseum** eröffnet. Ein Teil der Ausstellung zeigt typische Montage-, Regulage- und Fertigungseinrichtungen. Außerdem kann der Besucher mehr als 750 Uhren bewundern und sich über die Geschichte der Uhrenindustrie in Ruhla informieren. Am Rande von Ruhla, im Lappengrund, entstand der **Miniaturenpark** „mini-a-thür". Im Miniaturenpark sind mehr als fünfzig Modelle wichtiger kulturhistorischer Bauten aus Thüringen im Maßstab 1:25 zu erleben. Von Mitte April bis Ende Oktober ist der kleine Park für seine Besucher geöffnet.

Evangelisch-lutherische-Kirchgemeinde • Carl-Gareis-Straße 1 • 99842 Ruhla • Tel. (036929) 62137 • www.st-concordia.de • Gottesdienst So. 10 Uhr

Ruhlaer Tabakpfeifenmuseum und Museum für Stadtgeschichte • Obere Lindenstraße 29/31 • 99842 Ruhla • Tel. (036929) 89014 • www.ruhla.de • Di./Do. 14–17 Uhr, Mi./Fr. 10–13 Uhr, Sa./So. 13–17 Uhr, März–Nov. geöffnet, Dez.–Feb. nach Voranmeldung unter Tel. (036929) 89013

Ruhlaer Uhrenmuseum • Bahnhofstraße 27 • 99842 Ruhla • Tel. (036929) 70-0 • www.garde.de • Mo.–Do. 10–16.30 Uhr, Fr. 10–15 Uhr, Sa. 10–14 Uhr

Miniaturenpark „mini-a-thür" • Geschwister-Scholl-Straße • 99842 Ruhla • Tel. (036929) 80008 • www.mini-a-thuer.de • April–Sept. Mo.–So. 10–18 Uhr, Okt. 10–17 Uhr

11 Tabarz – Kneipp-Kurort

AKTIV-TIPP Tabarz zieht schon seit mehr als hundert Jahren Reisende an. Der Ort entstand durch den Zusammenschluss der Ortschaften Nonnenberg, Cabarz, Klein-Tabarz und Großtabarz. Wer nicht mit dem Auto anreist oder vom Großen

Inselsberg gewandert kommt, der kann mit der Thüringer Waldbahn anreisen. Tabarz ist die Endstation der Kleinbahn, die zwischen Gotha und Tabarz pendelt. In der Langenhainer Straße steht übrigens ein kulturhistorisches Naturdenkmal – die Tabarzer **Tanzlinde**. Wie der Name vermuten lässt, sind Tanzlinden Bäume, die während ihres Wachsens so geformt werden, dass man in ihnen bzw. auf Brettern in ihren Ästen tanzen kann. Zu Tanzlinden im weiteren Sinne werden auch Bäume gezählt, die im Mittelpunkt von Plätzen stehen und um die (allerdings auf dem Erdboden) herumgetanzt wird. Der Tabarzer Tanzbaum ist eine Besonderheit – seine Äste wurden zu Kränzen geformt. Es gibt in ganz Thüringen noch einige Tanzlinden z. B. in Effelder, Kaltennordheim, in Sachsenbrunn und Oberstadt. Wenn man den Rundwanderweg abläuft, hat man die Möglichkeit, sowohl den **Rhododendrongarten** von Tabarz als auch die Märchenwiese im Lauchagrund zu erleben. Um den Rhododendron in voller Blüte zu sehen, sollte man im späteren Frühling dort entlangwandern. Der Weg beginnt am Wandertreff im Kurpark und ist mit einer „3" im gelben Ring gekennzeichnet. Vom Ausgangspunkt der Wanderung geht man zum Steinpark und von dort in Richtung Lauchagrund. Am Anfang des Lauchagrundes geht es über die Seyfarthwiese zum Rhododendronpark. Es wachsen mehr als sechzig verschiedene Arten hier. Vom Rhododendronpark geht es weiter über den Skihang ins **Mühlbachtal**, am ehemaligen Platten-

steinbruch vorbei zum Aussichtspunkt „Schauinsland", von dort ein Stück hinab bis zur Ruhebank „Otiliensruh", von dort wieder bergan zum Wachkopf. Durch den Wald geht es bis zum Johnkopf und von dort wieder zurück nach Tabarz. Der Panorama-Rundwanderweg ist zehn Kilometer lang und wird als leichter Wanderweg eingeschätzt.

MEININGEN UND DIE THÜRINGER RHÖN

Die Rhön ist bei weitem nicht so bekannt wie der Thüringer Wald – aber mindestens genauso schön und erlebenswert. Ob auf dem Wasser, dem Rad oder zu Fuß – es ist ein wunderbares Erlebnis, die Rhön und ihre Natur und Kultur zu entdecken. Ob der Wanderweg „Hochrhöner", die deutsch-deutsche Gedenkstätte „Point Alpha" oder die Fachwerk- und Karnevalsstadt Wasungen – die Thüringer Rhön bietet für fast alle Ansprüche etwas.

Reiseinformation

Tourist-Information • Markt 14 • 98617 Meiningen • Tel. (03693) 44650 • www.meiningen.de • Mo.–Fr. 10–18 Uhr, Sa. und Feiertage 10–15 Uhr

12 Theaterstadt Meiningen

Meiningen ist eine alte Residenzstadt. Am stärksten geprägt – darauf verweist noch heute der Beiname „Theaterstadt" – wurde Meiningen von der herzoglich initiierten Theatertradition. Noch heute gibt es in Meiningen neben dem Drei-Sparten-Theater das Puppentheater und das Kinder- und Jugendtheater „Tohuwabohu". 1831 wurde das Theater als „Großes Haus" und „Neue Kammerspiele" gegründet. Anfänglich gab es kein festes Ensemble – das Theater wurde von wechselnden Gesellschaften bespielt. Mit der Regentschaft von Georg II. von Sachsen-Meiningen jedoch änderte sich vieles im Theaterbetrieb. Der Herzog übernahm die Leitung des Hauses und bildete ein festes Ensemble – die Oper wurde abgeschafft. Unter seiner Ägide entstand das Regietheater. Vielbejubelte Tourneen führten „die Meininger" durch ganz Europa. Auch die Hofkapelle gewann in dieser Zeit ungeheuer an Profil. Ab 1880 leitete Hans von Bülow die Hofkapelle. Auf einer Tournee veranlasste die Hofkapelle selbst die verwöhnten Wiener zu begeistertem Applaus. Mit Meiningen sind auch die Namen von Johannes Brahms – dieser dirigierte die Uraufführung seiner 4. Sinfonie selbst – und Richard Strauß – der Nachfolger von Bülows in den Jahren 1885 und 1886, verbunden. Von 1911 bis 1914 wirkte Max Reger in Meiningen.

Schloss Elisabethenburg

1682 begann man mit dem Bau von Schloss Elisabethenburg. Man betritt von der Stadtseite durch einen im Halbrund vorgelagerten Bau den Ehrenhof des Meininger Schlosses. Die Entwürfe für die Schlossanlage lieferte vermutlich Christian II. Richter. Das barocke Ensemble wurde besonders im 19. Jahrhundert mehrmals umgebaut, so dass speziell die Innenausstattung des Schlosses quasi einen Abriss der unterschiedlichen Stilepochen vom Barock bis zum Historismus bietet. Besondere Beachtung verdient die Schlosskirche. Die Stuckdekorationen wurden Ende des 17. Jahrhunderts von den Gebrüdern Rust angefertigt. Ihre Arbeit ist auch im Gothaer Schloss Friedenstein zu bewundern. Seit 1982 wird die Schlosskirche als Konzertsaal genutzt. Direkt über der Schlosskirche befindet sich der Riesensaal. Die Arbeiten an ihm wurden nach dem Tod des Bauherrn zunächst unterbrochen und danach mit verändertem Programm fortgeführt. Ein besonders schönes Beispiel für die Räume des Barock ist der sogenannte Hessensaal. In der gesamten Schlossanlage sind heute nicht nur das Schlossmuseum, sondern auch die kommunale Verwaltung – das Meininger Rathaus wurde 1945 zerstört – das Thüringer Staatsarchiv Meiningen, das Museumscafé, die Musikschule „Max Reger" und ein Restaurant untergebracht. In der Herzoglichen Reithalle ist das Meininger Theatermuseum mit seiner Ausstellung „Zauberwelt der Kulisse" untergebracht. In aller Ausführlichkeit wird hier die Bedeutung und Geschichte des Meininger Hoftheaters gewürdigt. Kulissen, Kostüme, Figurinen, Fotos und

Zeichnungen sind als Teile dieser wunderbaren theaterhistorischen Sammlung zu sehen.

Schlossmuseum • Schlossplatz 1 • 98617 Meiningen • Tel. (03693) 503641 • www.meiningermuseen.de • Di.–So. 10–18 Uhr

Theatermuseum • Schlossplatz 1 • 98617 Meiningen • Tel. (03693) 471290 • www.meiningermuseen.de • Di.–So. 10–18 Uhr, 50-minütige Vorführunge

n   Di.–So.   10/12/14/16 Uhr

„Baumbach-Haus"

Im „Baumbach-Haus" befindet sich heute die Ausstellung zu Rudolf Baumbach. Die Präsentation ist jedoch nicht nur dem in Kranichfeld geborenen Dichter gewidmet, sondern beschäftigt sich ebenfalls mit Schriftstellern, die im 18. und 19. Jahrhundert in Meiningen wirkten: Jean Paul, Ludwig Bechstein, Carl Gottlob Cramer oder Friedrich Mosengeil.

Baumbachhaus • Burggasse 22 • 98617 Meiningen • Tel. (03693) 502848 • www.meiningermuseen.de • Di.–Fr. 10–12/13–18 Uhr, Sa./So. 14–16 Uhr

Stadtkirche St. Marien

Die Kirche wurde Ende des 19. Jahrhunderts komplett umgebaut. Jedoch blieben Bauteile von Vorgängerbauten erhalten bzw. wurden in den Bau integriert, so wurde z. B. im Chor die Sakramentsnische aus dem 15. Jahrhundert erhalten. Die Ausstattung des Gotteshauses – wie Taufstein, Kanzel und Gestühl – stammen vornehmlich aus dem 19. Jahrhundert und sind von hoher handwerklicher Qualität. Im Kircheninnenraum sind einige Grab- und Gedenksteine zu sehen.

St. Marien Kirche • Marktplatz • 98617 Meiningen • Tel. (03693) 84090 • www.kirchen-in-meiningen.de • Mai–Okt. Di.–Fr. 10–17 Uhr, Sa. 10–14 Uhr

Meininger Theater

In Meiningen wurde Theatergeschichte geschrieben: Das moderne Regietheater wurde hier „erfunden". Das Meininger Theater ist eines der wirkungsreichsten Theater Deutschlands – nach seinem Vorbild wurde die „Royal Shakespeare Company" gegründet; in Meiningen wurde das Prinzip der Einfühlung durch den Schauspieler in seine Rolle zur Meisterschaft weiterentwickelt. Auf dieser Grundlage feiert Hollywood noch heute seine großen Erfolge. 1909 wurde nach einem Brand das neue Theaterhaus gebaut. Hier wurde zu Beginn der 2000er Jahre Wagners „Nibelungenring" inszeniert – die gesamte Inszenierung wurde an vier aufeinanderfolgenden Tagen aufgeführt. Heute erlebt der Besucher Oper, Operette, Schauspiel, Konzerte, Ballett genauso wie Puppentheater.

Meininger Theater • Bernhardstraße 5 • 98617 Meiningen • Tel. (03693) 451222 o. 451135 • www.das-meininger-theater.de • Kassenöffnungszeiten: Mo. 8–16 Uhr, Di.–Fr. 8–18 Uhr, Sa. 10–12 Uhr

Englischer Garten

Im Rücken von Großem und Kleinem Palais sowie dem Meininger Theater liegt der Englische Garten. Die Parkan-

Das Theater in Meiningen hat Geschichte geschrieben

lage umfasst etwa 12 Hektar. Im Park befinden sich der Eis- und der Schwanenteich, die beide durch einen Kanal verbunden sind. Im südlichen Teil des Parks sind noch Teile des alten Gottesackers zu bemerken. Dieser Friedhof wurde von ca. 1525 bis 1844 genutzt. In diesem Areal entstand auch 1839 die herzogliche Gruftkapelle. Der Grundstein des Parks wurde im ausgehenden 18. Jahrhundert nördlich der Altstadt gelegt. Siegmund Friedrich Buttmann entwarf einen lyrisch-sentimentalen Park. Die „Parkmöblierung" (künstliche Ruinen, Kleinarchitekturen) aus dieser Zeit wurde beseitigt. Heute befinden sich im Englischen Garten zahlreiche Brunnen und Denkmäler – das Bechstein-Brunnendenkmal, das Brahms-Brunnendenkmal, der Buttmann-Stein, ein Denkmal für Herzog Bernhard und

eines für Jean Paul. Auch erhielten Max Reger und Ernst Thälmann ein Denkmal. Ein ganz spezielles Angebot hält das Meininger Zweirad-Museum bereit. In ihm werden insgesamt 85 verschiedene Modelle gezeigt. Alle Motorräder wurden in mühevoller Kleinarbeit wieder in ihren Originalzustand versetzt.

Englischer Garten • Bernhardstraße • 98617 Meiningen • www.meiningen.de

13 Vacha – das Tor zur Rhön

Vacha präsentiert sich heute als eine Stadt mit vielen restaurierten Fachwerkhäusern, die das Gesicht des Stadtkerns prägen. Besonders schön ist der Markt mit Haus „Widemark", das erst seit 1911 Rathaus ist, aber 1613 für Amtsmann Caspar Widemarckter erbaut wurde. Am Markt steht auch das sogenannte Knusperhäuschen – ein hübsches Fachwerkhaus mit geschnitzten Eckständern und Schwellen und farbig gefasstem Fachwerk – oder auch die Alte Münze, die vom Brand 1467 verschont blieb und daher mit Recht wohl als das älteste Haus am Platze (erbaut 1455) gelten darf. Das Stadtmuseum befindet sich seit 1986 auf der Burg Wendelstein. Sie wurde im 12. Jahrhundert errichtet. Von weitem schon ist der hohe Bergfried zu sehen. Doch auch Burg Wendelstein (der Name übrigens taucht erst im 16. Jahrhundert auf) litt sehr unter dem Stadtbrand von 1467. Über die Stadtgeschichte wird im Burgsaal informiert, besonders bei Kindern beliebt ist die auf der Burg gezeigte Puppensammlung.

Museum Burg Wendelstein • Burg Wendelstein • 36404 Vacha • Tel. (036962) 22839 • www.museum-vacha.de • Mi. 10–12 Uhr, Di.–Fr. 10–17 Uhr, Sa./So. 14–17 Uhr

14 Geisa im Ulstertal

Das Geisaer Schloss entstand zu Beginn des 18. Jahrhunderts unter Fürstabt Adalbert von Schleifras. Es wurde als Sommerresidenz und Jagdschloss errichtet. Heute befinden sich hier ein Restaurant und Gästehaus, außerdem ist das Schloss Sitz der „Point Alpha Stiftung". „Point Alpha" – eigentlich „Observation Point Alpha" – war bis 1989 ein Beobachtungsstützpunkt der US-Streitkräfte. Heute befindet sich auf dem Gelände eine Gedenkstätte. Die Besucher werden hier in zwei großen Dauerausstellungen mit den Grenzanlagen, militärischen Abläufen des Grenz„betriebes" und dem täglichen Leben an der Grenze bekanntgemacht.

Gedenkstätte „Point Alpha" • Platz der Deutschen Einheit 1 • 36419 Geisa • Tel. (06651) 919030 • www.pointalpha.com • April–Okt. Mo.–So. 9–18 Uhr, März/Nov. Mo.–So. 10–17 Uhr, Dez.–Feb. Di.–So. 10–16.30 Uhr

15 Zella/Rhön

Über Zella thront die Propstei auf einem langgestreckten Hügel. 1136 wurde das Benediktinerinnenkloster gestiftet. 1284 stieg Kloster Zella in den Rang eines Amtssitzes auf. Zwar bestand das Kloster auch während des deutschen Bauernkrieges weiter, doch wurde es durch die Henneberger Grafen aufgehoben. Die Propstei blieb in Fuldaer Besitz und bildete eine winzige katholische Enklave in der sonst protestantischen Umgebung. Von Zella aus sollte die Rhön rekatholisiert werden, doch der Versuch scheiterte. Doch zumindest wurde die katholische Pfarrkirche St. Mariä Himmelfahrt von 1715 bis 1732 nach den Plänen von Andrea Gallasini neuerrichtet. Es ist ein prächtiger barocker Kirchenbau mit reichem Skulpturenschmuck – z. B. die namenstiftende Himmelfahrt Mariens im Giebel, die Heiligen Benedikt, Sturmius, Bonifatius und Bischof Valentin – und schöner Innenausstattung. Auch die mittelalterlichen Klostergebäude wurden in der ersten Hälfte des 18. Jahrhunderts barock umgebaut. Zu Beginn der 2000er Jahre wurde die Propstei umfassend saniert. Seitdem befindet sich dort eine Dauerausstellung über das „Biosphärenreservat Rhön", die thüringische Verwaltung des Biosphären-reservates hat dort ihren Sitz. Zudem befindet sich in den Räumen die Tourist-Information und ein Heimatmuseum, das über die Ortsgeschichte Auskunft gibt.

Barockkirche Mariä Himmelfahrt • Goethe-straße 1 • 36452 Zella/Rhön • Tel. (036964) 93510 • Di.–So. 14–17 Uhr (2016 Renovierung geplant)

16 Breitungen

ENTDECKER-TIPP Breitungen wurde urkundlich erstmalig im Jahr 933 erwähnt. Das heutige Breitungen wuchs aus drei Siedlungskernen zusammen: Altenbreitungen, Frauenbreitungen und Herrenbreitungen. Die Namen verraten einiges über die Geschichte dieser drei Ortsteile. Altenbreitungen ist die älteste Siedlung, Frauenbreitungen wurde nach der Gründung eines Augustinerinnenklosters von Königs- in Frauenbreitungen und Herrenbreitungen wurde nach der Gründung eines Benediktinerklosters von Burg- in Herrenbreitungen umbenannt. Am rechten Werraufer im Ortsteil Herrenbreitungen befindet sich seit 1994 in den Räumen des ehemaligen Schlosses das Aktivmuseum „Ländliches Brauchtum". Das Angebot ist vielfältig und fordert die Museumsbesucher zur Teilnahme auf. So werden die „alten Zeiten" wieder lebendig. Doch das bedeutendste Bauwerk in Breitungen ist die romanische Basilika. Sie wurde als Klosterkirche des ehemaligen Benediktinerklosters in Herrenbreitungen errichtet. Kurz nach 1100 wurde mit dem Bau begon-

nen, seine Weihe ist für das Jahr 1112 urkundlich belegt. Der Westturm entstand um 1200. In der Zeit nach Aufhebung des Klosters wurden auf dem Gelände viele Umbauten vorgenommen, und Kriege hinterließen ihre Spuren, was auch in die Bausubstanz der Basilika eingriff. Ab dem 18. Jahrhundert verfiel das Gotteshaus zunehmend, erste Bestandssicherungen wurden im Jahre 1842 durchgeführt. Ursprünglich war die Kirche eine dreischiffige, flachgedeckte Basilika. Das Querhaus war zwar vorhanden, jedoch keine Vierung im herkömmlichen Sinne ausgebildet. Der ehemals dreischiffige Chor mit apsidialem Abschluss ist heute wie das Querschiff nicht mehr vorhanden. Der Innenraum ist streng und klar gegliedert. Die Säulen tragen schmucklose Würfelkapitelle. Doch beachtlich ist die sorgfältige Bearbeitung der Steine. Von der Ausstattung der Kirche ist so gut wie nichts mehr vorhanden. Die Bündelsäule mit Blattkapitell am nordöstlichen Langhauspfeiler ist möglicherweise vom Westturm umgesetzt worden. Die Bedeutung der Breitunger Basilika besteht nicht in ihrem reichen Bauschmuck, sondern in dem sichtbaren Zusammenspiel zweier Bautraditionen: Zum einen ist der Hirsauer Reformgedanke an der Anlage ablesbar, zum anderen verweisen die ausgeschiedene Vierung und die Steinbearbeitung auf die ältere Hersfeldische Bautradition. Diese ist übrigens auch an der Breitunger Pfarrkirche St. Michael sichtbar. Sie ist nunmehr eine barocke Saalkirche mit romanischem

221

Westturm, denn die ursprüngliche romanische Kapelle wurde zugunsten des Neubaus der Kirche abgerissen. Die Breitunger Basilika wird heute als Ausstellungs- und Konzertraum genutzt.

Basilika Breitungen • Im Schloss • 98597 Breitungen • Tel. (036848) 81917 • www.breitungen.de

17 Fachwerk- und Reformationsstadt Schmalkalden

Die Anfänge des Ortes liegen im 6. Jahrhundert als hier am Südhang des Thüringer Waldes eine fränkische Siedlung gegründet wurde. Erstmals urkundlich erwähnt wurde „villa Smalacalta" im ausgehenden 9. Jahrhundert. In den Fokus der Geschichte gerät Schmalkalden z. B. durch den berühmten Schmalkaldischen Bund. Dieser war am 27. Februar 1531 als Verteidigungsbündnis protestantischer Fürsten und Städte gegründet worden. Unter der Führung von Kursachsen und Hessen wollte man sich gemeinsam gegen den katholischen Kaiser Karl V. zur Wehr setzen. Es kam innerhalb des Bundes immer mehr zu Unstimmigkeiten, so dass im sogenannten Schmalkaldischen Krieg in den Jahren 1546 und 1547 der Kaiser den Bund vernichten konnte. Das hatte weitreichende Folgen für die Mitglieder des Bundes – so verlor zum Beispiel die Linie der Ernestiner die sächsische Kurwürde, die an die Albertiner überging.

Über der Stadt thront **Schloss Wilhelmsburg**. Sie war eine Nebenresidenz der Landgrafen von Hessen-Kassel. Bemerkenswert ist die originale Raumdisposition, die sich im vierflügeligen Renaissanceschloss erhalten hat. Als nach dem Tode Georg Ernsts von Henneberg die hessisch-hennebergische Doppelherrschaft beendet war und die hennebergischen Besitzungen an den hessischen Landgrafen fielen, ließ Wilhelm IV. von Hessen-Kassel anstelle einer Burg Schloss Wilhelmsburg errichten. Seinen Stempel prägte jedoch auch Moritz von Hessen-Kassel dem Bauvorhaben auf – unter ihm wurde die Innenausstattung vervollständigt. Er ließ die Gartenanlagen und weitere Bauten errichten. Da das Schlossensemble innen wie außen nahezu im Original erhalten (abgesehen von den klassizistisch veränderten Giebeln) und dies trotz Umnutzungen als Lazarett, Lager und Sitz von Behörden ist, gilt die Wilhelmsburg als eines der schönsten Renaissanceschlösser in Deutschland. Im späten 19. Jahrhundert engagierte sich der Geschichtsverein für Schloss Wilhelmsburg und richtete in den Räumen des Schlosses ein Heimatmuseum ein. Heute gehört das Schloss zur „Stiftung Thüringer Schlösser und Gärten". Die Räume werden fast ausschließlich durch das **Schlossmuseum** genutzt. Die Ausstellungsthemen befassen sich mit der Geschichte des Schmalkaldischen Bundes und der Reformation, der höfischen Kultur- und Lebensweise, der Stadt-, Bau- und Nutzungsgeschichte. Es finden Sonderausstellungen und Konzerte statt.

Ein besonderes Augenmerk sollte der Besucher auf die Raumausstattung des Schlosses Wilhelmsburg legen. Die **Schlosskapelle** wird als protes-

1.000 Jahre Bau- und Kulturgeschichte bietet die Fachwerkstadt Schmalkalden

tantisches Glaubensbekenntnis interpretiert. Der Tischaltar, die Kanzel und die Orgel sind übereinander angeordnet. Gegenüber befindet sich die Herrschaftsempore. Der ganze Kirchenraum wird beherrscht vom farbenfrohen Stuckdekor. Im Jahre 1590 wurde die älteste Orgel Thüringens – die Holzpfeifenorgel der Wilhelmsburg – erstmals gespielt. Sie wurde von Daniel Meyer aus Göttingen gebaut und ist eine der ältesten intakten Holzorgeln Europas. Orgelexperten sind begeistert von diesem Instrument. Etwas ganz Besonderes befindet sich in einem Gewölbe der Wilhelmsburg – die Kopie

der im Gewölbekeller des Hessenhofes am Neumarkt Ende des 19. Jahrhunderts entdeckten, hochromanischen, wunderbaren **Wandmalereien**, die die „Iwein"-Sage (siehe S. 224) illustrieren. Der Schlossgarten der Wilhelmsburg ist zwar nicht mehr in Gänze erhalten, jedoch ist seine **Wasserkunst** noch teilweise vorhanden. Damit gehören die Außenanlagen zu den ganz wenigen Beispielen von Renaissance-Gartenarchitektur in Thüringen. Im Rahmen der Vorbereitungen zur 3. Thüringer Landesgartenschau wurde der Trassengarten neu erschlossen und nach historischem Plan gestaltet.

223

„IWEIN"

Hartmann von Aue schuf dieses Versepos wahrscheinlich 1200–05. Viel ist über den Dichter nicht bekannt, jede Information ist entweder Interpretation aus seinem eigenen Werk oder Äußerungen von Zeitgenossen entnommen. Er gilt neben Wolfram von Eschenbach und Gotfried von Straßburg als der bedeutendste mittelhochdeutsche Dichter. Der „Iwein"-Roman ist sehr häufig kopiert worden (33 Abschriften), mehr Kopien wurden nur von den Romanen Wolfram von Eschenbachs geschaffen. Schon früh beschäftigte man sich in der bildenden Kunst mit Iwein – doch erstaunlicherweise sind nicht, wie man bei einem Roman erwarten würde, Illustrationen aus der Buchmalerei überliefert, sondern vielmehr Wandbilder und Teppiche. Neben denen vom Schmalkaldener Hessenhof sind die Iwein-Bilder auf Burg Rodenegg, Burg Runkelstein (beide Südtirol) und der Maltererteppich im Augustinermuseum in Freiburg zu nennen.

Am **Altmarkt** befinden sich das historische Rathaus und die St.-Georg-Kirche von Schmalkalden, das Marktensemble vollenden die Todenwarth'sche Kemenate und Fachwerkhäuser in fränkischer Rähmbauweise. Am Rathaus befinden sich die Wappen der Mitglieder des Schmalkaldischen Bundes – zunächst die Wappen des Landgrafen Philipp des Großmütigen von Hessen-Kassel und Kurfürst Johann von Sachsen gefolgt von den Mitgliedsstädten – Augsburg bis Windsheim. **St. Georg** wurde in der Mitte des 15. Jahrhunderts als spätgotische Hallenkirche errichtet. Die drei unteren Geschosse des Südturmes der Doppelturmfassade im Westen des romanischen Vorgängerbaus sind noch erhalten. Die Fassade zum Markt hin ist mit hohen und breiten Maßwerkfenstern geschmückt. Besonders schön ist das Baldachinportal gestaltet – es wird von einem Kielbogen überfangen. Darüber befindet sich ein Rundfenster mit Fischblasenmaßwerk. Im Inneren der Kirche überrascht die Verschiedenartigkeit der Gewölbeausbildung: Während das Nordschiff ein einfaches Netzmuster zeigt, befindet sich im Mittelschiff ein lebhaftes Schlingsternmuster, und im südlichen Seitenschiff schließlich besitzt jedes Joch ein anderes reich geformtes Sterngewölbe – fast so, als hätte man sich nicht entschließen können, welches das passende sei. Die Originalausstattung fiel dem reformatorischen Bildersturm zum Opfer. Die Brüstungsmalereien der Emporen wurden erst 1899 wieder freigelegt. Über der Sakristei in der ehemaligen Paramentenkammer soll sich Martin Luther während seiner Zeit in Schmalkalden vor den Gottesdiensten aufgehalten haben. Heute befindet sich hier ein kleines Kirchenmuseum. Die Ausstellungsstücke sind wahrscheinlich die Reste der mittelalterlichen Ausstattung von St. Georg.

Museum Schloss Wilhelmsburg • Schlossberg 9 • 98574 Schmalkalden • Tel. (03683) 403186 • www.museumwilhelmsburg.de • April–Okt. Mo.–So. 10–18 Uhr, Nov.–März Di.–So. 10–16 Uhr

Evangelische Stadtkirche St. Georg • Kirchhof 3 • 98574 Schmalkalden

Das ehemalige Damenstift in Wasungen beherbergt heute das Stadtmuseum

18 Fachwerk- und Karnevalsstadt Wasungen

In der Altstadt von Wasungen kann der Besucher noch heute die historische Stadtanlage erleben. Das Stadtbild prägen die stattlichen Adelsanwesen (wie Burg Maienluft, der Weyhenhof oder der Fellehof) und Bürgerbauten. Ein Glücksumstand, dass die vielen Stadtbrände des 19. und 20. Jahrhunderts den Großteil der historischen Bebauung verschont haben. Im Norden hat sich noch einiges der historischen Stadtbefestigung erhalten. Am Markt befindet sich das Rathaus von Wasungen – es ist eines der ältesten der Region. Erbaut wurde es 1532 bis 1534. Die Fassade wird durch einen asymmetrisch angebrachten Erker betont. Berühmt ist Wasungen jedoch für seinen Karneval. Spätestens seit 1524 wird er in Wasungen gefeiert. Der Hauptumzug mit vielen Themenwagen findet traditionell am Sonnabend vor Rosenmontag statt und steht jedes Jahr unter einem anderen Motto. Wer den Schlachtruf der Wasunger „Woesinge Ahoi!" einmal im Original hören und die vielen Themenwagen bestaunen möchte, der sollte zur Karnevalszeit nach Wasungen kommen.

19 Rohr

Am nördlichen Dorfrand liegt erhöht auf dem Kirchberg die Pfarrkirche St. Michael. Die Kirche wurde als Klosterkirche eines Benediktinerklosters zu Beginn des 9. Jahrhunderts erbaut. Dieses wurde jedoch schon um 900 wieder aufgegeben und diente im Anschluss im 10. Jahrhundert als Kaiserpfalz. Nachdem die Kirche mit einem Mauerring umgeben worden war, erhielt sie den Charakter einer Wehrkirche. Interessant ist die Krypta, die wohl schon im dritten Viertel des 9. Jahrhunderts gebaut worden ist. Der Raum ruht auf vier mächtigen Pfeilern, das Gewölbe besteht aus sich durchdringenden Tonnen. Die Fundamente der Querarme von St. Michael wurden in den 1930er Jahren ausgegraben. Das Innere der Kirche wird bestimmt von der Raumausstattung des 17. und 18. Jahrhunderts. In der alten Schule des Ortes ist heute ein Museum für die Kirche untergebracht. Im Ortsteil Kloster befindet sich die ehemalige Klosterkirche St. Johannes.

St. Michael • 98530 Rohr • Tel. (036844) 40362 • www.kirche-rohr.de • Di.–Fr. 14–16 Uhr

20 Bibra

In Bibra ist vor allem die Kirche St. Leo erwähnenswert, denn sie beherbergt gleich drei Altäre des berühmten Bildschnitzers Tilman Riemenschneider oder zumindest seiner Werkstatt: den Apostel-, Kirchenväter- und den Verkündigungsaltar. Alle Altäre entstanden in der Zeit um 1500. Der Bau der Kirche begann im ausgehenden 15. Jahrhundert, Umbauten erfuhr die Kirche im 18. und 19. Jahrhundert. Außer den erwähnten Altären sind an höchst qualitätvoller Ausstattung die Maßwerkkanzel, der Taufstein und das Sakramentshaus zu erwähnen. Als eigenständige Arbeit von Tilman Riemenschneider gilt außerdem der Grabstein des Hans von Bibra.

Die Burg Bibra beherbergt heute ein Seminarzentrum

21 Gleichbergstadt Römhild im Grabfeld

1274 erhielt Römhild die Stadtrechte und wird in der Folgezeit auch entsprechend befestigt. Einen Aufschwung erlebte die Stadt als die hennebergische Residenz von der nahegelegenen Burg in die Stadt verlegt wurde. Jedoch nach dem Aussterben der Henneberger war es mit dem Status einer Residenzstadt vorbei. Die Stadt selbst fiel an die Ernestiner. Nur kurz – von 1680/82 bis 1710 – war Römhild noch einmal Hauptresidenz. In dieser Zeit existierte das kleine Herzogtum Sachsen-Römhild. Nach dessen Aussterben verlor Römhild an Bedeutung. Stadtbrände führten immer wieder zum Verlust historischer Bausubstanz, so dass sich heute ein recht uneinheitliches Bild bietet. In Römhild sollte man sich unbedingt die Stadtkirche St. Marien und St. Johannes Baptist ansehen. Sie wurde in der zweiten Hälfte des 15. Jahrhunderts neu errichtet, ihre Gewölbe sind ähnlich wie die der Schmalkaldener St.-Georgskirche mit den unterschiedlichsten Gewölbearten ausgestattet. In der Römhilder Stadtkirche befinden sich qualitätvolle Bildnisgrabsteine aus der zweiten Hälfte des 15. Jahrhunderts und ein Bronzegrabmal des Grafen Otto von Henneberg von 1488, das eine Arbeit aus der Nürnberger Werkstatt von Peter Vischer d. Ä. ist. Die Tumba von Graf Hermann VIII. von Henneberg und Elisabeth von Brandenburg kann wohl auch als eine Arbeit aus dieser Werkstatt angesprochen werden. Im Schloss Glücksburg befindet sich heute ein Museum. Hier wird die Höhn'sche Sammlung zum bäuerlichen Handwerk präsentiert. Ein zweiter Ausstellungsteil präsentiert die Ausstellung „Keramik international", außerdem historisches Spielzeug, Künstler- und Charakterpuppen von Erato Mavrogordato sowie eine Antikensammlung. Ebenfalls in Römhild befindet sich das Spezialmuseum für die Ur- und Frühgeschichte Südthüringens. Es zeigt das wirtschaftliche Leben und die Kultur von der Mittelsteinzeit vor ca. 8.000 v. Chr. bis zum Hochmittelalter. Wichtige Informationen zum Bodendenkmal der Steinsburg werden in der Ausstellung dem Besucher an die Hand gegeben. Die östlich von Römhild gelegene Steinsburg ist in frühgeschichtlicher Zeit mit etwa sechs Kilometern steinernen Schutzmauern umgeben worden und als ehemaliges keltisches Oppidum eine absolute Rarität. Etwa 68 Hektar Fläche wurden durch die Mauern gegen Angriffe geschützt.

Stiftskirche St. Marien und St. Johannes Baptist • Griebelstraße • 98631 Römhild • Tel. (036948) 80264 • www.kirche-roemhild.de • April–Dez. Mo.–So. 10–18 Uhr

Museum Schloss Glücksburg • Griebelstraße 28 • 98631 Römhild • Tel. (036948) 80140 • www.stadt-roemhild.de • März–Nov. Di.–Fr. 10–12/13–16 Uhr, Sa./So. 13–17 Uhr, Dez.–Feb. Di.–Fr. 10–12/13–16 Uhr

22 Hildburghausen

Knapp anderthalb Jahrhunderte, von 1680 bis 1826, war Hildburghausen die Hauptstadt des kleinen Herzogtums Sachsen-Hildburghausen. Das Schloss,

Die Bertholdsburg in Schleusingen zeigt heute u. a. den Südthüringer Dinosaurier

das von 1685 bis 1695 errichtet wurde, wurde gegen Ende des Zweiten Weltkriegs beschädigt und Ende der 1940er Jahre abgerissen. Die „Alte Post" beherbergt das Hildburghäuser Stadtmuseum. In ihm wird die Geschichte der Stadt Hildburghausen erzählt – von der urkundlichen Ersterwähnung im Jahr 1284 über das Leben in einem Ackerbürgerstädtchen bis zum Leben am Hofe in einer kleinstaatlichen Residenzstadt. Besondere Aufmerksamkeit bei den Besuchern erregt immer wieder die Geschichte der „Dunkelgräfin". Ein Herzstück der Hildburghäuser Sammlungen sind die Erstausgaben des Bibliographischen Instituts von Joseph bzw. Hermann Meyer. In Hildburghausen wurde die fünfbändi-

ge Erstausgabe von „Meyers Konversationslexikon" herausgegeben.

Stadtmuseum • Apothekergasse 11 • 98646 Hildburghausen • Tel. (03685) 403689 • www.museum-hildburghausen.de • Di.–So. 10–17 Uhr

23 Schleusingen

Mittelpunkt der Stadt ist der Markt, der von Linden gesäumt wird. Über Schleusingen erhebt sich mächtig die Bertholdsburg. Bis 1583 war sie der Sitz der Grafen von Henneberg und ist das Wahrzeichen der Stadt. Die Burg wurde in der ersten Hälfte des 13. Jahrhunderts errichtet. Den wehrhaften Charakter der Anlage kann man immer noch erahnen, auch wenn im 16. Jahrhundert die Anlage zu einem Renaissanceschloss umgebaut wurde. In der Bertholdsburg befindet sich heute das Naturhistorische Museum. Fast 2.000 Quadratmeter Ausstellungsfläche im Ost-, Nord- und Westflügel bieten umfassende Möglichkeiten, Naturkunde und Regionalgeschichte zu präsentieren. Den Auftakt bildet die Ausstellung zu Mineralien. Im Ausstellungsteil „Auf den Spuren unserer Umwelt – 300 Millionen Jahre Thüringen" werden dem Besucher die Thüringer Landschaften und ihre Veränderungen im Laufe der Jahrmillionen nahe gebracht. Baumfarne, Saurier, Riesentausendfüßler, Haifische, Ur-Elefanten bevölkern die Ausstellung. Etwa 1.000 Fossilien werden präsentiert, ein Höhepunkt ist die Skelett-Rekonstruktion eines etwa sechs Meter langen Südthüringer Dinosauriers. Die Naturhistorie im Museum Schloss Bertholdsburg wird ergänzt durch eine regionalhistorische Ausstellung, thematisiert werden die Grafen von Henneberg, die Bertholdsburg und das Leben in der Stadt Schleusingen.

Naturhistorisches Museum Schloss Bertholdsburg • Burgstraße 6 • 98553 Schleusingen • Tel. (036841) 5310 • www.museum-schleusingen.de • Di.–Fr. 9–17 Uhr, Sa./So. u. Feiertage 10–18 Uhr

24 Kloster Veßra

Hier wurde im Jahre 1131 ein Prämonstratenserkloster – das Hauskloster der Grafen von Henneberg – errichtet. Es ist eines der bedeutendsten romanischen Baudenkmäler in Thüringen. Nach einem Brand blieb nur noch die Ruine der doppeltürmigen Klosterkirche stehen. Ähnlich wie im Kloster Rohr war die Vierung des Kirchenschiffs nicht ausgeschieden. Immer wieder wird im Laufe der Zeit umgebaut. Jedoch wird die Säkularisierung des Klosters nach der deutschen Reformation und die weltliche Nutzung als gräfliches Kammergut mit Gestüt viel einschneidendere Folgen für das Klosterensemble haben, denn 1939 brach bei Drescharbeiten ein verheerendes Feuer aus, so dass in dessen Folge das Mittelschiff einstürzte. In der DDR wurde das weitläufige Areal zunächst von einer Landwirtschaftlichen Produktionsgenossenschaft genutzt; 1975 wurde ein landwirtschaftliches Museum eingerichtet. Seit 1990 wird das Gelände nur noch museal genutzt. Seit 1994 gehört Kloster Veßra zur „Stiftung Thüringer Schlösser und Gärten". Das Hennebergische Museum Kloster Veßra widmet sich in seiner ständigen Ausstellung unterschiedlichen Themen: der Klostergeschichte, dem hennebergischen Land, der Geschichte Südthüringens und den Grafen von Henneberg in der Grafik vom 15. bis zum 19. Jahrhundert.

Hennebergisches Museum Kloster Veßra • Anger 35 • 98660 Kloster Veßra • Tel. (036873) 69030 • www.museumkloster vessra.de • April–Okt. Mo.–So. 9–18 Uhr, Nov.–März Di.–So. 10–17 Uhr

Ein kostenfreier Audioguide zu Kloster Veßra kann unter www.transromanica.de heruntergeladen werden. Weitere Informationen auf S. 252

229

THÜRINGER WALD

Der Thüringer Wald ist ein Synonym für Erholung, Wandern und Wintersport. Der bekannteste Wanderweg, der Rennsteig, beginnt in der Nähe der Wartburgstadt Eisenach. In Oberhof, heute durch die Ski-Arena und die Wintersporthalle bekannt, befindet sich der älteste deutsche Golfplatz. Sommers wie winters können auf zahlreichen Wegen Natur- und Sportbegeisterte den Thüringer Wald erleben.

25 Goethe- und Universitätsstadt Ilmenau

Reiseinformation

Ilmenau-Information • Am Markt 1 • 98693 Ilmenau • Tel. (03677) 600300 • www.ilmenau.de • Di.–Fr. 10–18 Uhr, Sa./So. u. Feiertage 10–17 Uhr

„In Ilmenau, da ist der Himmel blau, da tanzt der Ziegenbock mit seiner Frau." Ilmenau ist also himmelblau – so sagt es zumindest der Kinderreim und beschreibt damit ein Wetterphänomen. Meteorologen bestätigen, durch Ilmenaus besondere georgrafische Lage scheint hier die Sonne öfter als anderswo. Darauf spielt auch der Ziegenbrunnen in der Friedenstraße an. Das Rathaus der Goethe- und Universitätsstadt Ilmenau erlebte mehrmals Brandkatastrophen. Die älteste Inschrift am Rathaus datiert ins Jahr 1426. Das heutige Gebäude ist charakterisiert durch das Renaissance-Portal, den Mittelturm und die seitlichen Eckerker auf Konsolen.

Das **Amtshaus**, in dem heute sowohl die Touristinformation als auch das GoetheStadtMuseum untergebracht sind, wurde 1616 als Witwensitz für Gräfin Sophie von Henneberg errichtet. Auch das Amtshaus hatte schwer unter dem Stadtbrand von 1752 gelitten und wurde nach Plänen von Gottfried Heinrich Krohne wiederaufgebaut. Danach hatten hier der Amtmann seine Dienst- und die herzogliche Familie von Sachsen-Weimar-Eisenach ihre Wohnräume. Johann Wolfgang Goethe wohnte hier bei seinen Ilmenau-Besuchen im südöstlichen Eckzimmer. Das **Goethe-StadtMuseum** ist ein regionalhistorisches Museum. Die Dauerausstellung stellt die Arbeit Johann Wolfgang Goethes in Ilmenau vor – sein Bemühen um die Wiederbelebung des Bergbaus, seine naturwissenschaftlichen Forschungen und sein dichterisches Schaffen. Weitere Schwerpunkte stellen die Ilmenauer Porzellanindustrie, den Kur- und Badebetrieb, die technische Glasindustrie und Ilmenauer Bildungstradition vor. Diese beginnt mit der Einrichtung des „Thüringischen Technikums" 1894. Aus ihm erwuchs die Hochschule für Elektrotechnik, die Technische Hochschule und schließlich die Technische Universität Ilmenau.

Das **Jagdhaus Gabelbach** bei Ilmenau ist heute ebenfalls ein Museum. Hier war Goethe oft zu Gast, fanden die Jagdgesellschaften Herzogs Carl August statt. Das Museum bietet zum einen Einblick in das gesellige Jagdleben des Weimarer Hofes und wird im Erdgeschoss die Ausstellung „Der Kickelhahn – Goethes Wald im Wandel" zeigen. Vom Jagdhaus Gabelbach kann man zum Kickelhahn wandern. Der Ilmenauer Hausberg ist 861 m hoch, von ihm bietet sich ein schöner Blick auf die Höhen des Thüringer Waldes. Auf dem Weg zum Kickelhahn liegt eine kleine Schutzhütte, die Goethehäuschen genannt wird. Die ursprüngliche Hütte brannte zwar im Jahre 1870 nieder, doch wurde sie originalgetreu wiederaufgebaut. Hier entstanden 1780 Goethes Verse:

Über allen Gipfeln
Ist Ruh,
In allen Wipfeln
Spürest du
Kaum einen Hauch;
Die Vögelein schweigen im Walde.
Warte nur – balde
Ruhest du auch.

Auf dem Kickelhahn befindet sich eine historische Jagdanlage, die nicht ganz so groß ist wie die Jagdanlage Rieseneck bei Kleineutersdorf. Aber auch an der Ilmenauer kann man die Funktion solche Anlagen deutlich ablesen.

GoetheStadtMuseum Ilmenau • Am Markt 1 • 98693 Ilmenau • Tel. (03677) 600300 • Di.–So. 10–17 Uhr

Museum Jagdhaus Gabelbach • Waldstraße 24 • 98693 Ilmenau • Tel. (03677) 202626 www.ilmenau.de • April–Okt. Di.–So. 10–17 Uhr, Nov.–März Di.–So. 10–16 Uhr

26 Luftkurort Stützerbach am Rennsteig

Erstmalig erwähnt wurde Stützerbach im Jahr 1507. Etwa 140 Jahre später siedelten sich in Stützerbach Glasmacher aus Gehlberg und Lauscha an. Die erste Glashütte erhielt ihr Privileg im Jahre 1656. Neben den Glashütten entstanden Schneid- und Papiermühlen und eine Papierfabrik. Das Goethemuseum in Stützerbach erinnert in seiner Ausstellung an die Besuche des Dichters und Weimarer Staatsmanns. Das Heimat- und Glasmuseum spürt den Wegen der Glasherstellung und -verarbeitung in Stützerbach nach. Stützerbach wird vom Goethewanderweg berührt.

Wer also auf den Pfaden von Johann Wolfgang Goethe wandern möchte, der sollte dem „G" folgen. Der Wanderweg beginnt am Amtshaus in Ilmenau und endet in Stützerbach am Goethemuseum.

Heimat- und Glasmuseum • Bahnhofstraße 1 • 98714 Stützerbach • Tel. (036784) 50211 • www.stuetzerbach.de • Mo.–Fr. 10–12/14–17 Uhr, Sa. 10–12 Uhr

Goethemuseum • Sebastian-Kneipp-Straße 18 • 98714 Stützerbach • Tel. (036784) 50090 o. 50211 • Mi.–So. 10.30–15.30 Uhr

27 Schmiedefeld

So wichtig, wie früher die Glasherstellung und -verarbeitung war, so bedeutend ist heute der Tourismus für diesen Wintersportort. Seit den 1970er Jahren ist Schmiedefeld außerdem der Zielort des legendären jährlich im Mai ausgetragenen Rennsteiglaufs. An dieser Veranstaltung nehmen bis zu 10.000 Sportenthusiasten teil.

28 Waffenstadt Suhl

Reiseinformation

Tourist Information Suhl • Friedrich-König-Straße 7 • 98527 Suhl • Tel. (03681) 788405 • www.suhl-tourismus.de • Mo.–Fr. 10–18 Uhr, Sa. 10–16 Uhr, So. 10–14 Uhr

Suhl liegt im Tal der Lauter, umgeben von den Bergen des Thüringer Waldes. Die wichtigsten Erwerbszweige waren zunächst die Salzgewinnung, später der Eisenerzbergbau und das Kleinschmiedehandwerk. Die Produktion

Der Waffenschmied-Brunnen auf dem Suhler Marktplatz

von Handfeuerwaffen und feinmechanischen Produkten machte Suhl bis ins 20. Jahrhundert über die Grenzen Deutschlands hinaus bekannt. Der Beiname „Waffenstadt" spielt jedoch nicht auf die Kriegswaffenproduktion an, sondern beschreibt die Geschichte der Jagdwaffenherstellung.

Im ehemaligen Malzhaus in der Friedrich-König-Straße ist heute das **Waffenmuseum** untergebracht. Das Fachwerkhaus wurde im Jahre 1650 erbaut. Die Sammlungen des Waffenmuseums Suhl gelten als eine der bedeutendsten Spezialsammlungen in Deutschland. Auf drei Etagen wird die Geschichte der Waffenherstellung in Suhl erzählt. Doch nicht nur die Historie wird betrachtet, auch der Herstellungsprozess spielt eine Rolle: vom Erzabbau, der Arbeit der Schäfter, der Waffenschmiede und Graveure. Über 460 Waffen und viele weitere Objekte sind in die Ausstellung integriert. Eine Spezialabteilung des Museums beschäftigt sich mit der Suhler Porzellanherstellung von 1861 bis 1930. Das **Fahrzeugmuseum** eröffnete 2007 im CCS (Congress Center Suhl) seine Pforten. Auf über 1.000 Quadratmeter Fläche zeigt es ca. 170 Fahrräder, Mopeds, Motorräder und Automobile der über 100-jährigen Suhler Tradition im Fahrzeugbau. Die Produktion der Firma „Simson" stehen im Mittelpunkt: z. B. Schwalbe, Spatz, Star, Sperber und Habicht – die „Vogelserie"; am bekanntesten war die Schwalbe. Auch andere ehemals in Suhl ansässige Firmen werden in der Ausstellung vorgestellt.

Waffenmuseum Suhl • Friedrich-König-Straße 19 • 98527 Suhl • Tel. (03681) 742218 • www.waffenmuseum.eu • Di.–So. 10–18 Uhr

233

Fahrzeugmuseum Suhl • Friedrich-König-Straße 7 • 98527 Suhl • Tel. (03681) 705004 www.fahrzeug-museum-suhl.de • Mo.–So. 10–18 Uhr

29 Zella-Mehlis

Der Ort entstand 1919 aus der Zusammenlegung von Zella St. Blasii und Mehlis. In Zella-Mehlis sind zwei Museen beheimatet: die Historische Gesenkschmiede – ein Sägewerk, das 1859 errichtet wurde und in das später eine Schmiede einzog; sowie das Stadtmuseum in der Beschussanstalt – in diesem Museum wird das für die Region so bedeutende Büchsenmacherhandwerk vorgestellt. In der Galerie am Bürgerhaus, das Bürgerhaus wurde als Fachwerkhaus Ende des 17. Jahrhunderts errichtet, finden regelmäßig Kunstausstellungen statt. Zudem können hier Kurse besucht werden. Besonders beliebt ist bei den Gästen ein Besuch des Erlebnisparks Meeres-Aquarium.

Stadtmuseum in der Beschußanstalt • Anspelstraße 25 • 98544 Zella-Mehlis • www.zella-mehlis.de • Tel. (03682) 464698 • Mo.–Fr. 10–17 Uhr, Sa./So. 10–16 Uhr

Meeres-Aquarium • Beethovenstraße 16 • 98544 Zella-Mehlis • Tel. (03682) 41078 • www.meeresaquarium-zella-mehlis.de • Mo.–So. 10–18 Uhr

29 Luftkurort Oberhof

Das Oberhof ein bekannter Wintersportort ist, weiß wahrscheinlich jeder. Doch das hier bereits Marlene Dietrich Ski gelaufen ist und 1907 der erste deutsche Golfclub gegründet wurde, dass hat sich bisher noch nicht sehr weit herumgesprochen. Der Oberhofer Golfclub dürfte wohl auch der einzige in Deutschland sein, der unter Denkmalschutz steht. Der Platz wurde auf der Schuderbachwiese angelegt und ist seit 1990 eingetragenes Flächendenkmal. Oberhof lebt vom Tourismus, und der wird sehr vom Wintersport befördert – Biathlon, Rennrodel, Bob, Langlauf, Nordische Kombination sind hier besonders populär. Auf engstem Raum finden sich in Oberhof eine Ski-Arena, eine Rennrodelbahn, Sprungschanzen, eine Abfahrtspiste und seit einigen Jahren auch die Skisporthalle. Seit 1993 gibt es in Oberhof das Wintersport-Museum. Hier wird die Entwicklung des Wintersports in all seinen Facetten dargestellt. Über 800 Medaillen haben Thüringer Wintersportler bei Olympischen Winterspielen, Welt- und Europameisterschaften gewonnen – diese Erfolgsgeschichte wird nachgezeichnet. Im Kino werden Originalaufnahmen von 1900 gezeigt. Im Südosten von Oberhof liegt der Rennsteiggarten Oberhof. Auf sieben Hektar werden ca. 4.000 Gebirgspflanzen aus vielen Regionen der Erde vorgestellt. Im Hauptgebäude des Rennsteiggartens ist die Ausstellung „Seltene und gefährdete Vogelarten der Kammlagen des Thüringer Waldes" untergebracht. Vogelpräparate, Fotos, Grafiken und Texte informieren den Besucher umfassend. Kindern wird die Welt der Pflanzen und Tiere auf spielerische Weise näher gebracht – Spielstationen verbinden Lernen und Spaß auf kindgerechte Art.

Thüringer Wintersport-Museum • Crawinkler Straße 1 • 98559 Oberhof • Tel. (036842) 52237 • www.wintersportmuseum.de • Di.–Sa. 11–18 Uhr

Rennsteiggarten • Am Pfanntalskopf 3 • 98557 Oberhof • Tel. (036842) 22245 • www.rennsteiggartenoberhof.de • April–Sept. Mo.–So. 9–18 Uhr, Mo.–So. Okt.–Anfang Nov. 9–17 Uhr, Mitte Nov.–Anfang April geschlossen

31 Steinbach-Hallenberg

Das Wahrzeichen des Ortes ist die auf einem achtzig Meter hohen Porphyrfelsen thronende Burgruine Hallenburg. Die Burg wurde 1268 erstmalig urkundlich erwähnt. Heute stehen noch der zwanzig Meter hohe Bergfried und Reste der Kernburg. Hier in der Gegend hat das Metallhandwerk eine lange Tradition. Auf dieser Tradition fußend, entstand das Metallhandwerksmuseum. Auf dem Gelände des Handwerksmuseums befindet sich eine alte, originalgetreu eingerichtete Korkenzieherwerkstatt. Das komplette Gebäude wurde von seinem ursprünglichen Standort an seinen jetzigen gebracht – jedoch ohne, wie sonst üblich, alles einmal ab- und wieder aufzubauen, vielmehr wurde es – vereinfacht beschrieben – angehoben, auf einen Tieflader gesetzt und im Ganzen abtransportiert. Im September, zum Tag des offenen Denkmals, findet im Museum das Schmiedefest mit Schauvorführungen statt.

Metallhandwerksmuseum • Hauptstraße 45 • 98587 Steinbach-Hallenberg •Tel. (036847) 40540 • www.metallhandwerksmuseum.de • Di.–Fr. 10–16 Uhr, April–Okt. 10–15 Uhr, Sa. 10–15 Uhr und nach Vereinbarung

32 Tambach-Dietharz

AKTIV-TIPP Der Ort entstand 1919 durch die Zusammenlegung der Ortschaften Tambach und Dietharz. 1925 verlieh man ihm das Stadtrecht. Am Bromacker bei Tambach-Dietharz befindet sich die bedeutendste und ergiebigste Fundstätte von Urreptilien außerhalb Amerikas. 1974 wurde sie entdeckt. Hier wurde z.B. das vollständige Skelett des Tambacher Ursauriers gefunden – dieser lebte vor etwa 290 Millionen Jahren. Neben den Saurierfunden wurden auch Spuren-, Insekten- und Pflanzenfossilien ausgegraben. Wanderfreunden sei der Martin-Luther-Wanderweg empfohlen. Gekennzeichnet ist er mit einem grünem „L" auf weißem Grund. Er ist etwa siebzehn Kilometer lang und führt von Schmalkalden nach Tambach-Dietharz. Die Wegführung orientiert sich an der historischen Straße auf der Martin Luther nach der Teilnahme am Schmalkaldischen Fürstentag von Schmalkalden nach Tambach-Dietharz gereist ist: Schmalkalden, Lutherplatz – Abzweig Kleinsteinbach – Großer Steinberg – Brückenfelsen – Nesselhofwiese – Alte Ausspanne am Rennsteig – Lutherbrunnen.

SCHIEFERGEBIRGE WESTLICH DER SAALE

Im Thüringer Schiefergebirge westlich der Saale trifft man auf die Spuren verschiedener Handwerke: Porzellanmacher und -maler, Glasbläser oder Schiefer- und Spielzeugmacher, Buckelapotheker und Olitätenhändler – hier waren und sind sie zu Hause. Sportenthusiasten und Wanderfreunde kommen hier zudem voll auf ihre Kosten.

Reiseinformation

Touristinformation und Naturparkcenter Sonneberg • Bahnhofsplatz 3 • 96515 Sonneberg • Tel. (03675) 702711 • www.sonneberg.de • Mo.–Do. 9–17 Uhr, Fr. 9–15 Uhr, Sa. 9–12 Uhr

33 Reichmannsdorf

Am Ortsausgang Richtung Schmiedefeld befindet sich das Porzellanmuseum der Porzellanmanufaktur Reichenbach. Das Museum ist frei zugänglich und im Obergeschoss ist der Werksverkauf der Reichenbacher Porzellanmanufaktur untergebracht.

Porzellanmuseum Reichmannsdorf • Saalfelder Straße 2 • 98739 Reichmannsdorf • Tel. (036701) 2010 • Mo.–So. 10–17 Uhr

34 Schmiedefeld auf der Saalfelder Höhe

Dort existiert ein kleines Kräuter- und Olitätenmuseum: „Beim Giftmischer". Olitäten nannte man die volkstümliche Kräutermedizin, die aus Thüringen auf dem Rücken der sogenannten Buckelapotheker bis in die halbe Welt getragen wurde. Im Olitätenmuseum werden die Werkzeuge, Gerätschaften, auch Kräuter und Mixturen vorgestellt. In Schmiedefeld wurde 1993 das „Morrassina-Schaubergwerk" eröffnet. Wunderschöne Tropfsteinhöhlen sind hier zu erleben. Der Heilstollen „Sankt Barbara" ist angeschlossen. Für Rollstuhlfahrer sind ca. 80 Prozent des Schaubergwerkes befahrbar. Ebenfalls in Schmiedefeld befindet sich die Porzellanmanufaktur Häckel, vormals Pröschold.

„Beim Giftmischer" • Saalfelder Straße 75 • 98739 Schmiedefeld • Tel. (036701) 20258 • www.beim-giftmischer.de • Mi.–So. 13–17 Uhr

35 Gräfenthal

Hier steht die eigenwillig schräg gebaute Stadtkirche St. Marien. In ihrem Inneren haben sich Jugendstilmalereien vom Beginn des 20. Jahrhunderts erhalten. Unter dem Chor befindet sich eine Grablege der Familie von Pappenheim. Zur Ausstattung gehört außerdem ein Kanzelaltar mit reichem Zierwerk wie Fruchtgehängen und Blattwerk. Auf einem Felsen oberhalb von Gräfenthal steht das Schloss Wespenstein. Die ursprüngliche Burganlage wurde Mitte des 14. Jahrhunderts erstmalig erwähnt. Die Anlage wurde zu Beginn des 16. Jahrhunderts zu einem Schloss umgebaut, jedoch vernichtete ein Brand einen Teil der Schlossanlage. 2003 wurde auf Schloss Wespenstein ein Museum eingerichtet. Die Ausstellung informiert über die Baugeschichte des Schlosses, seine Geschichte nach der Wende und dokumentiert die Restaurierungsarbeiten ab 2003. Ergänzt wird die Präsentation durch historische bäuerliche und bürgerliche Trachten, eine Porzellanausstellung und historische Handarbeiten. Für das Engagement, das der Heimat- und Geschichtsverein für das Schloss und seine Restaurierung aufbringt, wurde er mit dem „Denkmalpflegepreis 2011" ausgezeichnet.

Stadtkirche St. Marien • Kirchplatz 1 • 98743 Gräfenthal

Schloss Wespenstein • Am Schlossberg 1 • 98743 Gräfenthal • www.schloss-wespenstein.de • Führungen Sa./So./Feiertags 15 Uhr

36 Lichte

Der Ort Lichte liegt nicht ohne Grund an der Thüringer Porzellanstraße. Seit 1764 wurde hier in der Wallendorfer Porzellanmanufaktur das weiße Gold hergestellt. 1822 wird eine zweite Porzellanmanufaktur gegründet – die bis 2014 existierende „Lichte Porzellan". Letztlich gehört auch die Porzellanmanufaktur „Wagner & Apel" in Lippelsdorf dazu. In der Zeichen- und Modellierschule kann sich der Besucher selbst einmal im Porzellanmalen versuchen. In Lichte finden traditionell Ende Juli der Porzellanmarkt und am 1. Advent die Porzellanweihnacht statt. Markantestes Bauwerk in Lichte ist das Eisenbahnviadukt, das sich S-förmig über das Tal schwingt.

Wallendorfer Porzellanmanufaktur • Kirchweg 1 • 98739 Lichte OT Wallendorf • Tel. (036701) 69141 • www.wallendorfer-porzellan.de • Mo.–Fr. 10–17 Uhr, Sa. 10–13 Uhr

Porzellanmanufaktur „Wagner & Apel" • Lippelsdorf 54 • 98743 Gräfenthal/Thür. • Tel. (36701) 61071 • www.wagner-apel. de • Mo.–Fr. 9–17 Uhr, Führungen Mo.–Fr. 11/14 Uhr

37 Neuhaus am Rennweg

entstand aus drei Siedlungen – Schmalenbuche, Igelshieb und Neuhaus. 1933 wurde Neuhaus zur Stadt erhoben. Die Stadtpfarrkirche wurde Ende des 19. Jahrhunderts errichtet und ist die einzige reine Holzkirche der Gegend. Das „Geißlerhaus" steht im Stadtteil Igelshieb und ist das Geburtshaus von Dr. Heinrich Geißler – dem Pionier der Elektrizitätslehre und Vakuumtechnik. Er entwickelte Niederdruck-Gasentladungsröhren – die sogenannten Geißler-Röhren. Darüber hinaus präsentiert das Museum das gesamte Spektrum der Neuhäuser Glasbe- und -verarbeitung. Das künstlerische Schaffen wird mit einer Auswahl von Werken der Glaskünstler Albin Schädel und Kurt Wallstab gewürdigt.

Museum Geißlerhaus • Sonneberger Straße 106 • 98724 Neuhaus am Rennweg • Tel. (03679) 723143 • www.neuhaus-am-rennweg.de • Di.–Sa. 14–17 Uhr, So. 14–16 Uhr

38 Lauscha – die Glasbläserstadt

1597 wurde Lauscha durch den Bau einer Glashütte gegründet – der Mutterhütte der Glasproduktion im Thüringer Wald. In Lauscha stand die Wiege des Christbaumschmucks, hier wurde die Glasmärbel (Glasmurmel) „erfunden"; ein Lauschaer entwickelte das moderne künstliche Menschenauge aus Glas. In Lauscha werden noch heute Tier- und Puppenaugen, Glastiere und Christbaumschmuck und vielfältigste Gefäße hergestellt. Und natürlich sind hier noch immer die Nachfahren von Ludwig Müller-Uri, des Reformers der deutschen Augenprothetik, zu Hause. In Lauscha leben bekannte Glaskünstler, an der Glasfachschule wird der Nachwuchs ausgebildet. In der Farbglashütte stellt man noch immer in Handarbeit die Röhren und -stäbe her, aus denen schließlich die ganze Palette der Produkte entsteht. Der Besucher kann hier zudem auf eine Erlebnistour, „Dem Glas auf der Spur", gehen. Im Museum für Glaskunst kann man sich über die Etappen der Glasgeschichte in Lauscha informieren – von den Anfängen der Lauschaer Produktion bis zur zeitgenössischen Kunst. Überall in der Stadt kann man den Glasbläsern bei der Arbeit zusehen.

Lauschaer Glasmacherkunst: historische Formen und moderne Farben

Museum für Glaskunst • Straße des Friedens 46 • 98724 Lauscha • Tel. (036702) 20724 • www.glasmuseum.lauscha.de • Di.–Sa. 12–17 Uhr, So. 11–17 Uhr

Farbglashütte Lauscha • Straße des Friedens 46 • 98724 Lauscha • Tel. (036702) 179970 • www.farbglashuette.de • Mo.–So. 10–17 Uhr, Führungen 10.30–15.30 Uhr

39 Steinach

AKTIV-TIPP Im „Neuen Schloss" befinden sich das Deutsche Schiefermuseum und die Steinacher Spielzeugschachtel sowie die Touristinformation und die Stadtbibliothek. Im Schiefermuseum wird dem Besucher alles zum Thema Schiefer präsentiert – ausgehend von der Geologie über die Geschichte des Abbaus, der Verarbeitung bis hin zur Kunst aus Schiefer wird mit einer großen Fülle von Objekten das Ausstellungsthema dargestellt. Als Mitglied der „Thüringisch-fränkischen Schieferstraße" stellt das Museum alle Stationen dieser touristischen Straße vor. Die Steinacher Spielzeugschachtel bietet ebenfalls eine große Palette von Exponaten. In diesem Museumsteil dreht sich alles um die Steinacher Spielzeugherstellung. Der Besucher wird erstaunt sein, wie viele unterschiedliche Firmen sich mit der Spielzeugproduktion beschäftigten. Steinach ist zudem ein Wintersportort. Der Silbersattel ist Thüringens größtes alpines Skigebiet. Im Sommer können hier Mountainbiker die Abfahrtspisten nutzen – mittlerweile ist der Silbersattel bei Downhillern und Freeridern kein Geheimtipp mehr. Auf dem historisch-geologischen Rundwanderweg kann sich der Wanderer an 15 Stationen des etwa neun Kilometer langen Lehrpfades das Wissen rund um den Schiefer, seine Entstehung, seinen Abbau, erlaufen.

Basilika St. Peter und Paul • Kirchstraße 23 • 96523 Steinach • Tel. (036762) 32203 • geöffnet nach Vereinbarung

Deutsches Schiefermuseum und Steinacher Spielzeugschachtel · Dr.-Max-Volk-Straße 21 · 96523 Steinach · Tel. (036762) 30619 · www.steinach-thueringen.de · Di.-Sa. 13–17 Uhr, So./Feiertags 14–17 Uhr

Skiarena Silbersattel · c/o Dr.-Max-Volk-Straße 21 · 96523 Steinach · Tel. (036762) 30734 · www.silbersattel.de · Mo.–Mi. 9.30–16.30 Uhr, Do./Fr.–So. 9.30–21 Uhr

Bikepark · Kontakt wie Silbersattel · Mai–Okt. Sa. 10.30–17 Uhr, So. 10.30–16 Uhr

40 Spielzeugstadt Sonneberg

Bekannt wurde Sonneberg als „Weltspielwarenstadt". Sonneberg liegt wie auch Steinach an der „Deutschen Spielzeugstraße". Im 16. Jahrhundert entwickelte sich allmählich die Spielwarenherstellung. Mit der Einführung des Papiermachés kam die Sonneberger Spielzeugproduktion zu Weltgeltung. Durch einen Stadtbrand wurde das alte Zentrum zerstört. Dies gab die Möglichkeit, die Stadtanlage am Reißbrett zu planen, heute ist Sonneberg die einzige planmäßige Stadtanlage des 19. Jahrhunderts in Thüringen. Weit über die Landesgrenzen hinaus bekannt ist das Sonneberger Spielzeugmuseum. Schon 1901 wurde des als Industrie- und Gewerbemuseum gegründet und ist die älteste deutsche Spielzeugsammlung. Mittlerweile ist der Bestand des Museums auf mehr als 100.000 Exponate vom Altertum bis zur Gegenwart angewachsen. 2014 wurde der Erweiterungsbau des Spielzeigmuseums eröffnet. Ein weiterer Bauabschnitt steht in Aussicht. Mit dessen Verwirklichung findet das Gesamtprojekt der neuen Museumskonzeption seinen Abschluss.

Deutsches Spielzeugmuseum · Beethovenstraße 10 · 96515 Sonneberg · Tel. (03675) 4226340 · www.spielzeugmuseum-sonneberg.de · Di.–So. 10–17 Uhr

41 Frankenblick, Ortsteile Effelder-Rauenstein und Meschenbach

Bei der Pfarrkirche St. Kilian steht die Tanzlinde von Effelder. Sie wurde 1707 gepflanzt. Noch heute findet zur Kirmes im Juli der sogenannte Plantanz statt. In Rauenstein wurde bis 1903 das Rauensteiner Porzellan hergestellt. Die Ausstellung im Schloss beschäftigt sich mit der Geschichte speziell der Rauensteiner, aber auch allgemein von Thüringer Porzellan und Keramik. Die Regionalgeschichte wird anhand von Archivalien und Sachzeugen erzählt. Nach einer umfassenden Sanierung wird sich ein Ausstellungsabschnitt mit der Bleßberghöhle beschäftigen. Sie ist im Gegensatz zur Zinselhöhle nicht begehbar und wird daher im Rauensteiner Schloss eine Würdigung erfahren. Die Zinselhöhle liegt in der Nähe von Rauenstein bei Meschenbach. In der Zeit von Mai bis Ende September werden Besuchergruppen ab sechs Personen durch die Höhle geführt. Vor Ort erhalten die Interessierten Helm, Jacke, Gummistiefel und Lampen. Die Zinselhöhle ist eine naturbelassene Höhle und nur minimalinvasiv für die touristische Nutzung erschlossen. Das Erlebnis der Höhlenbegehung ist ein sehr ursprüngliches und für Familien mit Kleinkindern nicht geeignet, die Kinder sollten wenigstens sechs Jahre sein. Auch gut zu Fuß sollte man sein, denn die Höhle weist einen Absatz von mehr als einem Meter auf und ist an mancher Stelle sehr eng. Jedes Jahr am dritten Juliwochenende findet das Zinselhöhlenfest auf dem oberhalb liegenden Festplatz statt. Während der Festtage sind Führungen ohne vorherige Terminabsprache möglich.

Museum Neues Schloss Rauenstein • Schlossstraße 3 • 96528 Frankenblick OT Rauenstein • Tel. (036766) 87721 • 2015 wegen Umbauarbeiten geschlossen

Schildkröt-Puppen-Museum • Reitgasse 10 • 96528 Frankenblick OT Rauenstein • Tel. (036766) 80040 • www.schildkroet.de • Mo.–Fr. 9–12/13–16 Uhr, März–Dez. Sa. 13–16 Uhr

Zinselhöhle Meschenbach • 96528 Frankenblick OT Meschenbach • Tel. (036766) 80204 • www.zinselhoehle.de • nur nach Voranmeldung

42 Otto-Ludwig-Stadt Eisfeld

Eisfeld wird als südliche Eingangspforte zum Thüringer Wald bezeichnet. Wahrzeichen der Stadt ist das Eisfelder Schloss. Es diente als Amtssitz, Witwensitz, Amtsgericht und Gefängnis. Nach dem Zweiten Weltkrieg wurde im Schloss das Museum „Otto Ludwig" untergebracht. Heute zeigt das Museum nicht nur im Schloss, sondern auch an zwei weiteren Standorten – der Dichtergedenkstätte „Otto Ludwig" und dem Grenzturm an der B 4 seine Ausstellungen: zum einen zu Leben und Werk des Dichters und zum anderen zur Geschichte Eisfels als Grenzstadt an der innerdeutschen Grenze zwischen 1949 und 1989. Ab 2014 werden nach einer umfassenden Neukonzeption im Schloss neben der Dauerausstellung zur Geschichte des Thüringer Porzellans auch wieder volkskundliche und regionalhistorische Aspekte berücksichtigt.

Museum Eisfeld • c/o Markt 2 • 98673 Eisfeld • Tel. (03686) 300308 • www.stadt-eisfeld.de • April–Okt. Mo.–Fr. 10–17 Uhr, Sa./So. 13–17 Uhr, Nov–März Di.–Fr. 10–17 Uhr, Sa./So. 13–17 Uhr

43 Fröbelstadt Oberweißbach

Im Jahre 1782 wurde in Oberweißbach Friedrich Fröbel, der Begründer des Kindergartens geboren. Ihm und dem Olitätenhandel ist das kleine Oberweißbacher Museum gewidmet. Von der Mitte des 17. Jahrhunderts bis ins 19. Jahrhundert wurde hier mit Oliäten der Lebensunterhalt verdient – noch heute kann an mehrtägigen „Fröbelstädter Kräuterseminaren" teilnehmen oder mit Buckelapothekern und Kräuterfrauen auf Wanderung entlang des Kräuterlehrpfades gehen. In Oberweißbach wurde übrigens 1922/1923 eine Standseilbahn erbaut. Von der Talstation Obstfelderschmiede fährt man knapp anderthalb Kilometer nach Lichtenhain und überwindet dabei einen Höhenunterschied von mehr als 300 Metern.

Memorialmuseum • Markt 10 • 98744 Oberweißbach • Tel. (036705) 62123 • www.oberweissbach.de • Mai–Okt. Mo.–Fr. 10–17 Uhr, Sa./So. 13–17 Uhr, Nov.–April Mo.–Fr. 10–17 Uhr, So./Feiertage 13–16 Uhr

Oberweißbacher Berg- und Schwarzatalbahn • An der Bergbahn 1 • 98746 Mellenbach-Glasbach • Tel. (036705) 20134 • www.oberweissbacher-bergbahn.de

KLEINE THÜRINGER LANDESGESCHICHTE

Die „Erstbesiedelung" im heutigen Thüringer Gebiet fand schon vor mehreren hunderttausend Jahren statt. Bei Bilzingsleben fand man die etwa 370.000 Jahre alten Skelettreste eines *Homo erectus*; bei Weimar-Ehringsdorf die 200.000 Jahre alten Reste eines frühen *Homo sapiens*. Auch die Epochen der Jungstein-, Bronze- und Eisenzeit sind durch reichhaltige Hinterlassenschaften umfänglich dokumentiert.

Erstmalig erwähnt wurden die Thüringer als „Thoringi" bei Flavius Vegetius Renatus. Das Thüringerreich endete unter König Hermenefried – Franken und Sachsen besiegten ihn und sein Heer 531 in einer großen Schlacht.

Etwa 200 Jahre später – zu Beginn des 8. Jh., begann Bonifatius mit der Missionierung von Thüringen; das Bistum Erfurt wurde 742 gegründet. Während der Regierungszeit Landgraf Hermanns I. (1190–1217) erlebte die Wartburg ihre erste kulturelle Blüte. Sie wurde zum Zentrum der mittelhochdeutschen Dichtung. 1392 wurde in Erfurt die Universität gegründet.

Für die wettinischen Fürsten gewann Thüringen mit dem Teilungsvertrag von Leipzig im Jahre 1485 an Bedeutung. Die Linien der Ernestiner und Albertiner teilten sich den thüringischen Besitz. Die Ernestiner hatten in dieser Zeit die Kurwürde inne. Friedrich der

Weise förderte zu Beginn des 16. Jahrhunderts die Reformation. Er hielt auch schützend seine Hand über den unter Reichsacht gestellten Reformator Martin Luther. Friedrich der Weise ließ ihn 1521 zum Schein entführen; so lebte Luther als Junker Jörg bis 1522 auf der Wartburg und übersetzte dort das „Neue Testament" ins Deutsche.

Infolge der reformatorischen Bestrebungen kam es in Thüringen zu einem Höhepunkt des deutschen Bauernkrieges, der blutig bei Frankenhausen niedergeschlagen wurde. 1530 war die Reformation im Wesentlichen in allen Teilen Thüringens abgeschlossen. Die protestantischen Fürsten schlossen sich zu einem Schutzbündnis, dem Schmalkaldischen Bund, zusammen. 1547 verloren sie den sogenannten Schmalkaldischen Krieg in der Schlacht bei Mühlberg. Die Ernestiner verloren ihre Kurwürde, und Weimar wurde zur Hauptresidenz im thüringischen Teil ihrer stark geschrumpften Ländereien. Als Ausgleich für die verlorene Universität Wittenberg wurde 1558 die Universität in Jena gegründet.

Im 18. und frühen 19. Jahrhundert wurde Weimar unter Herzogin Anna Amalia und später ihrem Sohn Carl August zum Zentrum der Klassik, in Jena begann die Frühromantik. Natürlich war auch Thüringen in die Napoleonischen Kriege verwickelt – 1806 fand die berühmte Schlacht bei Jena-Auerstedt statt, die die preußische Armee mit ihren thüringischen Verbündeten gegen die Franzosen verlor. Napoleons endgültige Niederlage einige Jahre später und die

Neuaufteilung Europas während des Wiener Kongresses 1814/1815 brachten dem Herzogtum Sachsen-Weimar-Eisenach einen Zugewinn an Land und den Stand des Großherzogtums.

1871 traten die unterschiedlichen Thüringer Staaten dem Deutschen Kaiserreich bei.

Thüringen war der sprichwörtliche kleinstaatliche Flickenteppich – die herrschenden Geschlechter der Reußen, Schwarzburger und Ernestiner, die Territorien der Albertiner und des Erzbistums Mainz (Erfurt und das Eichsfeld) sowie die Reichsstädte Mühlhausen und Nordhausen ließen die politische Karte Thüringens äußerst vielfältig erscheinen. So wie die Hohenzollern in Berlin dankten auch die thüringischen Herzöge und Fürsten 1918 ab. 1920 wurde das Land Thüringen gegründet – der bis dato zu Thüringen gehörende Kreis Coburg entschied sich per Volksentscheid zum Anschluss an den Freistaat Bayern. Nach dem Zweiten Weltkrieg wurde Thüringen 1949 in die neugegründete DDR eingegliedert, 1952 in die Bezirke Erfurt, Jena, Gera und Suhl aufgeteilt. 1990 wurde das Land Thüringen neu geschaffen; 1993 die Verfassung des Freistaates Thüringen verabschiedet.

ÜBERNACHTUNG UND GASTRONOMIE

OSTTHÜRINGEN

Hotel „Bellevue"

Am 10. Dezember 1866 verkaufte die Stadt Schmölln das Areal auf dem Pfefferberg an Friedrich Adolf Rolle. Der Eisenberger baute dort seine Schankwirtschaft „Bellevue". 1920 wird nach mehrfachem Besitzerwechsel das Anwesen für Wohnzwecke umgebaut. Mehrfach umgenutzt wurde die Jugendstilvilla als Restaurant und Hotel im Jahr 1994 wiedereröffnet. Beliebt bei den Gästen ist der Schmöllner Mutzbraten.

Am Pfefferberg 7 • 04626 Schmölln • Tel. (034491) 7000 • www.bellevuehotel.de

Gaststätte und Hotel „Zur Burg" Posterstein

1633 wurde zu Füßen der Burg Posterstein das Rittergut errichtet. Heute sind nur noch Teile des Rittergutes vorhanden, und nach umfassender Sanierung eröffnete hier im Jahr 1996 das Hotel und Restaurant „Zur Burg". Auf der Speisekarte finden sich Wild und Fisch der Saison aus den Wäldern und Gewässern der Umgebung.

Dorfstraße 13 • 04626 Posterstein • Tel. (034496) 6510 • www.hotel-posterstein.de

Hotel „Altthüringer Weinkeller"

Jeder Gast ist beeindruckt vom Kreuzgewölbe des „Altthüringer Weinkellers". Es entstand vor etwa 200 Jahren. Das Baumaterial ist zum Teil jedoch bis zu 700 Jahren alt. Die Küche ist typisch thüringisch, dazu gereicht werden vor allem heimische Weine (aus dem Saale-Unstrut-Anbaugebiet) und Köstritzer Schwarzbier.

Zur Roda 1 • 07646 Stadtroda OT Gernewitz • Tel. (036428) 5020 • www.altthueringer-weinkeller.de

Hotel und Restaurant „Zur Kanone"

1806 zogen napoleonische Truppen durch Tautenhain. Auf ihrem Weg zur Schlacht bei Jena-Auerstedt ließen sie eine Kanone im Gasthof zurück. Seitdem führt das Haus den Namen „Zur Kanone". Familie Sörgel führt bereits in der siebenten Generation das Haus. Die Küche bietet Deftiges aus Thüringen, internationales Flair und saisonale Spezialitäten. Jedes Jahr findet am 3. Septemberwochenende das Kanonenfest statt: Gefechte zwischen Preußen und Franzosen inklusive!

Dorfstraße 3 • 07639 Tautenhain • Tel. (036601) 55920 • www.zur-kanone.de

Restaurant „Waldmeisterei"

Die „Waldmeisterei" ist im Stadtwald von Gera gelegen. Die Atmosphäre des Restaurants ist geprägt von seiner klaren Architektur und einem modernen Ambiente. Bemerkenswert ist die „Baumdachkonstruktion" im Biergarten. Die Küche vereinigt Thüringer Küche mit mediterranen Einflüssen.

Am Stadtwald 4 • 07548 Gera • Tel. (0365) 77329820 • www.waldmeisterei.de

Spezialitäten Restaurant „Royal"

Das Restaurant befindet sich in einem der ältesten Bürgerhäuser der Stadt Gera. Das kleine Haus aus dem 18. Jahrhundert befindet sich auf der sogenannten Sorge und birgt wohl den umfangreichsten Weinkeller Thüringens hinter seinen Mauern. Auf der Speisekarte stehen z. B. Austern oder französische Stubenküken. Da man im „Royal" Wert auf frische und einheimische Produkte legt, wird als besondere Spezialität Fleisch aus der hauseigenen Galloway-Rinderzucht angeboten. Die Tiere werden in Linda bei Gera gehalten.

Sorge Nr. 19 • 07545 Gera • Tel. (0365) 51374 • www.restaurant-royal.de

Landgasthof „Neuschenke"

Die Spezialität des Gasthofs ist das Wild. Ihn gibt es schon seit hunderten von Jahren. Einer der berüchtigsten Räuber ist hier überwältigt worden. Der Gast von heute kann sich jedoch in aller Ruhe zu Tisch setzen und das Angebot genießen. Mehrmals im Jahr wird auf der dazugehörigen Kleinkunstbühne Comedy und Kabarett geboten.

Neuschenke Nr. 20 • 07957 Langenwetzendorf-Neugernsdorf • Tel. (036625) 20231 • www.neuschenke.de

Café „Sieben"

Für den Gast vergeht hier die Zeit ein wenig langsamer. Laden bzw. Café wie Ferienwohnung sind äußerst liebevoll eingerichtet. Im Sommer kann es sich der Gast im Garten gut gehen lassen.

Kanalstraße 7 • 07570 Weida • Tel. (036603) 44233 • www.cafe-sieben-weida.de

THÜRINGER SAALEGEBIET

Restaurant „Reinhardt's" im Schloss

Erstaunlicherweise gilt das Reinhardt's im Schloss immer noch als Geheimtipp, obwohl Kati und Frank Reinhardt zunächst in Bad Sulza im Ratskeller und nun schon seit einigen Jahren in Auerstedt mit einfallsreicher Küche und stilsicherem Ambiente Augen und Gaumen verwöhnen. Im Sommer sollte man unbedingt auf der Terrasse unter der alten Kastanie eine Tasse Kaffee oder ein Glas Wein trinken.

Schlosshof • 99518 Auerstedt • Tel. (036461) 87762 • www.toskanaworld.net

Gasthof „Zur Güldenen Gans"

Das Gasthof „Zur Güldenen Gans" wird erstmalig 1543 urkundlich erwähnt und 1802, keiner weiß, warum, durch seinen damaligen Besitzer in „Goldener Anker" umbenannt. Heute gibt es in den „Thüringer Stuben" gutbürgerliche Küche und in der „Güldenen Gans" Feinschmeckerkost. Der Gast darf sich in historischen Gewölben auf moderne Küche und regionale wie internationale Weine freuen.

Am Markt 25/26 • 07318 Saalfeld • Hotel: Tel. (03671) 5990, Restaurant: Tel. (03671) 599103 • www.hotel-anker-saalfeld.de

Hotel und Restaurant „Zur Noll"

Gemütlich ist es in der „Noll", das weiß man seit Generationen. Schon seit 1864 existiert hier eine Schankwirtschaft. Heute punktet das Lokal nicht nur mit guter Küche und schönen Zimmern im Hotel, sondern auch mit wechselnden Ausstellungen und Live-Konzerten.

Oberlauengasse 19 • 07743 Jena • Tel. (03641) 597710 • www.zur-noll.de

Turm-Restaurant „Scala"

Hoch über den Dächern von Jena sitzt man im Restaurant „Scala". Es wird ein einmaliger Blick und gutes Essen geboten. Die Weinkarte bietet viele Thüringer Weine, z. B. von den Weingütern Zahn, Gussek und Pawis, auch die sächsischen Weine sind, natürlich neben anderen guten deutschen und internationalen Weinen, vertreten.

Leutragraben 1 • 07743 Jena • Tel. (03641) 356666 • www.scala-jena.de

Pension und Restaurant „Fuchsturm"

Der Fuchsturm – Rest einer Burg – ist ein beliebtes Ausflugsziel. 2010 wurde die Gaststätte umfassend neu gestaltet. In der Fuchsturmgaststätte genießt man Thüringer Küche und hat eine wunderbare Sicht auf Jena.

Turmgasse 26 • 07749 Jena • Tel. (03641) 360606 • www.fuchsturmgaststaette.de

Studentenclub „Rosenkeller e. V."

Konzerte, Disko, Vorträge, Lesungen, Gesprächsrunden oder einfach ein Glas Wein oder Bier – das erwartet den Besucher des Rosenkellers. Organisiert wird das Angebot vom „Rosenkeller e. V."

Johannisstraße 13 • 07743 Jena • Tel. (03641) 931191 • www.rosenkeller.org

Hotel „Villa Altenburg"

In der ehemaligen Fabrikantenvilla erwarten den Gast individuell gestaltete Zimmer. Das Haus bietet ein angenehmes Flair in historischem Ambiente am Stadtrand von Pößneck.

Straße des Friedens 49 • 03781 Pößneck • Tel. (03647) 422001 • www.villa-altenburg.de

Pension „Untermühle"

Die Untermühle hat eine lange Geschichte. Schon im 15. Jahrhundert wurde hier eine Gastwirtschaft geführt. Nach einem Brand im späten 19. Jahrhundert wieder aufgebaut, wurde sie 1927 von Müllermeister Demuth gekauft. Seit dieser Zeit befindet sie sich in Familienbesitz. Ruhesuchende sind hier richtig: rustikale Zimmer und ein weitläufiger Garten warten auf ihre Gäste.

07768 Freienorla/Th. • Tel. (036423) 65010 • www.pension-untermuehle.de

Hotel und Restaurant „Haus des Volkes"

Ein ganzes Hotel und Restaurant im Bauhaus-Stil – das ist das „Haus des Volkes" in Probstzella. Der Bauhaus-Architekt Alfred Arndt errichtete hier in den zwanziger Jahren des 20. Jahrhunderts dieses noch heute beeindruckende Gebäude. Nach wechselvoller Geschichte wurde es dank Privatinitiative vor dem Verfall gerettet und bietet heute seinen Gästen einen angenehmen Aufenthalt in „klassisch-modernen Design".

Bahnhofstraße 25 oder Franz-Itting-Straße (ehem. Großgeschwendaer Berg) • 07330 Probstzella • Tel. (036735) 46057/73850 • www. probstzella.de

Gaststätte „Erholung"

„Am 1. Mai 1874 wurde die Saalebahn eröffnet. Das nahm Herr Christian Helbing zum Anlass, ein Gartenlokal zu eröffnen, von dem aus die Züge gut beobachtet werden konnten." (Kahlaisches Nachrichtenblatt vom 17. April 1874) Seit 1874 existiert die Erholung. Hier genießt man gutbürgerliche Thüringer Küche und von der Terrasse eine großartige Aussicht auf das Saaletal und natürlich – immer noch – auf Züge, auch wenn das nicht mehr der erste Grund ist, um sich einen Platz mit Aussicht zu suchen.

Gaststätte Erholung • Markt 2 • 07768 Orlamünde • Tel. (036423) 22332 • www.erholung-orlamuende.de

NORDTHÜRINGEN

„Gutshaus von Bismarck"

Auf dem Gutshof mit 230 Hektar Öko-landwirtschaft und im barocken Gutshaus mit Gutswirtschaft, Café und Biergarten sind Gäste immer auf's Herzlichste willkommen! Wer einmal in ländlicher Idylle ausspannen möchte ist hier genau richtig. Regelmäßig werden mittlerweile überregional bekannte Bauernmärkte organisiert.

Heidelbergstraße 1 • 06577 Braunsroda • Tel. (034673) 97974 • www.gutshaus-von-bismarck.de

„Hofküche"

Im Westflügel des Schlosses Sondershausen befindet sich das Restaurant „Hofküche" in der Freiluftsaison wird zu den Gasträumen im Inneren auch der Platz vor dem Vestibül unter dem Altbau „bespielt". Ein Besuch lohnt sich schon wegen des Ambientes.

Schloss 1 • 99706 Sondershausen • Tel.: (03632) 701374 • www.hofkueche-sonders hausen.de

Burggasthof Hohnstein

Der Burggasthof befindet sich in der Burgruine Hohnstein. Von dort aus hat man eine wunderbare Aussicht auf das Harzvorland. Vor oder nach einer Burgbesichtigung lohnt sich hier eine Rast, oder man besucht Burg Hohnstein zu einer der vielen, oft mittelalterlichen Veranstaltungen.

Burgruine Hohnstein • 99762 Neustadt/Harz • Tel. (036331) 49049 • www.burghohnstein. de

Wirtshaus „Klausenhof"

Bei Burg Hanstein befindet sich das Wirtshaus Klausenhof. In der Gastwirtschaft werden viele Eichsfelder Spezialitäten angeboten, die man – wenn man in der Gegend ist – unbedingt probieren sollte. Wanderungen in der Umgebung lohnen sich immer, denn die Burg und mit ihr der Klausenhof befinden sich in einer wunderschönen Gegend.

Friedensstraße 28 • 37318 Bornhagen • Tel. (036081) 61422 • www.klausenhof.de

Pension und Hofcafé „Hof Sickenberg"

Der denkmalgeschützte Vierseithof ist etwa 200 Jahre alt. Ob man ein paar Tage in der Pension hierher kommt oder das gemütliche Hofcafé besucht –

Gäste sind immer willkommen. Ein Spaziergang durch den Bauerngarten oder durch die Streuobstwiesen am Hof lassen den Alltag für die Dauer des Aufenthaltes in weite Ferne rücken.

Sickenberg 9 • 37318 Asbach-Sickenberg • Tel. (036087) 97696 • www.hof-sickenberg. de

Herberge und Wirtshaus „Alte Hämmelei"

Ob Biergarten, Wirtshaus oder Herberge – wer in Bad Frankenhausen Station machen möchte und historisches Ambiente liebt, der sollte in die „Alte Hämmelei" gehen. Unter dem Dach gibt es für „Reisegruppen" bis zu zwölf Personen einen traditionellen Herbergstrakt (sozusagen ein gemütliches Zwölf-Bett-Zimmer).

Bornstraße 33 • 06567 Bad Frankenhausen • Tel (034671) 5120 • www.alte-haemmelei. de

Hotel „Norddeutscher Bund"

Möchte man ruhig, aber dennoch in der Altstadt von Heiligenstadt nächtigen, dann empfiehlt sich das Hotel „Norddeutscher Bund". Das Restaurant bietet regionale Küche für anspruchsvolle Gäste!

Göttinger Straße 25 • 37308 Heilbad Heiligenstadt • Tel. (03606) 55300 • www.hotel-nord deutscher-bund.de

Restaurant „St. Georges"

Das St. Georges wurde auch schon vom „Gault Millau" empfohlen! Mitten im Eichsfeld trifft man auf die thüringische Version französischer Küche. Man sollte dieses Gasthaus unbedingt besuchen. Ist man eingetreten und hat sich niedergelassen, so vergisst man schnell die Zeit. Das hat bis jetzt jedoch noch kein Gast bereut.

Dorfstraße 16a • 37318 Dieterode • Tel. (036082) 42128 • www.st-georges-online.de

Hotel Brauhaus „Zum Löwen"

Gerade in Thüringen trifft man immer wieder auf die Tradition des Bierbrauens. In Mühlhausen kann man sie im Brauhaus „Zum Löwen" erleben. Das Haus bietet neben seinem Gewölbekeller auch ein schönes Hotel.

Felchtaer Straße 3 • 99974 Mühlhausen • Tel. (03601) 4710 • www.brauhaus-zum-loewen. de

MITTELTHÜRINGEN

Gourmetrestaurant „Anna Amalia" im Hotel Elephant

Legendär ist das Hotel Elephant in Weimar. Hier führt Marcello Fabbri das „Anna Amalia" – eines der beiden Thüringer Sterne-Restaurants. Wer italienische Küche liebt, der sollte sie unbedingt im „Anna Amalia" erleben.

Markt 19 • 99423 Weimar • Tel. (03643) 8020 • www.restaurant-anna-amalia.com • 1 Michelin-Stern

Hotel und Restaurant Schloss Ettersburg

Besonders beliebt ist die Schlossterasse im Frühjahr und Sommer. Nach einem ausgiebigen Spaziergang durch den Park Ettersburg sollte man hier unbe-

dingt einen Zwischenstopp einlegen und Ausblick wie Essen genießen.

Am Schloss 1 • 99439 Ettersburg • Tel. (03643) 7428420 • www.schlossettersburg. de

Gaststätte und Gästezimmer „Alte Remise"

Unmittelbar bei Schloss und Park Tiefurt befindet sich im alten Kammergut die „Alte Remise". Behutsam umgebaut, bietet sie heute ihren Gästen gute Küche in angenehmem Ambiente. Nicht ganz so bekannt wie das Restaurant sind die Gästezimmer im Kammergut. Es werden Doppelkammern, Einzelkammer, Gästewohnungen und ein Bettenlager angeboten.

Hauptstraße 14 • 99425 Weimar • Tel. (03643) 908116 • www.alte-remise-tiefurt.de

Studentenclub „Kasseturm"

Der Kasseturm ist ein Teil der alten Weimarer Stadtbefestigung. Weil hier nach dem großen Schlossbrand von 1774 die Landschaftskasse einzog, erhielt der Turm seinen Namen – Kasseturm. Nach vielen anderen Nutzungen wurde 1962 der Studentenclub „Kasseturm" eröffnet, nachdem Studenten der damaligen Hochschule für Bauwesen und Architektur in vielen tausend Arbeitsstunden den Turm für ihre Zwecke umgebaut hatten. Nach der Wende ging die Rechtsträgerschaft ist an den „Kasseturm e.V." über. 2012 feiert der Club seinen fünfzigsten Geburtstag.

Goetheplatz 10 • 99423 Weimar • Tel. (03643) 851670 • www.kasseturm.de

Pension „Haus zur Pfauen"

Im „Haus zur Pfauen" befindet sich eine urgemütliche Pension inmitten der Altstadt von Erfurt.

Marbacher Gasse 12/13 • 99084 Erfurt • Tel. (0361) 2111100 • www.haus-zur-pfauen.de

Restaurant „Zum Güldenen Rade"

In einem der schönsten Patrizierhäuser der Stadt befindet sich heute das Restaurant „Zum Güldenen Rade". Bereits 1551 wurde es errichtet. Wer heute im „Güldenen Rade" einkehrt, der sollte unbedingt ein Gericht mit Thüringer Klößen bestellen, denn hier werden sie in Vollendung serviert.

Marktstraße 50 • 99084 Erfurt • Tel. (0361) 5613506 • www.zum-gueldenen-rade.de

Studentenzentrum Engelsburg e. V.

Die Engelsburg ist das älteste „Steinhaus" in Deutschland, wohl schon um 1125 wurden die ältesten Bauteile errichtet. Seit 1968 beherbergt ein Teil der Engelsburg einen Studentenklub. Wie auch in Jena und Weimar haben hier die Studenten selbst Hand angelegt beim Ausbau der Räume. Nach wie vor lässt es sich hier ausgelassen feiern.

Allerheiligenstraße 20/21 • 99084 Erfurt • Tel. (0361) 244770 • www.eburg.de

„Veste Wachsenburg" – Hotel und Restaurant

Rittersaal und Burgverlies – natürlich gehören sie zu einer Burg. Auf der Wachsenburg befindet sich auch das „RPW", das Restaurant von Patrick Wagner, dessen Gourmet-Küche weithin gelobt wird. Nur wenige Fahrminuten von der Thüringer Landeshauptstadt entfernt, sollte man hier einmal ausspannen. Dazu laden nicht nur das Restaurant sondern auch das Hotel auf der „Veste Wachsenburg" ein.

Veste Wachsenburg 91 • 99310 Holzhausen • Tel. (03628) 74240 • www.wachsenburg. com

Hotel Stadthaus Arnstadt

Hier übernachtet man stilvoll in einem Denkmal. Individuelle Zimmer, ein herzliches Willkommen und hervorragender Service überzeugen und lassen den Gast gerne wiederkehren.

Pfarrhof 1 • 99310 Arnstadt • Tel. (03628) 5869991 • www.stadthaus-arnstadt.de

Café und Restaurant „Waldschlösschen"

Wer es nicht weiß, geht vielleicht achtlos daran vorbei. Das wäre schade, denn im „Waldschlösschen" gibt es wunderbare hausgebackene Kuchen und Torten, die man unbedingt einmal probieren sollte. Und wer länger bleiben will, das „Waldschlösschen" verfügt auch über eine eigene Pension.

Grund 4 • 99894 Friedrichroda • Tel. (03623) 304355 • www.waldschloesschen.info

THÜRINGER WALD UND RHÖN

Hotel auf der Wartburg

Fünf Sterne und direkt zu Füßen der Wartburg: In Hotel, Burgschenke (Bar)

und Landgrafenstube (Restaurant) bemüht man sich, den Gästen jeden Wunsch von den Augen abzulesen.

Auf der Wartburg 2 • 99817 Eisenach • Tel. (03691) 7970 • www.wartburghotel.de

Romantik-Hotel „Sächsischer Hof"

„Ihre schöne Gastfreundschaft hat mir so vieles gegeben, daß ich Sie gern gebeten hätte, mir den Gasthof doch zu überlassen …" so schrieb Johannes Brahms an Hans von Bülow. Seine Meinung kann man auch heute noch uneingeschränkt teilen. Empfehlenswert ist nicht nur ein Theaterwochenende in Meiningen!

Georgstraße 1 • 98617 Meiningen • Tel. (03693) 4570 • www.saechsischerhof.com

Stadthotel „Patrizier"

Im historischen Fachwerkhaus wohnt man mitten in der Altstadt und genießt trotzdem angenehme Ruhe. Ein wunderbarer Ausgangspunkt für Wander- oder Kulturtouren in Südthüringen.

Weidebrunner Gasse 9 • 98574 Schmalkalden • Tel. (03683) 604514 • www.stadthotel-patrizier.de

Gasthof und Pension „Bergmannsklause"

Wer die Ruhe in der Idylle des Thüringer Waldes sucht, der wird hier in Steinach bei Ritters fündig. Die liebevoll gepflegten Außenanlagen und die gemütliche Einrichtung des Hauses überzeugen.

Tierberg 1 • 96523 Steinach • Tel. (036762) 34888

Thüringerhotel „Schieferhof"

Wer möchte nicht in einem „vornehmen Haus ersten Ranges" nächtigen? Im „Schieferhof" ist dies uneingeschränkt möglich. Der Gast soll sich hier uneingeschränkt willkommen fühlen. Der „Schieferhof" gewann nicht nur den „Thüringer Tourismus-Marketingpreis", sondern unterstützt auch die Slow-Food-Idee und ist Mitglied von „Châine des Rotisseurs".

Eisfelder Straße 26 • 98724 Neuhaus/Rennweg • Tel. (03679) 7740 • www.schieferhof.de

Schlosshotel Eyba

Es ist einfach wundervoll gelegen – weitab von Hektik, Lärm und Stress. Wer sich einmal um gar nichts kümmern möchte, nicht einmal um die Auswahl des Abendessens (denn es gibt kein Á-la-carte-Restaurant), der ist im Schlosshotel Eyba gut aufgehoben.

Eyba 23 • 07422 Saalfelder Höhe • Tel. (036736) 340 • www.schlosshotel-eyba.de

Restaurant Heimathlon

Olympiasiegerin Kati Wilhelm lädt in ihre Heimat ein – regional und saisonal wird gekocht, der Service groß geschrieben. Und manchmal wird man von der Chefin des Hauses umsorgt.

Hauptstraße 90 • 98587 Steinbach-Hallenberg • Tel. (036847) 518911 • www.heimathlon.de

WEGE DER ROMANIK IN EUROPA

Mit TRANSROMANICA e. V. europäische Kulturgeschichte erschließen

Romanische Architektur und Kunstschätze sind in Thüringen an vielen Orten erhalten geblieben. Herausragende Zeugnisse einer vergangenen, europäischen Kulturepoche sind u. a. die Klosterruine Paulinzella, die Wartburg, die Reichsburg Kyffhausen, die Liebfrauenkirche Arnstadt und der Dom in Erfurt. Seit dem Jahr 2004 verbindet die Kulturstraße TRANSROMANICA die Romanik von sieben Ländern in Europa. Für die romanischen Bauwerke Thüringens wurden in diesem Rahmen interessante Angebote für Gäste geschaffen. Anregungen für einen Besuch finden sich im Internet unter www.transromanica. com.

Europäischer Verbund

Im Verein TRANSROMANICA haben sich mehrere europäische Regionen zusammengeschlossen, die über wichtige bauliche und künstlerische Zeugnisse aus der Epoche der Romanik verfügen. Darunter zahlreiche Bauten, die von der UNESCO als Weltkulturerbe geführt

werden, wie z. B. der Magdeburger Dom und der Dom von Modena.

Zum Verein TRANSROMANICA gehören neben dem spanischen Kastilien-León, dem portugiesischen Sousa-Tal, der französischen Basilika von Paray-le-Monial und der serbischen Republik auch folgende Regionen:

Sachsen-Anhalt

Zu den herausragenden Bauwerken auf der Straße der Romanik in Sachsen-Anhalt gehören der Magdeburger Dom St. Mauritius und Katharina, der 2009 sein 800-jähriges Jubiläum feierte, der Havelberger Dom St. Marien, die St. Servatius Stiftskirche in Quedlinburg, der Dom St. Peter und Paul in Naumburg mit den großartigen Werken des Naumburger Meisters und der Halberstädter Dom St. Stephanus mit dem größten bei einer Kirche verbliebenen mittelalterlichen Domschatz.

Kärnten

Am Schnittpunkt der drei großen europäischen Kulturen – der romanischen, der slawischen wie der germanischen –

liegt am Rande der Ostalpen das österreichische Bundesland Kärnten. Bedeutende Kleinode romanischer Kultur lassen sich in Kärnten entdecken – von der eindrucksvollen Burgenstadt Friesach bis zum mächtigen Dom von Gurk, vom ehrwürdigen Stift St. Paul im Lavanttal mit all seinen Kunstschätzen bis zum Stift Millstatt mit dem romanischen Kreuzgang. Auch die beiden Kirchen der Kirchenhalbinsel Maria Wörth entstanden im Zeichen der Romanik.

Provinz Modena

Eine der Regionen, in denen die Romanik zur größten Blüte gelangte, war Norditalien und insbesondere das Po-Gebiet. Besuchen Sie nicht nur die Kathedralen und Abteikirchen des Flachlandes, sondern auch die vielen kleinen Ortschaften in den Bergen des Apennins mit ihren romanischen Kirchen! Entdecken Sie die bedeutendsten Zeugnisse der Romanik in der Region Emilia Romagna, z. B. den zum UNESCO-Weltkulturerbe gehörenden Dom von Modena, die Kathedrale von Ferrara mit ihrer herrlichen Fassade oder die mächtige Benediktinerabtei San Silvestro in Nonantola. Aber auch die Pfarrkirche Santa Maria in Carpi mit dem Beinamen „La Sagra" (Die Geweihte) und die Kathedrale mitsamt Baptisterium von Parma laden Sie zur Erkundungstour ein.

Service für Kulturreisende

Jede der Regionen bietet vielfältige kulturelle Highlights, kulinarische Köstlichkeiten und zahlreiche Veranstaltungen in malerischen Landschaften. Wer die Regionen auch unter dem Gesichtspunkt der Romanik und ihrer Bedeutung für die europäische Entwicklung erkunden möchte, findet auf der Internetseite des Vereins TRANSROMANICA zahlreiche Anregungen. So stehen mehrsprachige Audioguides zu wichtigen Bauwerken in Modena, Sachsen-Anhalt und Thüringen zum kostenfreien Download bereit. Die Kinder gehen z. B. in Thüringen mit einer Maus im Wohnturm Wandersleben auf Entdeckungstour oder wandeln mit dem Schlossgespenst durch die Creuzburg. Für den interessierten Leser bietet die Broschüre „TRANSROMANICA – Eine faszinierende Reise ins Mittelalter" einen Überblick über das europäische romanische Erbe. Auf 48 Seiten präsentiert der Leitfaden Zeugnisse außergewöhnlicher Ideen und Schaffungskraft. Die Broschüre ist kostenlos von der Geschäftsstelle des TRANSROMANICA e. V. zu beziehen. Auch für individuelle Anfragen zu Reiseempfehlungen und Rundwegen stehen die Mitarbeiter des Vereins TRANSROMANICA e. V. zur Verfügung.

TRANSROMANICA e. V.
Danzstraße 1 • 39104 Magdeburg
Tel.: (0391) 7384350
Fax.: (0391) 7384352
info@transromanica.com

ORTSREGISTER

ABBILDUNGSNACHWEIS

Henry Czauderna: S. 225
Erfurt Tourismus und Marketing GmbH, Foto: Barbara Neumann: S. 9
foto ed, Meiningen: S. 219
Fotolia.com, l-pics: S. 1 o., 182; markbuechner: S. 1 u.; inamai: S. 4, U1 o. m.; bornebach: S. 13;
    Weimar: S. 6, 239, U1 u.; Ulrike Haberkorn: S. 14/15; M. Schuppich: S. 31, 32; Martina Walther:
    S. 37; hecht7: S. 62; ArtHdesign: S. 89, U4 o. m.; Henry Czauderna: S. 169, 186, 203, 206,
    216, 226, 230, 233, U1 o. l.; bodo_bo: S. 109; ASonne30: S. 126; André Reichardt: S. 131;
    U. L.: S. 140; twoandonebuilding: S. 143, 164; LianeM: S. 144/145; Uolir: S. 155; Silke Wolff:
    S. 172; Rena Marijn: S. 70, 176; Udo Kruse: S. 190; Michael Wolf: S. 194/195; Bernd Kröger:
    S. 198; alephnull: S. 213; Rico K.: S. 228; palomita0306: S. 236; hecke71: S. 242; Stefan Hoppe:
    S. 52/53; Edler von Rabenstein: S. 25; Daniel Fleck: S. 18; onkelhotte: S. 159; Uolir: S. 155, U4
    o. l.; K.-U. Häßler: U4 o. r.; STERNEVENT GmbH: U1 o. r.
Kurt Fricke: S. 44, 94, 96/97, 106, 134, 139
http://commons.wikimedia.org, Foto: Börste: S. 125
http://commons.wikimedia.org, Foto: CTHOE: S. 181
http://commons.wikimedia.org, Foto: Franzfoto: S. 133
http://commons.wikimedia.org, Foto: Marcus Kircher: S. 211
http://commons.wikimedia.org, Foto: Michael Sander: S. 93
http://commons.wikimedia.org, Foto: Zellreder: S. 47
Alexander Kreher, Saalfeld: S. 84
Detlef Marschall, Weimar: S. 11, 179
Peter Maushake: S. 8, 68, 100, 103, 111, 115
Michael Miltzow, Weimar: S. 23, 26, 38, 40, 49, 61, 64, 66, 73, 75, 78, 81, 83, 87, 91, 116, 121, 138,
    148, 152, 160, 179, 209, 252
Sebastian Reuter, Jena: S. 56, 244
Tourist-Information Schmalkalden: S. 223

Kartenmaterial
Margot Engel (www.karten-graf.de) S. 16,17, 20, 28, 42, 54, 98, 99, 118, 136, 146, 147, 150, 166,
    184, 196, 197, 200; 2D-Grafik-Design (www.2d-grafik-design.de) S. 58

2015
2., durchgesehene und aktualisierte Auflage
© mdv Mitteldeutscher Verlag GmbH, Halle (Saale)
www.mitteldeutscherverlag.de

Gesamtherstellung: Mitteldeutscher Verlag, Halle (Saale)

ISBN 978-3-89812-835-3

Printed in the EU